学校管理重难点解答

武宏伟◎著

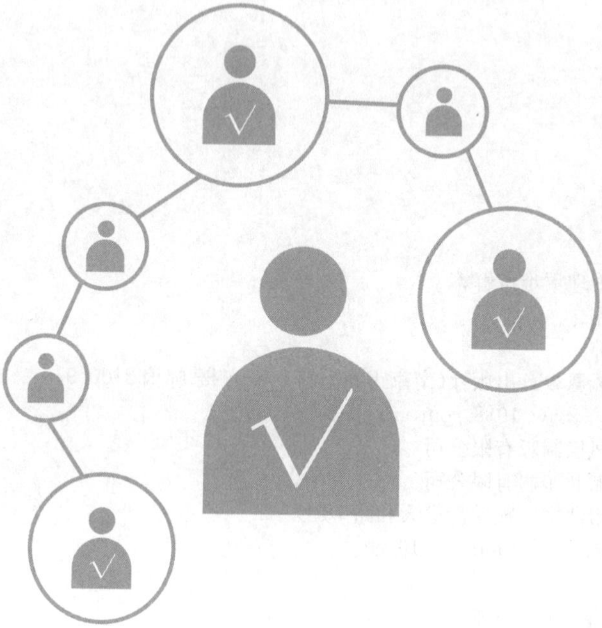

江蘇鳳凰教育出版社
Phoenix Education Publishing, Ltd

图书在版编目(CIP)数据

学校管理重难点解答 / 武宏伟著. —南京：江苏凤凰教育出版社，2020.5

ISBN 978-7-5499-8592-0

Ⅰ. ①学… Ⅱ. ①武… Ⅲ. ①学校管理—问题解答 Ⅳ. ①G47-44

中国版本图书馆 CIP 数据核字(2020)第 068970 号

书　　名	学校管理重难点解答
作　　者	武宏伟
责任编辑	俞　婷
出版发行	江苏凤凰教育出版社(南京市湖南路 1 号 A 楼 邮编 210009)
苏教网址	http://www.1088.com.cn
照　　排	江苏凤凰制版有限公司
印　　刷	南京顺和印刷有限公司
厂　　址	南京市江宁区麒麟街道天和路 78 号
开　　本	787 mm×1092 mm　1/16
印　　张	14.75
版　　次	2020 年 5 月第 1 版
印　　次	2020 年 5 月第 1 次印刷
书　　号	ISBN 978-7-5499-8592-0
定　　价	38.00 元
网店网址	http://jsfhjycbs.tmall.com
公 众 号	苏教服务(微信号:jsfhjyfw)
邮购电话	025-85406265,025-85400774,短信 02585420909
盗版举报	025-83658579

前言　纲举目张话管理

管理工作千头万绪，何以纲举目张？首先要明确管理工作的核心内容是什么。管理是指组织中的管理者通过实施计划、组织、领导、协调、控制等职能来协调他人的活动，使别人同自己一起实现既定目标的活动过程。管理的对象包括人、财、物、时间、空间、信息、事件等等，核心是人。明确了这个问题，就明确了《学校管理重难点解答》一书是以“人”这个核心因素为主体，兼及学校管理工作的核心事件——教学攻略、办学策略而构成的。基于这一脉络，本书基本理清了不同群体和事件管理工作的重难点问题，并给出了解决问题的参考答案。

学校管理是学校对本校的教育、教学、科研、后勤和师生员工等各项工作进行计划、组织、领导、协调和控制的活动。学校管理包括目标、原则、内容、过程、方法、制度和管理者等内容。

学校管理的不同对象以及同一对象的不同情况，其工作的思想、原理、技能和方法是不尽相同的。为此，如何在学校管理中能够因人、因事、因时、因地迅速理清重点和难点问题，明确突出重点、突破难点的一般的方式和方法就显得特别重要。

我从事基础教育近 40 年，变换过 5 个工作单位，从农村到城市，从小城市到大城市，几乎做过学校里所有角色的工作。教育教学管理工作中，我经历了许许多多的事情，遇到了许许多多的问题，也想到了许许多多的措施，把这些所学所做、所思所感有选择性地写出来，刊发出来和同事们分享，就成了我工作和生活的常态，也是我人生的一大乐趣。日久天长，我已发表了近 150 篇研究践行教育教学管理类文章，将这些文章进行筛选，归类整理，修改编辑，就有了《学校管理重难点解答》这本书。

《学校管理重难点解答》由领导谋略、教学攻略、办学策略等三部分 40 多个主题组成，具有如下特点。

1. 新颖。本书没有从学校管理的一般过程和方法的角度探讨和写作，也没有面面俱到地谈学校教育教学管理思想、原理、技能和方式方法，而是基于领导、教学、办学管理过程中遇到的一个个具体的重难点问题是什么，怎样解决，应该怎样解决来构思写作的，是由 40 篇发表在全国各大报刊的原创性文章的“点”到管理的“面”组合成书的。

2. 独特。从形式上看，本书是学校管理工作的一个个重难点、要点问题，不是学校管理内容的全部；从内容上说，不是管理理论的阐述，而是怎么办才能见成效的实践操作，这种格局是与众不同、独一无二的。另外，本书的创新性、实用性、问答式、百科全书式等，也构成了这部著作不同于其他学校教育教学管理书籍的特色。

3. 实用。学校教育教学管理没有作为的原因往往是管理者不明白目前要抓什么，怎么抓；遇到了问题，又不知道问题的症结在哪里；知道了问题，却又不知道如何破解等等。工作理不出头绪，有些“老虎吃天，无从下口”的感觉。有了这本书就有了可以查找的工具，进而懂得如何做、怎么做等问题。

4. 问答式。校长是个什么角色？怎样进行教育教学思想的管理？怎样落实“省时、高效就是课改”的理念？如何办好九年一贯制学校？如何进行学校文化建设？教学模式是否可以强制推行？等等。全书采取问答的方式进行解答，凸显重难点问题，针对性极强。

5. 百科全书式。这部书是基础教育学校教育教学中管理“问题”的集合，范围广，种类多，重难点问题凸显，并且几乎每个方面的问题都可以在这里找到答案。

《学校管理重难点解答》是我从事教育教学管理工作 40 年，研究、学习、实践的结晶，也是我这么多年的经验教训的总结，理论的提炼和升华。从写作发表第一篇此类文章开始，到今天结集出版发行为止，时间跨度近 30 年。40 年的风雨洗涤，30 年的大浪淘沙，沉淀出这部书，奉献给大家的是金，是沙？等待您的检查！

尊敬的朋友，您读我的书，是我的荣幸，我要感谢您。假如它再能给您的教育教学管理工作带来些许帮助和启迪，那就说明我还没有白白浪费您的宝贵时间，也没有白白浪费我的时间。若此，则可聊以自慰矣。

2019 年 4 月 15 日于深圳

目　录

领导谋略

重点

难点

要点

教学攻略

重点

难点

要点

办学策略

重点

难点

要点

领导谋略

校长是个什么角色?

校长是官吗?有人说“不是”,理由是从古至今,“官”这个词,都指的是“政府机关或军队中经过任命的、一定等级以上的公职人员”(《现代汉语词典》中的解释)。学校因为不是政府机关和军队,所以校长也就自然不是官。

校长是官吗?也有人说“是”,理由是他具备了“官”的基本特点:人事决策权、财务使用支配权……

校长是不是官?这个问题本身并不重要,也不是本文想要阐述的问题。我要说的是作为校长角色的担当者的自我感觉、认识、定位要明确,那就是“莫把校长当官做”!那么,校长不是“官”,校长是什么?

一、好教师

要师生怎么样,你首先就要怎么样。你的教育教学思想观点的产生和对师生的要求必须要走“从群众中来,到群众中去”的路线。学校中的大量问题不是靠开会、做决议所能解决的,校长应当深入课堂,到教师中去,到学生中去,既要用科学的理论指导教育教学实践,又要通过实践总结创造出适合本校实际的新科学理论,从而再用新的理论去指导新的实践。

苏霍姆林斯基自1948年至1970年一直担任苏联乌克兰境内的一所偏僻的十年制普通乡村学校——帕夫雷什中学的校长。他从事教育实践和理论探索,积累了丰富的学校管理工作经验,其中不乏真知灼见,其著作被誉为“活的教育学”。他认为,校长不能陷入事务的漩涡,也不能用官腔官调的行政命令来领导。他说:“如果你想成为一个好校长,那你首先得努力成为一个好教师、一个好的教学专家和好的教育者。”因此,他本人始终兼教一门语文课,常年做班主任工作,并天天坚持听其他教师的课。40多年过去了,苏霍姆林斯基的观点和实践仍然值得我们借鉴。

校长这个角色首先应该立足于教师的身份；其次是成为教师的"领头羊"，校长应是教师中的佼佼者、教师中的表率。试想，一个校长连课都上不好，怎么能指导教学呢？所以，校长不能凌驾于教师之上，只注重职位和权力，成为不善于与师生沟通的孤家寡人。他首先要努力成为一个好教师，并把精心打造高素质、高水平的师资队伍看作是自己份内最主要的工作职责，因为他的教育思想最终是要在师生这片沃土上生根、开花、结果的。

二、服务员

服务是现代管理的最高境界。校长对学校的管理，就是为学校、为教师、为学生服务。校长不是"官老爷"，不能享清福，学校运转出了问题，他要忙前跑后，查原因，定措施；教师工作或生活上遇到了难题，他要伸出援助之手；学生犯了严重错误，他要想方设法去挽救，等等。服务，使他能发现学校管理的疏漏，发现教师的个性特长，发现学生的需求，为教师完成教学任务创造必要且有利的条件；服务，可以使他赢得师生的爱戴和信任，从而全校师生拧成一根绳，形成一股合力，拉动学校向着理想的目标前进。

管理要以人为本，对师生的管理要彰显人文关怀。如果校长站在为教师服务的角度去对待教师，就会发现：对教师的管理不是约束和规定，不是苛责和批评，不是下岗和扣工资……而是对教师关心体贴，想教师之所想，急教师之所急；在工作中身先士卒，耕耘在教学第一线；在制度面前率先垂范，一视同仁；对青年教师循循善诱，促其成才……教师就会觉得：他既是好领导，又是好同事，更是贴心人。如果校长站在为学生服务的角度去对待学生，就会发现：对学生的管理不是呵斥和惩罚，不是控制和干涉……而是晓之以理，动之以情，关心爱护，平等对话，想学生之所想，急学生之所急……学生会觉得：他既是好老师、好校长，又是好朋友，更是贴心人。

三、教书将

教育科研是提高教育教学质量的第一生产力。要创建科研先导型学校，校长首先应是教育科研的积极探索者、践行者。人们常说"一个好校长就是一所好学校"，许多名校的校长都是教育科研的行家里手。试想，如果校长不专注于教育科研，不重视教育科研，学校的教育科研工作又怎么可能形成良好风气？校长对教育教学的探索、践行，不仅在于自己搞几个课题研究，还在于结合学校具体情况，根据现代教育科学的理论，设计出具体的方案，建立以学生为中心的多种课堂教学模式。要让教师按照要求去探讨、实践，以课题为抓手，积极开展实验研究，更新教学思想，改革教学方法，探索教学模式，提高教学质量。校长要把课题研究作为重要工作，定期召开课题工作会议，每学年还要举行课题研究成果报告会，奖优促劣，奖勤罚懒，形成全校上下以有研究的方向和课题为荣，以谈课题研究为乐的良好局面。

走经验型的教学之路，只能是"教书匠"；只有走教育科研之路，才能成为"教书将"。不可否认，教学经验的不断积累和丰富是教师教学水平不断提高和教师走向成熟的重要基础；但是只注意经验的积累和丰富，绝不会给教育教学效果带来明显的质的飞跃，更不会推动教师形成科学的教育教学思想和独特的教育教学风格。当前，中小学教师"千人一面""千篇一律"，缺乏个性化教育教学风格的现象十分普遍。为什么会如此？是没有理想、缺乏动力和自我发展能力使然。怎样才能解决这个问题？促使教师形成自觉发展要求，推动教师进行教育科研活动，将是解决问题的最好途径。教师虽不是科研工作者，却应该是肯学习、有思想的实践者。因此，校长要激励教师走教育科研之路，帮助他们成为教育教学的研究者，并逐步成为学者型的教育教学专家。

校长，应当成为教育科学理论和实践之间的中介人；校长，要为教师的教育科研工作不断创设研究的环境，提供研究的条件，给予研究的指导，解决研究的困难，总结研究的成果，推广研究的经验，真正把科研兴校的战略落到实处，努力使学校成为科研先导型学校，这是校长管理学校所追求的崇高目标。

四、小学生

校长要真正成为"师者之师"，就要像苏霍姆林斯基那样，读更多的书，并且要学会带着问题去读书和学习，还要善于在学习和实践中发现问题去深入学习，在实践——认识——再实践——再认识的循环往复中不断提高自己的学习能力和工作能力，让学校教育科研工作迈上一个新台阶。

信息化的时代，“学习”将成为伴随人们一生的重要内容。一校之长不仅自己要成为“学习型”领导，还要全力打造“学习型”的集体，在学校崇尚一种爱学、乐学、笃学的精神；要创设良好的、宽松的，有利于学校成员间交流和讨论的学习环境，充分发挥备课组、教研组、教务处、教科室、政教处、总务处、办公室等组织机构的作用，建立各种学习小组，制订学习计划和学习制度，使学习成为教师职业生涯的自觉行为；要建立健全促进教师专业发展的学习体系，形成学历教育和专业继续教育相结合、培训与教研相结合的教师学习系统，让各位教师根据自己的职业生涯规划和愿望进行学习，体现教师作为学习者的主体地位，使教师的业务知识不断拓宽，教学素质不断提升。

校长必须要排除“为官”的各种干扰，把“终身学习”放在首位；必须在“人的发展”理念指导下，组成一个高效能的学习共同体，在师生之间、生生之间、干群之间、学校成员与社区成员之间建立起良好的团队精神和互动关系，使教师的专业发展在群体的学习文化中不断修炼，不断提升。

如何放开手脚做中层?

有许多学校里的中层干部通过各种渠道向我倾诉工作的烦恼,并希望我能为他们指点迷津。

我曾担任学校的“一把手”五六年,也曾做过团委书记、教导处副主任及主任、办公室主任等中层干部十几年,对同志们所说的事情感同身受。所以,本文既是我做中层干部经验教训的概括,又是做好中层干部的理性升华,希望能给困惑中的学校中层干部一点帮助。

首先,我要向所有觉得做学校中层干部难且为此烦恼的老师们说,这说明您事业心很强且具有独立人格。因为做事多,烦恼就多;有自己的探索与思考,才有烦恼。当然这难度大小,烦恼多少,还在于您遇到什么样的上司。

俗话说,人生有三幸,即上学遇个好老师,上班遇个好上司,婚姻遇个好伴侣。在学校当老师,遇到了好上司,这当然是您的幸事。但是,当您遇到了不够完美的上司该怎么办?改变自己,使自己变得更“好”才是上策。

人们通常将领导分为专制、民主、放任三种类型。但实际上,三种类型并不是泾渭分明的,我们只能说是大体倾向于某一类。

当您遇到了比较倾向于专制类型的上司——目前教育体制和用人机制的种种弊端使绝大多数单位里的领袖成了名副其实的“一把手”,而您又是个比较有思想、有主见、有个性的人,那么,您工作的难度系数就会空前的大。当然,这还要看这位专制上司的学识、阅历、能力和水平如何,假如这位上司能力、水平高,您工作的难度系数就相对略小,反之则大。那么,如何在这类上司手下做好中层呢?

堂堂正正做人,踏踏实实做事。凡事少说多做,要学会绵里藏针。当上司的“圣旨”无法贯彻落实时,假如这种“圣旨”是正确的,就要多做解释工作;假如是错误的,就要委婉劝说上司收回成命,即使劝说无效,也要将群众的意见如实反馈给上司,千万不能两面三刀,以出卖老师或领导来换取领导或群众的信任。

当您遇到了比较倾向于民主类型的上司时，这是做中层干部的福分，您可以充分发挥聪明才智，大胆地工作。但需要注意的是，切不可锋芒毕露，更不能凡事自作主张，要多请示和汇报，得到上司的支持和同意之后再去行动。

当您遇到了比较倾向于放任类型的上司时——现实中这种类型的上司很少，尤其是单位里的一把手。这时，您的事情最多，责任也最大：上要对领导负责，下要对老师负责。要当好参谋，集思广益，多为上司出谋划策，多替上司分忧，多为老师着想。

无论遇到什么类型的上司，都要根据其性格特点、能力和水平的不同而采取不同的工作方式和方法；无论遇到什么类型的上司，要做好中层，都要具备下列的几方面素质和能力。

第一，甘当绿叶的心态。 中层干部的主要职责不是决策，而是执行，即把上司的决策化为具体的行动。为此，在工作中要保持谦虚谨慎的态度，在尊重、理解并服从上司的同时，充分发挥承上启下的作用，并积极利用自身的主观能动性，在认真做好本职工作的前提下，努力配合上司协调好各项工作。要有一种胸怀：成绩是别人的，责任是自己的。切不可凡事邀功显能，更不能在失误面前推脱责任。

第二，务实创新的精神。 对于自己职责范畴内的工作或领导布置的工作要有创意地完成，并在具体的工作中丰富和完善上司的思想体系。中层干部既是指挥员，又是战斗员。作为指挥员，就应该体现自己的能力和水平，越是面对棘手难缠的问题，越要沉着冷静，不能把矛盾上交或推给被人；作为战斗员，就要能做事，会做事，并且对所做的工作敢于负责和善于负责，迎着困难上。

第三，纵观全局的观念。 在学校出台一些涉及教师切身利益的规章制度的时候，往往有些教师有意见，甚至反响强烈，这时就需要中层干部来做他们的思想工作，讲清局部与全局的关系，讲清教师的根本利益、长远利益与全局利益的关系。在涉及自己利益的时候，中层干部要有吃苦在前、享受在后、服从全局利益的精神。

学校整体工作是由每个中层干部所负责的局部组成的，只有所有中层干部拧成一股绳，步调一致，才能使学校工作获得生机，顺利推进。为此，每位中层干部都要有集体荣誉感，要把自己分管的工作当作全盘工作的一部分来对待，要主动与学校其他中层干部及时沟通，做好配合，紧紧围绕实现全校的共同目标开展工作。当分管工作和学校整体工作发生矛盾和冲突时，必须无条件地服从于大局利益。

第四，汇报请示的习惯。 为使学校各项工作能够协调一致，有条有理，中层干部的各项工作必须要事前请示，事后汇报。对重大事项或超出工作权限和职责范围的事项，要逐级请示报告，不得擅自答复和处理，紧急、特殊情况可越级请示报告，但事后要及时报告分管领导。

请示报告问题要抓住重点，简明准确，不能添枝加叶或随意歪曲事实。有关中层干部间的工作交叉和不易协调解决的事项，要及时向上一级领导请示报告。参加各种会议或公务活动结束后，要认真整理汇报材料，如实向领导汇报，不要延误、拖拉。在工作中发现问题，首先要有自己的解决方案，然后再向分管领导请示汇报。

做好中层和做好其他工作一样，都需要爱岗敬业，放开手脚，大胆创新，不断学习和实践。

提高教师素质，为什么领导是关键？

“提高教师整体素质”是教育发展的关键所在，这一点早已成为人们的共识。但是，有一个重要的问题似乎长期被忽略，那就是起组织、管理和引领作用的“领导”的素质对“提高教师的整体素质”的作用与反作用的问题。

教育是教师所从事的事业，更是所有教育工作者所从事的事业。教育工作者，是指从事与教育有关的各级领导、专家、研究人员、教师以及各级各类学校、教育机构的管理人员、教学辅助人员和其他专业技术人员。本文暂将教育工作者归结为两大类别：一是领导（包括对教师起引领作用的专家、研究人员、管理人员等）；二是教师（包括教学辅助人员和其他专业技术人员等）。教育工作者的主体是教师。

“火车跑得快，全靠车头带。”“强将手下无弱兵。”这些俗语，无一不是强调起“组织、管理和引领”作用的“领导”的重要性的。事实也如此，提高教师的整体素质，首先要提高“教育管理者”的整体素质，只有让懂教育的人来管理教育，让教育家来办教育，才更有利于实现“提高教师整体素质”的目标。

一

所谓提高教师整体素质，就是有相应的机制、手段促进和保障教师在原有基础上更上一层楼，为成为“独到的思想者、不倦的实践者和终生的学习者”奠定基础。

教师素质是以人的天赋为基础，通过科学的教育和自我提高而形成的具有一定时代特点的思想、知识、能力等方面的身心特征和职业修养。它包括：良好的师德修养、正确的教育理念、多元的知识结构、完善的能力结构（如教育教学和研究能力、较强的现代信息技术整合能力等）、健康的心理素质等。

提高教师的整体素质，需要“通过科学的教育”，但高层次的素质形成还要靠“自我提高”，“科学的教育”的责任也自然落到了上级有关部门及相关领导的身上。

二

改革选拔、任用、管理教育领导干部的现行体制，是全面提高领导者素质最有效的手段。从上至下，凡从事教育管理工作的人员，一律需要具有长期从事教育工作的经历，必须是教育家、专家、学者或者是具有较高教育教学科学研究能力的人。领导的“素质”是一级影响一级的，每个级别的领导都具有不可替代的重要作用，尤其是最基层的、直接管理学校的一校之长。

著名教育家魏书生做班主任，管理一个班或两个班，教两个班甚至是几个班的语文时，因为红了班级学生而红遍中国；做校长，管理一个学校的教育教学时，因为红了教师也红遍中国；做局长，管一个市的教育教学时，因为红了校长还是红遍中国。这一切均得益于他刻苦练就的“高素质”，只有素质高了，他所领导的人才能提高整体素质。因为他的决策是“高素质”的，他的言谈举止是“高素质”的，他令人信服，使人羡慕，是人们愿意听从的崇拜、效仿、学习的榜样……

三

有了高素质的领导，又该怎样引领教师提高素质呢？这要从教职工的思想管理说起和做起，“思想对了头，一步一层楼”，只有思想转变了，他们才能努力去转变自己的行为，进而提高业务素质。这是一件复杂、艰巨、长期的任务，是不可能通过几个课题研究、几场报告、几节示范课、几次研讨、几回反思就能解决的问题。

思想不能管死、管僵，不要整齐划一，不能把某个人的个人理念强加给每位教师和学生，因为师生都是具有独立人格的。对教师的思想管理要注意策略，其价值在于关心人，培育人，满足人的发展需要。

一个好的学校管理者，首先必须是刻苦的学习者和研究者。他必须能够站在当前教育教学改革的最前沿，接触最先进的教育教学思想，然后再结合自己学校的实际情况，作出有价值的办学理念的判断。要努力构建一个学习型、研究型的教师团队，营造一种重学习、重研究的氛围，让老师们的思想等于或大于领导者的思想内涵。

付诸实践的思想才是有价值的思想。校长一定要从繁忙的事务中解放自己，把教育教学思想运用于实践，为教师作出榜样。比如，校长可教一个班的课，任一个班的班主任等，和教师一起学习研究，并及时把自己的经验分享给教师。这种率先垂范的管理方法对教师来讲更有说服力，令人信服。可以把教育教学思想分解成一个个具体可操作的小课题，落实到每位教师的教育教学活动中。帮助教师把教育科研和日常教学结合起来，真正形成“实践——总结提高——再实践——再总结提高”的良性循环。

教书育人是一件艰苦复杂的脑力劳动。管理者有了思想，还要变成教师的思想；教师有了思想，才能使教育的对象——学生有思想。大家都有了思想，就有了前进的动力，素质也就自然而然地提高了。

四

“工作繁忙，无时间学习和进修”是绝大多数教师，尤其是中小学教师素质得不到提高的主要因素或者说是主要借口。实质就是思想观念陈旧，放不开学生，缺乏培养学生成为具有自我管理、自我学习等能力的全面发展的新型人才的观念；放不开自己，缺乏改革传统教育教学方式方法的勇气和魄力。

目前影响教师素质提高的因素主要有：学科专业知识不深厚、学科教学课程掌握欠佳、教育基本原理（教育学、心理学理论）学习理解不深刻、工作实践经验少、真正缺乏学习和钻研的时间等。

目前教师亟待提高的素质主要有：教育科研及写作论文的能力；自我进修，刻苦学习和钻研的能力；对学生进行学法指导的能力；根据学生生理、心理特征进行针对性教育的能力；敬业精神和师德水平；掌握现代信息技术，利用多媒体辅助教学的能力；课程开发的能力；开设选修课，指导活动课的能力；深入钻研教材，指导或辅助指导学生参赛的能力；等等。科学分析影响教师素质整体提高的因素，了解教师亟待提高的素质，对于上级有关部门及领导在教师素质提高的培训设计、进修管理、扶优补差、查缺补漏等方面具有十分重要的意义。

提高教师的整体素质，领导的引领、支持和帮助是关键；个性化的、拔尖型的教师进行学习、实践、再学习、再实践的循环往复的修炼是必经途径。“师傅领进门，修行在个人。”“外因是变化的条件，内因是变化的根据，外因通过内因而起作用。”

你是教育家吗?

你曾经是默默耕耘在教育教学第一线上的教师,你惜时如金,笔耕不辍,善于将教育教学的心得和体会做及时的总结,写出了具有创新性和系统性的论著;你是孜孜不倦的学习者,嗜书如命,善于将学习的经验运用于自己的教育教学实践,并在实践中又有了新的发现。你曾经是优秀的科任教师、班主任、教育教学的管理者,教育教学的任何岗位都能拿得起放得下;你视野开阔,所想所做不仅仅局限于教育的某个学科、某个方面,善于统筹兼顾,将局部的利益与教育的总体发展利益联系在一起;你实践、认识、再实践、再认识,循环往复以至无穷,不畏艰难险阻,持之以恒已10年、20年,甚至更久……这一切的一切,唯独“你”可以做得到!你是谁?你是教育家。

一

究竟什么是教育家,有没有定性与定量的标准?这个问题虽然没有哪个人或哪个部门制订过统一的衡量标准,但从古今中外大家公认的教育家的大体状况上看,我们还是可以明确一个大致轮廓的,然后再结合我国教育的实际状况,确定几条标准,我认为还是不难的。

许多专家学者试图给“教育家”下定义,但我觉得都不够清楚明白,有的太抽象或太模糊,不好理解或有歧义;有的又太宽泛或太狭窄,不是包罗万象,就是局限于某一方面。例如,有人说:“教育家是指从事教育工作并在教书育人、教育研究工作中有较高的造诣或取得一定成就的人。”但是,究竟什么是“较高造诣”?怎样衡量“一定成就”?有人解释说:“就是有质量高的著作,培养了大批人才,其中不乏杰出人才。”单就这“培养了大批人才,其中不乏杰出人才”而言,在基础教育范围又该怎样定义?尤其是就现实来说,假如是以高中里的重点校能考上北大、清华,初中里的重点班能考上重点高中为“培养出了人才”的话,那么普通高中、普通班里的“出人才”又该如何定义？似乎谁都难以说得清楚明白。再说，教育界有“一定成就”和“较高造诣”者多矣，是否都是教育家呢？定义不好下，那暂时就不要下，有一个具体的标准，使人们一看就知道谁是教育家不就可以了吗？

也有许多专家学者试图给“教育家”定个大致标准。选择再三，综合、比较、概括一下，我觉得比较好的、比较贴近现实的有如下几条：第一，潜心钻研教育领域的理论和实践，是一个理论与实践相结合的综合型人才；第二，勇于进行教育改革、创新的实践，是一个有创造性的改革家；第三，出版了系统的、有代表性的教育论著，是一个有自己思想体系的专家学者；第四，有影响，这是一个社会学标准，是说任何一个从事专业活动的人，其成果必须得到社会的认可。

教育家的基本特征是：经历丰富、嗜书如命、惜时如金、勇于探索、敢于反潮流、诲人不倦、笔耕不辍。

二

中国现在有没有教育家？答案是肯定的。不然的话教育怎能发展到今天？那种“中国现在没有教育家”的说法是悲观主义的论调，也是一种否定现实的表现。诚实地说，在中国，我们并不缺乏教育家，而是缺乏发现教育家的眼睛，这种情况有点类似于韩愈的《马说》之中所说的千里马的遭遇。虽然时代不同了，但是教育的行政性管理，办学思想的统一性管理，中高考以成绩论英雄的评价机制，校长选拔、任用机制缺乏民主等都严重制约了教育家的“出头露面”。

什么样的人最容易成为教育家？起点并不高，一般来说，只要你是教育工作者，只要你心中有这个理想和目标，只要你耐得住寂寞，经受得住大风大浪的考验，具有“敌军围困万千重，我自岿然不动”和“板凳甘坐十年冷，文章不写一句空”的精神，通过“咬定青山不放松”的长期不懈的努力，你就可以成为教育家。

纵观近现代中外教育大家，人们说校长最容易成为教育家，但由于我国目前的校长选拔机制、教育管理机制、评价机制等存在种种弊端，绝大多数校长“静不下心来，沉不下身去”，未能切实去研究问题，“官场化”的现实使他们想成“家”却难于上青天。

有许多专家学者研究了古今中外教育家的成长环境，得出的结论是：自由竞争的环境最有利于教育家的产生，信仰专制的环境最不利于教育家的成长。中国在过去的十几年里，为什么产生了那么多企业家？就是因为政府赋予了企业家办企业的自主权，给他们创造了一个好的条件，让他们在市场中自由搏击，在自由竞争中，他们成长起来。教育也一样，政府要创造一个宽松自由的环境，不要管得太死，要保护校长的办学自主权，同时校长要保护老师的思想、行为的自由。只有拥有独立人格和自由思想的人，才有可能成为教育家。中国历史上出现教育家最多的时代是百家争鸣的春秋战国、盛极而衰的宋代和天崩地裂的近现代三个时期，都是在社会动荡的时代，这样无拘无束的宽松环境，催生着各种思想流派；在这样长期的文化积淀与思想碰撞中，就酝酿、爆发出了一批大师。

教育家是扎根在课堂，扎根在教育民间的大地上，自由生长出来的。就像原始森林的一切都是原始状态一样，那是人工培养不出来的。各种各样的"教育家培养工程"虽已四处开花，但这只是外部的条件，只能助一臂之力，起决定作用的还是教育工作者自己回归到"原始状态"下乘风破浪，勇往直前。

三

教育家有广义和狭义之分。广义的教育家是个综合概念，不仅是某个学科的教学专家，还是育人的专家、管理的专家等，他应是个"杂家"，是个"通才"。狭义的教育家是指某个学科、某个方面的专家。狭义的教育家，从实施教育的领域方面看，有社会教育家、家庭教育家和学校教育家等；从实施教育的成效方面看，有教育思想家、教育理论家、教育评论家、教育行政家、教育活动家、教育改革家、教育实践家等；从学科教育的成效方面看，有语文教育家、数学教育家、物理教育家、化学教育家、历史教育家、地理教育家等。我们通常所说的，均是广义的教育家。

您是教育家吗？是与不是，这要看您是否符合上述的标准及特征，能否做到文章开篇所说的那几方面的事情，假如您能做得到，那么您就是教育家！

怎样进行教育教学思想的管理?

学校的管理,最重要的是人的管理;人的管理,最重要的是思想的管理。

教师教育教学思想的管理是一件复杂、艰巨、长期的任务,不可能通过几个课题研究、几场报告、几节示范课、几次研讨、几回反思就能解决问题。

一、思想不能管死,要管活

说思想不能管死、管僵,不要整齐划一,就是不能把某个人的个人理念强加给每位教师和学生。因为师生都是具有独立人格的,所以要因人而异、因材施教,不能采用千篇一律、千人一面的模式化教育教学行为。

说思想要管开、管活,要百花齐放,就是强调要以国家教育大政方针和新课标为准则的"殊途同归"。例如"省时高效"是教育教学所追求的崇高目标,至于教师自己走哪条路才能达到这个目标那是仁者见仁、智者见智的问题,不能强求一致。

要管好思想,就要对教师的思想转变过程有充分的认识和把握。教师教育教学思想的转变是一个复杂、曲折的过程,它涉及对新旧思想的选择、扬弃、认同、建构等一系列的问题。这里既有别无选择的统一选择,也有为我所用的个性认同的实际选择;既有全盘否定的舍弃,也有批判基础上的继承发扬;既有消极的建构,也有积极的建构……如果从心理认知的过程而言,教师教育教学思想的转变一般要经过观望——怀疑——扬弃——整合——创造的过程,它是一个充满矛盾的认知过程。

懂得了这些,在教师的思想管理中就要注意管理策略。学校的管理价值在于关心人、培育人,满足人的发展需要。为此,要管好思想就要求管理者做到如下几点。

1. 尊重教师自己的选择,注意保全其学术个性

因为学校要培养的是富有个性的创造性人才,需要的是个性化的教师。

2. 注意培养教师的自律意识

教师劳动的个体性特征,要求管理者要寻求一种来自教师行为主体的内在驱动力,而不是外在的"关、卡、压"。

3. 注意满足教师的精神需要

教师心理的特殊性表现为自尊心强,渴望学术自由和管理民主;表现为注重高层次、高质量的精神需要……

二、先管自己的思想,再管别人的思想

(一)管自己学习,管别人学习

学校管理千头万绪,如何在繁忙的工作中抽出一定时间来学习,进而提升自己的思想认识?这是摆在学校管理者面前的一个非常重要的问题。时间是挤出来的,对于有工作的人,尤其是领导干部来说,不学习的理由往往是工作忙,没有时间。其实这就是认识不足、压力不够的结果。管理者自己认识不足,也就不懂得如何去鼓励和支持别人学习。

一个好的学校管理者,首先必须是刻苦的学习者和研究者。他必须能够站在当前国际教育教学改革的最前沿,接触最先进的教育教学思想,然后再结合自己学校的实际情况,作出有价值的办学理念的判断。

学校领导者自己有了"思想"之后,还要让团队中的每一位都有思想,这种思想最好是等于或大于领导者的思想内涵。如果是小于,那么它必须是含在领导者的思想之内的。否则就会步调不统一,甚至出现"内耗"现象。

如何管自己学习,管别人学习?最有效的方式就是"写"。写教育读书笔记,写教育反思,写教育研究性论文……要先从量上予以规定,即每学期写多少。要求教师写多少,领导要先做到,而且要多于教师才好。量达到了,再看质:看原创,看字数,看评比,看发表,看研究课题……为促动此项工作的蓬勃开展,每学期都要搞评比,搞展示,搞奖励,搞交流……

管理者管住了自己,排除了繁杂事务的干扰,专心致志地进行了学习研究,同时

又管住了别人，让他们也能专心致志地进行学习和研究。这样，全校上下就会形成一个现代的、全新的、积极的教育思想潮流和行为合力，学校的面貌就会焕然一新，显得朝气蓬勃、与众不同。反之，不管学习或不重视学习，就等于不管思想，不管思想的管理者往往奉行的是“急功近利”的管理理念，“急功近利”会导致学校有今天而没明天，更没有未来。

（二）管自己实践，管别人实践

“实践是检验真理的唯一标准”，先进的教育教学思想要付诸实践来验证，并在实践中丰富和发展自己的思想。假如仅有思想而没有持之以恒地去实践，就会成为空头理论家。

领导者要懂得用心灵唤醒心灵，用思想去影响思想，用自己的实践或指导他人的实践，以达到“影响”的目的。思想在于运动，运动才能使思想保持常青，这种运动就是学习和实践。管理者要学会用思想引领教师的行为，用思想滋养学生的心灵，用思想提升学校的品质，把思想转化成为自己先进的办学理念，再把办学理念具体化为实践中的做法，然后把具体化了的做法内化成每一位教师的自觉行为，渗透到日常的教育教学活动中去，最后形成学校的特色和品牌。

怎样管自己实践，管别人实践？

1. 躬亲式实验法

就是管理者把自己的教育教学思想直接付诸教育教学实践的实验方式。管理者可教一个班的课，任一个班的班主任等，和教师一起学习研究，并及时与教师分享自己的经验和体会。这种率先垂范的管理方法对教师极有说服力，可以令人信服。但在事务缠身的学校管理中，领导，尤其是作为“一把手”的校长很难做到。

2. 蹲点式实验法

就是管理者将自己的教育教学思想落实到一个班或几个班，进行跟踪实验的方法。可以是班级管理的探讨，也可以是教学的探讨；可以是一个学科的探讨，也可以是几个学科或者全部学科的探讨。和教师一起进行有计划、有目标、有步骤的学习、探讨和实践，及时总结交流经验和教训，并形成文字以引导其他教师的改革实验。这样做的前提是管理者必须能够持之以恒地去班级听课、座谈、考查等，及时调整、补充实验计划。这样做虽可以以点带面，但从整体推进的思路来看，取得成型经验再来推广的周期会比较长。

3. 课题式实验法

就是把团队的教育教学思想理念分解成一个个具体可操作的小课题，然后落实到每位教师的教育教学活动中。教师人人有课题，人人有开题报告，人人有实验记录、反思材料、成果材料、结题报告等；学校有跟踪管理、调控考查等行为和材料等。这是大面积、全方位进行教育教学改革的方法。它有利于促进教师水平的提高，促进学校整体办学水平的提高。但由于受教师综合素质的影响，有的教师可能会走过场，只图形式，无实际效果。

4. 普及推广式实验法

这是一种统一思想、统一意识、统一计划和步骤的"全统"式改革模式。目前红火的改革名校大多属于此列。这种方法有点像军事化管理中的走正步队列训练，由于有统一的要求，可使参差不齐的教师队伍一体化、队列化。因此它见效快，尤其是对于应试成绩的整体提高帮助会更大。但是它一旦脱离军事化管理的藩篱，队伍就会马上变乱，很快恢复到原来的生活状态：有的急，有的缓；有的标准，有的不标准……

学校是教书育人的场所，教书育人是一件艰苦复杂的脑力劳动，"思想"是通过这种艰苦的劳动打造出来的。管理者有了思想，还要变成所有教师的行为，这样才能使学校的各项工作有思想；教师人人有思想，才能使教育的对象——学生有思想。由此看来，学校管理的核心就是要促进教师"思想"的进步和成熟。

为何当下校长难成教育家?

一、从客观上说

(一)官场化的现实使他们难成“家”

教育是专业性比较强的工作,是一项教书育人的复杂工程,有自身的特点和规律,这就要求校长要具有较高的专业水准和管理水平。蔡元培之于北大,梅贻琦之于清华,张伯苓之于南开,都有力地说明,一位素质高、业务精、能力强、有人格魅力的校长,对于一所学校形成良性的管理机制和深厚的校园文化、造就无数的社会栋梁是多么重要。

一个人能当好行政官员,却不见得能当好校长,因为优秀的校长办好学校的根本不是行政式的指令,而是教育家型的引领。可现实的政治体制、干部人事制度、教师的社会地位和待遇等问题却使大多数校长成了名副其实的“官员”。这些校长的兴奋点在于当“官”,而不是潜下心来研究教育教学工作,他们整天忙着来往应酬,却不见自身素质和业绩的提高。在他们身上,少的是教科研精神,多的是官场的套路。学校上下服从于行政指令,教育规律让位于长官意志。

(二)单一的管理体制使他们没了自“家”

现行教育管理体制,管死了校长,使他们没有了自己的思想和个性。千篇一律的方针政策、千篇一律的考核标准,使校长只能按统一标准和要求做事,只能随波逐流,只能应付检查,只能以服从教育行政部门的管理,获上级的表扬作为自己的奋斗目标,根本没有自主办学的权力。

单一的校长选拔、管理方式,埋没了真正具有教育家潜质的人才。试想,当一两个人就可以决定谁来当校长的时候,当校长只想在任期内维持学校平安稳定的时候,当校长无法按自己的思想对学校发展做长远规划的时候,当校长只想着干几件看得见、有影响的大事的时候……校长还能成为教育家吗？

（三）不科学的评价机制影响了他们成“家”

陶行知说：“要想评论一个学校，先要评论学校的校长。”科学开展校长评价，将有利于校长的成长，对提高学校办学水平及管理水平有着直接的现实意义。

我国校长工作的评价，至今还停留在不够规范的一般化民主评议形式上。虽然国家下发了许多文件，明确了校长任免、考核、奖惩、待遇等有关问题，但考核内容总体上属粗线条，侧重考核贯彻执行教育方针、提高教育质量情况和学校办学管理、学校领导班子和教师队伍建设以及遵守职业道德等方面。考核程序是校长述职后，进行民主评议（测评）、主管部门评议，最后反馈考核意见。以考核为主要手段的评价，主要目的在于决定校长的升、留、免、降或褒、奖、惩、戒上，忽视了校长工作的改进和提高校长的专业发展等方面的评价内容。这种重“督”轻“导”的评价取向，不利于校长素质的提高。虽然有些地方也在积极尝试一些新方法，但到目前为止，还没有值得推广的有利于校长成“家”的评价体系。

（四）应试教育的现实限制了他们成“家”

在应试大格局之下，离开升学率与考试分数的“硬指标”，很难评定校长的工作绩效，这其实不是简单的“技术性问题”，而是整体教育氛围所致。家长和社会对学校的评价，看的还是升学率。

一些所谓的名校，最大的成就就是它的学生平均成绩得了第一，它们培养了几个大大小小的“状元”。有些本来很有思想的优秀校长，因为有太多的升学率、优秀率、良好率、及格率等应试指标的束缚，太多的成绩排队，以至于整日胆战心惊，如履薄冰。当校长受到各种应试教育逼迫时，他们就不得不放弃自己的教育理想，而一切向“分”看齐了。于是，一天到晚都做着令自己痛苦又不得不做的事情，在煎熬和苦痛中，他们变得无所适从，最终失去了自我，服从于应试教育的目标。

二、从主观上说

（一）急功近利无大志，心中无“家”

许多校长上任伊始，就把校长当成了“官”做，新官上任怎样烧这三把火才能达到立竿见影的效果，有一定的政绩？于是他们要想尽一切办法将升学率搞上去——拉生源，拼时间和精力。师生苦不堪言……长此以往，即使一个有潜力的校长也会在疲于奔命中泯灭了教育智慧，放弃了教育理想，迷失了办学方向……

还有的校长努力发展到校长职位，不是为了推进教育改革，办好学校，而是为了升官发财。尤其是一些享受校长终身制即将退休的“老”校长们，他们已不思进取，躺在功劳簿上专选有利益的事情做。

（二）素质低下，无能力成“家”

校长需要具备四项基本素质：品质、能力、作风和健康。其中品德是前提，能力是基础，作风是关键，健康是保证。这里主要强调的是能力的问题，因为校长要想成为教育家，在其他方面相差无几的情况下，首要条件是要具有成“家”的潜质和能力。

校长要具备思想力、执行力、协调力、创新力和领导力等多方面的能力。其中思想力是基础，是办学的灵魂。领导力是思想力、执行力、协调力、创新力等能力的最终表现。

中国目前正是缺少那种主动挣脱枷锁，突出重围，不受大小环境的影响，能够静下心来，潜进去勇于探索、实践先进教育思想和方法的“优秀校长”，所以也难成教育家。

如何做个使用“管理后记”的高手?

管理后记,是管理者对管理过程中的行为、决策以及后果进行审视和分析,由此所做的反思性书面材料。从取材起止时间来说,它可分为两种类型:一种是随机性后记,也就是在管理过程中对每件管理活动的审视和分析,又叫“事事记”;另一种是阶段性后记,即管理者对一个阶段的管理活动的行为、决策以及由此所产生的结果进行审视和分析,包括日记、周记、月记等。假如只有期中、期末才一“记”的话,那就是工作总结了。写事事记或日记的工作量太大,一般人不易坚持;写月记、期中记、期末记间隔时间又太长,遗忘率也太高,不易及时总结和调整管理策略。因此,这里所说的“教育管理后记”,是指较短时间内的笔记,确切地说,主要是“周记”。

古今中外优秀的教育管理者,尤其是伟大的教育家,大多是撰写和使用教育管理“后记”的高手。

教育管理后记的篇幅可长可短。短者,一个问题,一种观点,寥寥数语,言简而意丰;长者,由点及面,由浅入深,多侧面,多角度,汩汩滔滔,下笔千言。

管理后记的具体形式和内容都不拘一格,带有典型的个人特点,以实用为标准。

从写作目的来说,有经验总结式、失误纠正式、问题待解式、自我评价式、案例点评式、阶段回顾式、心得体会式等。

从创作方法上说,可以是简要的问题积累,以待后解;也可以是重点难点的主题剖析,旨在解决一个重要问题;还可以是在前面积累的问题的基础上,进一步思考探索后的专题分析研究,并写出议论性的文章。

从文章体裁上说,教育管理后记可以是应用文式的总结,也可以是散文式的感想,还可以是研究式的论文,甚至是案例的描述、戏剧式的精彩回放等。

日、周、学期的递进式的“三清”是比较实用的后记模式:

“一清”是“日做事”清。即每天要做的事、做完的事、待做的事要清楚。每天早晨,先将这一天要做的事情列出来,然后有计划、有步骤地一一布置、落实;傍晚下班前要将这一天做完或落实的事情写出来，并简要描述成功与失败、经验与教训，最好能给自己打个分数。对于没做的事情或没有完成的任务要说明原因，并注明能够完成的大致时间。

“二清”是“周线索”清。本周的重难点工作是什么，贯穿本周主线的工作是什么，主要的成绩和不足是什么，如何改进等主要问题，一定要做到心中有数。

“三清”是“学期规律”清。一个学期的工作结束后，写了那么多教育管理后记，回头再翻翻看看，筛选一下，看完成了哪些主要工作，取得了哪些成绩，有哪些方法和规律可以遵循，有哪些成功的经验可以借鉴，还有哪些问题需要解决……要一一落实到字面上，形成总结材料。

不论什么样的形式和内容，也不论篇幅的长与短，写教育管理后记都要注意：一是贵在及时，所思所感要随时记录、归结、探究；二是用语切实，不能走过场，要有多少写多少，并且要言之凿凿，切忌空洞无物；三是倡导多写，提倡和鼓励天天写，规定和强调每周写，尤其是对缺乏管理经验的年轻人来说，更要严格要求，因某种特殊原因而没有完成的，事后要及时补上；四是追求崇高，形式及内容虽然不拘一格，但以形成专业性的研究论文为最高级别；五是功在坚持，坚持反思自己的管理行为，坚持探究先进的教育管理理念和行之有效的教育管理方式，坚持不懈地写，必能以写促思，以写促改，必能从教育管理中探索出一些带有规律性的东西，形成自己独特的教育管理风格，使自己成为一个有思想的学生、教师、领导，乃至专家。

写好，更要用好。用得好，做得实，“教育管理后记”会发挥统领全盘的作用。它好像是一个负责的管家，可以帮你从繁杂的管理事务中理清线索，区分主次和轻重缓急；可以帮你管理好时间和精力，甚至是金钱和智慧；它又好像一个耐心的倾听者，你可以向它释放心中的压力，使自己永葆一颗阳光的心。

运用“教育管理后记”实施学校管理，是目前部分地区的个别学校正在探索和尝试的课题。这种模式是以“后记”为纽带，通过由小到大、由个体到集体的“后记”的检查、督促、评比，来实施链条式的学校管理。

根据学校管理的特点和不同层次，需要撰写并上交管理周记的个人及部门，可以依次是：学生自我管理周记——班级管理周记——年级管理周记——行政部门管理周记——学校管理周记。前一链条为后一链条提供素材，构成写作基础。

一是学生自我管理周记。主要记述一周以来的自我管理、自我教育状况，反思成绩及不足,明确今后努力的方向。

二是班级管理周记。是由班级日志归纳概括而成,班级日志由值日班长负责填写,班级管理周记由班长负责整理撰写,最后由班主任补充完善并由此完成班主任自己的班级管理周记。

三是年级管理周记。由年级组长负责撰写,主要记述年级组一周的工作运行情况,并由此归结出年级组长的管理周记。

四是行政部门管理周记。由学校各职能科室值班人员负责填写,主要记述本科室业务范围内一周的工作运行情况,并由此写出科室负责人的管理周记。

五是学校管理周记。是由校务日志总结概括而成,校务日志由每日值班的中层以上干部负责填写。学校管理周记由校长办公室负责人整理提交,校长综合各方面的情况,写出自己的管理周记。

这五个梯次的管理周记,部门和部门责任人的周记可以有交叉,但不能混为一谈,需要强调和重视的是部门责任人,即班主任、年级组长、科室负责人、校长的个人管理周记,一定要写全,写深,写透。

运用"管理后记"实施学校管理,可以实现全员管理、民主管理,强化管理者的责任感,使管理的时间延长,空间扩大;可以实现闭环回路式的管理系统的有效控制,保证质量,提高效率;可以实现管理资料的原始积累的有效利用,为学校管理积累经验和教训,并留下积极调整的轨迹。特别是一些典型的管理案例和心得,可为提高学校管理工作的效率提供可靠的保证。对管理的反思成为一种职业习惯,这才是教育管理者的专业成长不断走向纵深的前提与基础。

和谐校园，需要什么样的管理？

构建和谐校园是学校顺应社会要求，并兼顾社会、学校、教师、学生共同发展的一种理想境界，要实现这种理想，校园中的尊重式管理就是必不可少的先决条件。

尊重，是重视、敬重别人；也是自重、自爱，严于律己。尊重式管理，就是有别于行政命令式，平等对待管理对象，在尊重基础之上的和谐、愉悦式管理。这种管理模式所追求的目标是创造一种相互理解、相互尊重、相互信任、相互支持的民主平等的和谐的教育教学环境。

校园中的尊重式管理的基本理念及其主要内容可概括为：尊重教育教学规律，尊重师生的人格及其成长规律，尊重师生及其家长的知识和劳动，体现以人为本的教育思想，坚持科学发展观等。

尊重式管理是以人为本的科学管理方式的灵魂。教育是培育生命的过程，生命培育的前提是维护做人的尊严。作为学校的管理者，要尊重教师，充分挖掘教师的内在原动力，使他们竭尽全力地去工作，去学习，去探索，去创造；作为教师，要尊重学生，要用赏识的眼光去接纳每一个学生，让每一个学生获得成功；无论是管理者还是被管理者，都要学会尊重自己，严于律己，宽以待人。

一、尊重教师

（一）了解需求，是尊重教师的前提

美国心理学家马斯洛认为，人类有五种不同的需要，从低级到高级依次是：生理需要、安全需要、社交需要、尊重需要和自我实现需要。其中“尊重”是人类比较高的层次需要。学校管理的核心是调动教师的工作热情和积极性，而教师的工作热情和积极性只有在一个被理解和被尊重的、和谐愉快的氛围中才能得以最大限度的发挥。

教师作为特殊的脑力劳动者，普遍具有强烈的自尊心和自我表现欲望。他们对

尊重的需要,高于对物质的需要;对实现自我价值的要求,高于对金钱的追求。他们最大的愿望是精神上的鼓励,事业上的成功;最大的苦恼是精神上的创伤,能力上的受压抑。学校领导要深入到教师中做细致的调查研究,了解教师需要的特殊性和动态性等特征。尽可能满足其合理需要,对于有些教师因各方面条件的限制而暂时难以满足的要求,领导者应实事求是地向他们说明原因,讲清道理,争取得到谅解。对不正当的要求,领导不能姑息迁就或盲目顺从,也不能不分青红皂白,简单地予以否定拒绝,更不能以势压人,应认真做好耐心细致的解释和说服工作。

(二)知人善任、一视同仁,是尊重教师的基础

人类最高层次的需要是自我实现的需要。学校领导者应对每一位教师的个性特点、能力状况等做到心中有数,从而做到知人善任,各尽所能。

学校领导者在处理领导与教师、教师与教师之间的各种矛盾,特别是教师较敏感的利益和情感问题时,要不徇私情,以公平、公正作为解决问题的基本原则,不能因自己的利益、自己与不同教师的情感亲疏或利益轻重而偏长护短。只有这样,才能使每一位教师心悦诚服,心舒气畅,从而保持健康向上的心态和高涨的工作热情。

(三)尊重教师的劳动和权利

"教师是人类灵魂的工程师",他们用自己的生命来培育生命,用自己的灵魂来塑造灵魂,用自己的知识来培养学生。所以,教师的劳动理应得到尊重。要充分信任教师,及时发现并挖掘教师工作中的闪光点。当教师成绩突出时,予以表扬鼓励,工作被动时,应及时提醒并给予帮助,使教师的劳动价值得到充分的认可和肯定。

教师对学校工作有参与权、知情权,对自我发展有申请培训的权利,对个人委屈有释放表达的权利等。所以,工作中要尊重教师的权利,让教师时时感受到自己被尊重,事事感受到被领导重视,处处感受到被集体需要。凡是涉及学校发展和教师切身利益的事情,都要征求大家的意见。事实证明:越是实实在在地尊重教师,教师的工作热情就越高涨,教育教学工作也就越顺畅。

(四)尊重教师的人格

尊重教师的人格,要求我们在管理学校时,有强烈的服务意识,以教师为本,顾及他们的需求和承受能力。当教师由于兴趣愿望、性格特点、认知水平等因素与学校的工作要求发生冲突时,管理者与教师要平等地沟通,分析商议,让每一位教师都能有尊严地生活和工作。

教师的工作是没有时间和空间限制的，其工作量不能像工厂里的“产品计件”一样简单计算。教师工作的特殊性，使他们工作的“量”更多含有对事业的追求、生命的倾注、无私的奉献等不易量化的因素。因此，学校管理要充分体现人性化的特点。尤其是当教师有了缺点和错误时，应该及时指出、批评或处理，要照顾教师的“面子”和情绪，例如采用谈话交流等方式，进行换位思考，多为对方着想等。求大同，存小异，使教师在平等、宽容、理解的气氛中接受教育和批评。这样，既能使教师改正错误，提高自身素质，又有利于领导与教师的交流与沟通，进而增强彼此间的凝聚力与吸引力，消除不必要的误解与隔阂，提高工作效率。

（五）尊重教师的个体差异

由于教师在学识水平、工作能力、性格特征、思维方式等方面存在差异，他们的教学方式、教学成果等也不尽相同。为此，在管理中，要尊重教师的独立思维方式和活动方式，尊重教师的独立性和差异性，虚心发掘教师的优点，接纳他们的差异，并将这些差异作为学校可持续发展的后续资源，取长补短，各尽所能。

“没有永远的领导，只有永远的教师。”在学校管理中，要尊重教师的人格，尊重教师的学问，尊重教师的合理需要，尊重教师的差异，尊重教师的情感，尊重教师在校园内的权利、义务、地位、价值、利益……只有这样，教师的工作积极性才能真正被“尊重”出来。

二、尊重学生

“教育成功的秘密在于尊重学生。”学校发展的成果，最终要体现在学生身上。为此，平等地对待、尊重每一个学生，并对其终生发展负责，是教育工作者需要认真思考并积极面对的问题。

（一）平等对待学生，是尊重学生的基础

其一是平等对待每一名个性化的学生。主要是指平等对待智力、能力不同的学生，平等对待学习成绩不同的学生，平等对待男生和女生，平等对待个性特点不同的学生，平等对待不同家庭背景的学生，平等对待与自己亲疏不同的学生……

其二是给每一名个性化的学生创造平等展示、锻炼自己的机会。主要是指给所有学生提供担任班干部的机会，给所有学生提供参与各种活动的机会，在进行各种选

拔时一律平等对待，在安排座位、上课提问时一视同仁，在评价学生时公平、公正，在处理矛盾冲突时“一碗水端平”……

（二）尊重学生人格，建立民主平等的师生关系

没有尊重，就不可能做到一切为学生的发展服务；没有尊重，以训斥、挖苦、体罚为主要方法的“管、卡、压”式的教育方式不仅不能起到良好的教育作用，反而会加重学生的自卑感和心理逆反情绪。要让每一个学生都抬起头来走路，就必须建立民主、平等、和谐、相互尊重的师生关系。

尊重学生，首先应尊重学生的自尊心，要注意培养和保护学生的自尊意识。在教育中，要提倡对学生的赏识和鼓励，教师要通过一切有效的手段来肯定、激励学生，并以此作为沟通师生感情、融洽师生关系的纽带。

尊重学生，还应注意尊重学生的人格，教师要以平等的态度对待每一个有情感、有意识、有独立个性的学生。对学生不抱有偏见，坚持以发展的眼光客观、公正地评价每一个学生，为学生个性才能的施展提供广阔的空间。

尊重学生的人格和自尊要做到：不体罚、辱骂学生；不羞辱、诋毁、挖苦、嘲笑学生；不冷落学生，不当众大声训斥学生；批评学生不牵扯家长，就事论事……

（三）尊重学生的个性差异，对每一个学生负责

生命因个性而凸显精彩，校园因孩子而彰显活力。在学校这个大家庭中，由于性格、爱好、特长、家庭以及社会背景等不尽相同，学生在学习、思想等方面存在比较大的差异。为了能使每一个学生的个性得到张扬，特长得到发挥，无论是学校，还是家庭、社会，都要多为学生搭建充分展示自己的舞台，使他们在这个舞台上经受磨炼、摔打和考验，在活动和实践中不断锻炼自己，实现综合素质的拓展和提高。

根据学生个性差异的实际状况，教师要特别关注下列几类学生，给予充分尊重：智力发育迟缓甚至是有缺陷的学生；有缺点、错误的学生；学习成绩差的学生；性格孤僻、怪异的学生；被孤立和拒绝的学生；和自己意见不一致，甚至顶撞过自己的学生；有严重逆反心理的学生……

根据学生个性差异的实际状况，教师还要注意尊重学生的心理需求，如尊重学生的兴趣、爱好，尊重学生的情绪和情感，尊重学生的抱负和志向，尊重学生的选择和判断，尊重学生的个人意愿……

“对别人不尊重的人，首先就是对自己的不尊重”，尊重学生，就是尊重我们自己，

就是尊重我们的教育，更是尊重教育的未来。

三、实施尊重式管理，要处理好几个关系

（一）尊重与批评

学生犯错了，教师有责任批评和管教，但什么样的批评才能既有作用，又不伤害学生呢？最重要的一点是了解学生的承受能力，选择适合学生身心特点的批评教育方式。

批评不等于不尊重。不能把“对学生的尊重”和“管教学生”这两件事简单对立起来，好像尊重学生的尊严就要放弃最基本的批评和管教。其实，如果我们了解学生在不同的年龄段对批评的接受方式，就完全可以根据他的承受能力，进行及时适当的批评。并且，在学生做错事时，明确地告诉他“这件事你做得不对”是非常必要的，不能因为担心伤害学生的尊严，就不批评，不管教。

最简单的批评，就是让孩子为自己的行为负责。如果我们以尊重学生为出发点来选择批评的方式，批评便是公平的。在批评学生的时候，我们只要让学生明白这是对他的终身负责，同时让他知道，做什么样的事就要承受什么样的后果，而不是为了伤害他或给他打上“坏学生”的标签，就不会给学生造成心理阴影。

批评一定要针对具体的事情，一事归一事，不可“上挂下联”，无限上纲。

对于教职员工的管理，虽然不同于学生，但讲究“尊重”前提下的批评艺术的原则是一致的。

（二）尊重与教育

尊重与教育相辅相成。尊重是为了更好的教育，教育之前提是尊重。尊重是教育的基础，教育是尊重的目的，二者共同统一于师生的健康成长之中。

关于教育家陶行知先生，有一个育人的故事，耐人寻味。陶先生在当小学校长时，发现一名学生用泥块砸自己的同学，当即上前制止了他，并令其放学时到校长办公室去。放学后陶先生回到校长室，见这名学生已等在门口，陶先生马上掏出一块糖果送给他：“这是奖给你的，因为你按时来到这里，我却迟到了。”当这名同学怀疑地接过糖果后，陶先生又掏出一颗糖果放在他手里：“这也是奖给你的，因为当我让你不再打人时，你立即就住手了，这说明你很尊重我。”陶先生再掏出第三颗糖果塞进他手

里:“我调查过了,你砸他们,是因为他们欺负女同学,这说明你很正直,有跟坏人做斗争的勇气!”该同学哭了:“你打我两下吧,我错了,我砸的不是坏人,是我的同学呀……”陶先生满意地笑了,并掏出第四颗糖果递过去:“为你正确认识错误,我再奖给你一颗糖果……我的糖没了,我看我们的谈话也到此结束吧。”

尊重式的教育管理的妙处在这小小的四块糖果中体现得淋漓尽致。精彩的沟通,俨然是心灵的对话,不仅是精心设计的台词。小小的几块糖果,是尊重,是赏识,是教育的艺术,是在“丑”中发现“美”的深入挖掘,是无声胜有声的批评教育。这种特殊的教育方式,留给人们的记忆是永久的,产生的影响是深远的。假如采取一般人常用的“粗鲁”的批评教育方式,学生还会如此信服,效果还会如此和谐正向吗?

（三）尊重与和谐

尊重与和谐是方式和目的的关系,通过尊重的方式来达到和谐的目的。没有领导与领导之间、领导与教师之间、教师与教师之间、教师与学生之间、学生与学生之间等的相互尊重,就没有和谐的校园。

“尊重不是口头上的甜言蜜语,而是融化在灵魂里的一种意识。”通过尊重式管理,校园中的师生学会尊重每一个人,尊重每个人的权利和感受。这正是人类精神文明的一个重要的台阶,登上去,我们就会享受到和谐的惬意与温馨。但要真正做到相互尊重,必得以平等之心为基石,待到平等深入人心之日,方是尊重蔚然成风之时。因为,平等生尊重,尊重生和谐,和谐生愉悦,愉悦生幸福……

如何实施以论文代开会的省时高效管理？

一、论文

论文是学术论文的简称。学术论文是指用来进行科学研究和描述科学研究成果的文章。它既是探讨问题进行科学研究的一种手段，又是描述科研成果进行学术交流的一种工具。

写论文可以记录新的科研成果，进行学术研究；促进学术交流、成果推广和科技发展；促进科研的深化；考核作者知识、科研水平；培养独立思考和创新的能力……

现在的大多数教师，尤其是教育教学的管理者都不善于写，而善于说。不善于写，就是不善于钻研。领导和教师学会做研究与写论文，是履行自己的岗位职责、完成工作任务的一个重要组成部分。那种认为只要拥有教育教学专业知识就能胜任工作的想法是不符合教育教学的客观发展规律的，现在的领导和教师必须时刻用先进的教育教学理论武装自己，掌握教育心理学、学校和班级管理艺术、教育教学理论与设计、家庭与社区沟通理论等等，这就离不开借鉴别人的研究成果，更离不开自己独立地开展相关的研究工作。

学校领导和教师做研究和写论文的目的主要是为了深入研究和改进工作，完善和提升自己。时代在前进，以创新为核心的素质教育需要科研型的领导和教师，“减负”要求我们向教育科研要质量，要效益。不少领导和教师拥有宝贵的教育教学经验，若能及时将其总结出来，既可体现人生的价值，又可以点带面，促进教育工作者队伍整体素质的提高，何乐而不为呢？

二、开会

开会就是若干人聚集在一起议事、听报告等。其目的是为了研究、讨论、总结、布置某项或某些工作，以解决某个或某些问题。开会应遵循一定的原则，例如目的性、效率性、尊重性、针对性、民主性、实事求是、灵活应变等。目前各个领域会议泛滥，一言堂、扯闲篇等现象十分普遍，尤其是基层单位，部分领导把开会与抓落实同等看待，认为开会就是抓落实，开长会就是认真抓落实。有些领导好大喜功，喜欢表现自我，把开会作为展示自己、显示领导地位的机会，开会讲话滔滔不绝，言之无物，“以其昏昏，使人昭昭”。然而，往往上边讲得激情澎湃，唾液横飞；下边听得昏昏欲睡，急不可耐。

计算一下，教师在学校需要开的会有：每两周一次的备课组会议，每两周一次的教研组会议，每周或两周一次的教工会议，每周或两周一次的班主任会议、考务会、质量分析会、考评会、党员会、团员会、工会会、家长会、活动动员会、总结会……

要改善“会风”，就要加强会议制度建设，规范会议程序，合理安排会议频次，着重抓好会议的策划和组织准备，使会议主题鲜明，目的明确，发言有针对性……

近年来，政府大力倡导精简会议，得到了全社会的普遍拥护和支持。学校作为教书育人的场所，更要顺应潮流、讲求效率，规范开会，少开会，开短会，开好会。这是学校管理上新台阶的需要，也是减轻教师负担、提高教育教学质量的需要，更是创造积极进取、高效和谐校园的需要。

三、以论文代开会，实施省时高效的学校管理

写论文和开会似乎风马牛不相及，但如果仔细分析写论文和开会的目的、意义、性质、作用以及关于写论文和开会的种种不尽如人意的现状，再和学校管理的时代要求相联系，就可以发现，在专业性的教育事业中，以专业性的论文替代非专业性的会议，可以为实现省时高效的学校管理开辟一条新的路径。

写教育教学论文的目的是要研究、探讨教育教学的某种规律，以解决某个或某些问题；学校开会的目的也是要研究、讨论、总结、布置某项或某些工作，以解决某个或某些问题。二者虽然表达形式不同，前者是通过书面语的形式表达，后者是通过口语的形式表达，但最终目的是一致的。目前基层学校通常以口语形式表达的“一言堂”或“几言堂”式的会议，虽然发言人也在会前有所准备，但绝大多数是简简单单的“提纲挈领”。这种准备，毕竟没有书面语那样“精雕细刻”和有条不紊。为此，仅凭一张

嘴、一本记事本就开会的方式，就容易“下嘴千言，离题万里”，就容易挂一漏万，就容易教条和官僚，就容易令人厌烦……

以论文代开会，实施省时高效的学校管理，就是以学术引领工作，用科学的思想和方法来实施学校管理；就是要少一些行政化的“官腔”“官僚”，多一些严谨治学般的理性分析和思考；就是要提倡教育家办学，让研究教育的人去管教育。

如果校长发现：有的老师把学生赶出课堂，有的老师放学留学生补课，有的老师不及时处理没到校的学生，有的老师让忘戴红领巾的学生回家去拿等问题。为明确认识，解决问题，就可以撰写一篇《警惕教育教学中的安全责任事故》，把发现的和未发现的容易造成安全责任事故的问题有理有据地一一列举出来，并提出解决问题的途径，供老师们参考。

例如，在论述“不及时处理没到校的学生”时可以从现象入手，进而明确危害：“早晨、中午上课之前，不清点到校人数，甚至是发现缺少学生后，也不及时调查并与家长取得联系。家长看着孩子出门上学去了，可是学生没有到校，一旦中途出现了问题，就可能贻误救助的最佳时机，造成学校的管理责任事故。尤其是寄宿制学校，如果出现学生离家出走几天，或出事几天后，家长还全然不知的情况，学校和相关老师是难辞其咎的。某初中学生小李，因害怕没做作业而被老师批评，在早晨上学途中去了网吧，两天一夜未归，由劳累引发心脏疾病而猝死，家长将网吧和学校一并告到法庭，最终学校和班主任因发现学生未到校却没有及时与家长联系而受到了处罚……”

如何消除隐患？还要提出方法：“实行早晨、中午上课之前，班主任到班巡视或班长报告制，发现有学生未到校，要及时开展调查并与有关人员取得联系；实行每节课点名制，发现学生缺课，任课教师要及时与班主任或家长联系。班主任和任课教师及时进行调查，积极商讨处理对策，是杜绝此类责任事故发生的唯一途径……”

除上述问题，还要注意什么？还要想全、想细：“另外，还要加强学生按时上学的安全教育，未到上学时间，不要过早到校。教师要求学生几点到校，自己也必须要几点到校，并及时到班级进行跟踪管理。因教师管理不及时到位而出现学生安全事故，教师要承担一定的责任……”

每论述一个问题都要有理性分析、具体案例和解决问题的参考办法，使教师一看就知道不该怎么做和应该怎么做。

再如，为贯彻落实科研兴校的大政方针和政策，就可撰写一篇《论文是支潜力股》

的文章，详细论述“为什么要写论文”的问题：“教师需要做的工作主要就是两件：一是教学，二是教研。教学引领教研，教研促进教学，两者相互依存，缺一不可，教研为教学充电、补充给养；教学为教研提供源泉。如果只教不研，就容易原地打转，几年、几十年如一日，‘教书匠’即由此产生，目前绝大多数教师属于这一类；如果只研不教，就会成为空头理论家，这种类型的人多是教育教学行政领导及研究部门和高校的一些专家学者……”

怎么写？更需要让大家知道：“教师一天的工作是备课、上课、批改作业、阅卷、管理班级……这些就是我们通常所说的教育教学工作。进一步说，备课需要钻研教材，上课需要选择恰当的教学方法，管理班级需要选择恰当的教育方法……这些实际上已经就是教研的初级阶段了。再进一步说，备课、上课、批改作业都有哪些成功的做法，又有哪些无用功？期间是否有提高教育教学效果的灵机一动的奇思妙想？把这些经验和教训甚至是奇思妙想及时记录、整理出来，并由特殊推及一般，上升到理性认识，这就是搞教研写论文。教学与教研是连体婴儿，反思和写作是将两者连在一起的有效方式……”

劝勉老师写论文，要对老师晓之以理，动之以情：“人总是有惰性的，谁能克服它，谁就有了成功的希望。勤于动笔、肯吃苦的人成了作者；懒于动笔、不肯吃苦的人就只能当读者。读者和作者之间相互联系的方式是勤为径，苦作舟。仅能吃苦不行，还要进入以苦为乐的境界，正所谓‘知之者不如好之者，好之者不如乐之者’，假如我们能将做研究与写论文看成是自己工作、生活的一部分，看成是个人成长、身心愉悦的经历，那么，我们的教育教学工作就一定会出现朝气蓬勃的繁荣景象……”

鼓励老师写论文，要采取措施：“学校今后将完善考核内容体系，加强教育科研的形成性的过程管理和考核；学校今后考核教师要将写论文列入必备的且是重点的考查内容，而不是只有到评定职称时，论文才成为必备条件；学校今后要将搞科研与写论文纳入平时的教育教学管理之中，以培养教师的科研能力。教师在每个学期都要写一篇相关的教育教学论文，上交后存入业务档案。评定职称，不仅要提供一两篇代表作供专家评审，还要根据教龄的长短来审查是否达到每个学期都有论文的要求……”

网络在飞速发展，领导与教师、教师与教师之间的交流方式也要随之改变，以实现省时而高效的人际沟通目标。领导经常将所见所闻、所感所想写成文章发布在校园网上，并设立讨论专区与教师，甚至是与学生平等交流，共同学习与探讨，这对于学校形成良好的校风、教风、学风等都具有重要的意义，同时又可以有效矫正有问题、有事情必开会的陈规陋习。为调动教职工共同参与学习探讨的积极性，每隔一段时间就要对教师的参与状况进行总结和交流，并经常开展围绕一篇或几篇论文的主题互动活动，组织教师讨论，解答教师疑问。

以论文代开会，实施省时高效的学校管理，是会风的转变，也是管理风气的转变，更是教育之风的转变，同时也是对学校管理者素质提出的更高要求，还是倡导学习之风、研究之风、科研兴校之风的创新举措。

教学攻略

怎样带着理念去上课?

教育教学理念是对“教育教学是什么,应该怎么办”的价值判断和基本看法。正确的教育教学理念是教育事业发展的基本前提和保证。

教育教学理念应具有超前的远见意识,是对奋斗目标的明确设定,体现出对未来教育发展状态的期待。它作为一种行为准则,具有对实践进行规范、指导和反思的特性,是教育教学实践的客观反映,并以教育教学实践作为自己存在的前提,在一定条件下又反过来对教育教学实践起指导作用;它以一种文化氛围、一种精神力量、一种价值期望、一种理性目标的形式来规范、指导教育教学工作者的行为。

教育教学理念可以分为团队理念和个性理念两种。团队理念一般是纲领性的,比较抽象和笼统,理想化色彩比较浓。个性理念是在团队理念的基础之上的个性化理解和阐释,往往因为每个人的悟性、阅历、能力和水平等的差异而呈现不同的内容和形式,它比较具体而实际,是直接影响教育教学效果的因素之一。团队理念如国家的教育教学大政方针、学校的办学目标和发展方向等,团队成员如果能够坚定地信奉团队理念,就会凝心聚力,形成组织的共识,分享组织的共同价值观,从而形成一种对团队未来充满信心的文化力量和精神力量。

在现行的教育体制中,国家这个大团队的教育理念最终是要靠一个个工作在教育教学第一线的教师来实现的,所以团队成员的合力就显得十分重要。可是大团队的理念和教师的个性化理念之间不是直接的“上传下达”的关系,而是还有许许多多“承上启下”作用的教育教学管理和研究机构,这些机构的基层单位就是学校。所以,学校的办学和管理理念将直接影响着教师的教育教学理念,而学校的办学和管理理念又受到校长的悟性、阅历、能力和水平等因素的影响,具有一定的差异和局限性。一般说,民主型的校长对个性化理念的形成影响较小,“一言堂”式的校长对个性化理念的形成有一定局限性。

现在大多数学校的办学理念只是空洞的口号,没有实际内容。说来说去还是应试教育那一套,甚至是形式是素质教育的一套,可是内容仍然是应试教育的那一套。许多所谓的名校、名师就是靠应试理念指导下的优秀成绩而被炒作出来的。虽然这种“名”因思想理念单一且模式化,一旦脱离了高压性的管理环境,摘去了“紧箍咒”就会消失,但对教师的影响特别大。“独到的思想者、不倦的实践者和终生的学习者”的“三者”教师少,教师教育教学理念特别单一、陈旧和落后等问题都与这种应试教育的“名与利”有关联。可是,这并不意味着教师就不能成为具有个性化理念的“三者”教师,因为他们毕竟是有个性的知识分子,毕竟是有自己的判断和思考的,所以只要正确引导,环境适合,评价手段合理,他们的可塑性很强,发展空间也很大,尤其是中青年教师。

教育要发展,教师是推动器。既然如此,那么教育发展的大理念、大趋势如何具体化,如何变为每位教师终身追求、奉行的理想和信念就显得特别重要。

理念通过行为来体现,理念更是在教育教学实践中构建和发展起来的。教师的个性化理念是个体的认识、经验、行为在其头脑中的反映。教师的教育教学理念源于自身的教育教学实践基础上的理性认识。只有将先进的教育教学理念与教师的实际感受联系起来,才有可能构建起属于自己的理念。

教师在形成自己的教育教学理念时,要充分考虑如下几个因素:目前国内外教育教学的改革发展趋势、国家的大政方针、学校的要求、教育教学的具体情况、学生的学习和接受状况等。此外,要明确哪些理念对于自己来说是可以通过努力实现的,哪些理念对于自己来说即使努力也难以实现;明确在不同的教育理念中哪些学生通过教育可以达到理想状态,哪些学生通过教育能基本达到理想状态,哪些学生通过教育也无法达到理想状态。

教师在形成自己的教育教学理念时,要把握教育教学的时代脉搏,抓好如下几大方面的细化和分解:学生的思想素质是教育的灵魂;要为学生的终身发展奠定坚实基础;要把培养学生的创新精神和实践能力作为教育教学工作的出发点和归宿;要把教改实验和教育科研作为提高教育教学质量的第一生产力;强化应用意识、情感体验,把学科教学置身于家庭生活、社会生活、科技生活的广阔背景之中,鼓励学生亲身参与实践;要对每一个孩子负责,使其个性得以充分发展;要建立新型的知识观、学习观;课堂教学要追求省时而高效的崇高目标。

上述两段所阐释的内容是教师在形成个性化的教育教学理念时的依据。那么教育教学的理念具体应该是什么呢？大而言之姑且不论，小而言之是新课程标准，是上述教师形成个性化理念需要细化和分解的内容。具体地说就是："为什么而教？为什么而学？教什么？学什么？怎样教？培养什么人？"这些始终是教育教学的根本问题。再具体一点说，例如教学活动结束时学生要达到什么样的目标，通过什么样的手段和方法达到这个目标；"以训练为主线"的课堂教学结构和时间分配如何……

每个人所奉行的教育教学理念都不相同，有些比较笼统，有些比较具体。具体的理念表达上，有的句子比较长，有的又比较短。如杜威在阐述他的教育理念时在每一段的开始都用了"我相信……"这样的句式。

每个人的理念都不能包罗万象，要以循序渐进、积少成多、一步一个脚印为原则。

教育教学理念有层次之分，观念层面上的教育教学理念虽然较为笼统，甚至有些理想化，但更具有前瞻性，更能表达事物的本质属性，更具全面性、原则性；操作层面的教育教学理念对于教学活动来说，虽然更具指导意义和实效性，但有些比较单一、零碎、陈旧，甚至是急功近利和片面。

教师要将先进的教育教学理念内化，形成自己的教育教学理念，并持之以恒地去实践。陶行知先生曾说："知识有真有伪，思想与行动相结合而产生的知识是真知识，真知识的根是安在经验里的，从经验里发芽抽条开花结果的是真知灼见。我们要以自己的经验做根，以这经验发生的知识做枝，然后别人的知识方才可以接得上去，别人的知识方才成为我们知识的一个有机组成部分。"实践证明，"实践＋反思"是理念和行为相连接的最直接的手段，也是教师专业发展的有效途径。

教师要实施个性化理念就要"变法、变革"，要"变法、变革"就要勇敢面对压力，耐得住孤独、受得了冷落；就要敢于冲破"保守派"的层层包围，甚至要敢于冒天下之大不韪。

带着理念去上课，就是要求教师心中时时有一种教育教学的理想和信念，并把这种理想和信念坚定不移地贯彻到教育教学的每一个环节中。也许有人会质疑，每节课不都有教学目标吗？教学目标不就是理念吗？我认为，这两者是既有联系又有区别的不同概念。虽然两个概念有时是指同一状况，但归根结底目标存在于理念之中。教育教学中的价值和理念决定每一节课的具体教学目标，教学目标是教育价值和理念在教学中的具体体现。因此，教学目标必须自觉地指向教育的培养目标，使其成为实现教育目标的一个步骤。例如，"全面发展"是一种观念，同时又是我们教育教学所追求的崇高理想和目标。但这种理想和目标不是一步到位的，而是要通过成年累月每一节课的教学目标的达成来逐步实现。实现宏伟目标的切入点是要从细化和分解的二级、三级等的梯次目标间的关系入手，选择最优的目标实现路线——先解决简单的目标，再解决困难的目标；先解决小的目标，再解决大的目标。如此循序渐进，持之以恒，勇往直前……

带着理念去上课是放眼未来、放眼世界的胸怀大志；带着理念去上课是着眼于脚下，一步一个脚印地奋然前行；带着理念去上课是时代对教师提出的更高要求，是未来教育发展的大势所趋！

怎样落实“省时、高效就是课改”的理念?

教育教学要达到省时、高效的目的就要课改,反之,课改的目的就是要省时、高效。

一、省时

省时即节省教与学的时间。要做到“省时”就要做到如下两点。

(一)教师要精讲

“精讲”是针对教师每节课所要讲的内容而言,既是数量上的要求,也是质量上的要求。“少而精”就是精讲所要求的辩证的统一。教师要少讲,甚至可以不讲。“不讲”是指凡是学生通过自主或合作探究能够解决的问题一律不讲。讲与不讲以及怎么讲要根据具体内容、教与学的情况,视效果而定。

精讲讲什么?这要根据不同科目及不同内容而定。一般地说,要讲明如下几点:一是学习方法和要求。如审题方法、解题技巧、考试技能等。二是知识的拓宽、迁移、类比、推理。如一题多解、一题多变等。三是学习的疑惑和盲点。如知识重难点、易混点、考试失分点等。四是知识的总结、应用及规律等。

(二)学生要精练

“精练”是学生运用教师所传授的知识和技能来解决问题的练习,是教师“精讲”效果的检验。“少练”可以是“精练”,“多练”也可以是“精练”,“少练”“多练”是练习的数量问题,而“精练”则是练习的质量问题。“少练”不一定“精”,而“多练”也不一定“不精”,关键在于练什么和怎么练。

一般地说,“精练”要练学生难懂的地方、易混淆的地方、有常见错误的地方和中高考等考查的重点。练,还要有一定的广度和深度,要面向大多数学生,并有效地平衡机械性训练和开放性训练之间的关系,真正做到让学生在实践过程中提高能力。

这就要求教师在“精讲”的基础上做到两点：一是习题设计既要突出重点、难点，又要具有基础性、层次性、开放性。基础性是指课堂所讲的基础知识和学生应该具备的基本技能，不只是等同于很简单的问题；层次性是指练习设计要有梯度，要考虑不同层面的学生；开放性是指题目的设计要注意培养学生的求异思维、发散思维、创新思维等，以激发学生学习的积极性，培养学生各方面的素质。二是筛选可以从中归纳出解题思路或知识迁移应用的题目来练习。还要注意综合各知识点，使各个层次的学生都能够有所得，既扎实掌握、灵活运用基础知识，又能培养学生的解题能力和创新的能力。三是精心汇集问题。及时解决学生在学习过程中的盲点和误区等。

二、高效

高效即提高教与学的效率。主要体现在如下几个方面。

（一）提高教师的教学效率

在有限的时间传授了无限的并且能够使学生终身受益的知识。

（二）提高学生的学习效率

在有限时间学到了无限的并且能够终身受益的知识。

（三）个体、整体学习成绩明显得到提高

即平时测试及中高考成绩有明显提高。

（四）学生素质普遍得到提高

个性化程度高，比如说培养出了数、理、化某一学科的竞赛人才，音、体、美某一方面的突出人才，以及书法、朗诵、演讲、写作、表演等的突出人才等等。需要强调的是：要提高教学效率，教师必须“严格”管理学习过程。有人说“优异的教学成绩不是教出来的，而是管出来的”，这句话有一定道理。“严格要求、严格检查、严格督促”仍是最简单、最古老，也是最有效的管理方法之一。

“省时、高效”是针对各个学科中的“少、慢、差、费”的现实问题而提出来的，它既是对教学过程的规范和要求，又是对教学结果提出的具体而精练的目标。要达到“省时高效”的最终目标，就要改变传统的教育教学观念和方式方法，优化教学过程；就要改变传统的以“灌输——接受”为主的教学方式和以“听讲——记忆——练习——知识再现”为主的学习方式；就要对现行的课程进行全方位的改革，走老路就不能到达

新目标。

“省时高效”的目标已确定，至于哪条路才是捷径，这是“仁者见仁、智者见智”的问题。我们赞成“条条大路通罗马”“不管黑猫白猫，抓住耗子就是好猫”的朴素理论；赞成以“新课标”理论和某些实践性的指导原则为武器来达到我们的目标；不赞成搞什么固定模式，“教有法而无定法”，僵死的固定模式只能适于一时一地，假如它红极一时，也只能是在某一领导的行政指令下“持之以恒的机械操作”带来暂时的“果实”而已。这种固定模式是会“再而衰，三而竭”的，是会“黔驴技穷”的，是无长久生命力的——这已被以往的经验和教训所证明。

“省时、高效”既体现了教育教学方式方法的改革，又体现了课程内容的改革，更主要的是这一理念本身就是一种教育教学的最高成果。事实上，也只有实现“省时、高效”的朴实目标，才能彻底解决目前无法解决的学生课业负担过重的问题。为此，“省时、高效”应该是我们一线教师“课改”成果的“看得见，摸得着”的主要衡量依据之一。

如何指导学生自学?

指导学生学会自学是教育的一项重要任务。

自学是独立自主的学习行为,它具有自主、主动、开放、独立等特点。自学可以锻炼意志,培养良好的学习习惯以及独立分析和解决问题的能力;可以增强信心,培养注意力;可以更扎实有效地掌握知识……

成功的教育工作者,无不把培养学生的自学能力看作是头等大事。叶圣陶曾说:“教师今天的教正是为了明天的不教。”魏书生在总结自己的教学经验时说:“我的教学追求的核心是培养学生的自学能力。”

自学能力是知识经济时代的通行证。知识经济时代,人的素质主要表现为驾驭知识和信息进行创造性劳动的能力。因此,全民化和终身化学习将成为教育发展的两大趋势。接受终身教育有两种途径:一种是接受继续教育,另一种是自学。其中,自学是最重要的途径。

教育要重视儿童早期智力和能力的开发。培养学习兴趣,指导自主学习,是培养人才的关键。我国从1978年开始,在中国科学技术大学创建了少年班,招收那些年龄很小就通过自学完成了中学甚至是大学课程的“超常青少年”,三十多年的教育教学实践取得了丰硕的成果。

综上所述,教育要早出人才,快出人才,就要把指导自学当作压倒一切的任务来抓紧、抓实。怎样才能完成这项艰巨而又迫切的任务?

一、帮助学生拟定计划,明确目标

找对方向就少走弯路,容易成功。计划拟定后,学生要按内容类别、学习水平层次等因素组成自学合作组。教师每周组织一次交流活动,也要调动家长参与督促检查。拟定计划,确定目标时,要注意使学生遵循几条原则:

（一）同步效应

尽量做到内容选择与教学同步，奋斗目标与兴趣爱好同步。例如学生作文比较突出，就叫他有计划地多读一些名家名著，并且要尽量与教学作文的进度同步。

（二）循序渐进

“千里之行，始于足下。”自学要由浅入深，由易到难，一步一个脚印地循序渐进。要选择适合自己水平的内容学习，不要忙于啃专题研究的书，也不要急于攻读大部头，要从实际出发，一步步提高。

（三）量力而行

自学不怕起点低，但也不要好高骛远，应着眼长远，立足当前。要以学好课本为主，那种抛开课本去攻读其他内容的做法是无益的，只会走弯路。最好采取“短线”的自学方式，即通过自己的努力，短时间内就可见效的自学方式。这样既可给学生带来喜悦，鼓舞学生的斗志，又往往会改变学生学习状况不佳的境遇。

二、传授自学方法

自学手段的合理选择和灵活运用，对于提高自学的效率和扩大自学的成果具有十分重要的意义。

（一）资料阅读法

要广泛阅读书籍、杂志、报纸等资料，学会使用电脑查找材料。要注意首先明确阅读的目的，然后根据这一目的把“泛读” 和“精读”有机结合起来。

（二）摘录写作法

在阅读资料时，可以对教材资料的主要观点、基本概念、理论体系进行摘录；也可以通过笔记把自己所学的内容整理记录下来，对于一些重点和难点，应该多做分析；还可以把学习的心得体会写成小论文等。

（三）讨论求教法

利用与同学、师长见面的机会进行求教，也可以用互联网等现代化手段，就所学问题进行广泛的讨论，从而加深对所学内容的理解，巩固和扩大学习成果。还可以向名家求教，例如倾听名家的学术报告、研读名家的文章、当面求教等。

（四）四步法

是指由精读材料、编写提纲、尝试背诵、有效强化等四个环节所组成的学习方法。它主要是通过由面到点的综合概括，逐步缩小记忆范围，从而利用较短时间掌握全部材料内容。

（五）四到法

宋代理学家朱熹提出："读书有三到：心到、眼到、口到。"我认为，还要加上"手到"，当然其重点是"心到"，即读书一定要集中精力，进行积极的思考。

上述是从学习方法角度来说的常见阅读方式，还有如"纵览、提问、阅读、背诵、复习"的五步读书法，"学习与思考、温习、践行相结合"的学习法，等等。另外，在自学中还涉及许多技巧问题，例如记忆技巧、审题技巧、解题技巧、应试技巧、竞赛技巧、自我检查核对技巧、不同类型的问题的不同解决技巧等等，教师可根据具体情况来调整变通，传授给学生。无论采取什么方式，利用什么方法进行自学，都要强调主动和刻苦的精神。

三、培养自学能力

培养自学能力，要从基础抓起，从习惯、方法、意志品质等要件抓起。

（一）激发动机，培养非智力因素

激发动机是激励学生主体的内部心理机制，调动其全部心理活动的积极性。非智力因素是指智力以外的对学习活动起着启动、导向、维持和强化作用的个性心理。学生自主学习能力的高低，从表面上看是智力因素在起作用，其实是非智力因素在背后起着更重要的作用，因此要注意培养。

（二）明确要求，个性化定制

不同学习层次的学生，要拟定不同的自学计划；不同的学习阶段，要提出不同的自学任务，既有每单元的自学目标，也有每课时讲授之前的自学要求；检测要根据不同层次学生的学习状况来设计不同梯次的题目，并鼓励学生攀登高峰。

（三）锻炼意志，养成好习惯

意志在克服困难中表现出来，也在经受挫折、克服困难中发展起来，困难是培养学生意志力的"磨刀石"。自学会遇到许多困难，要不怕困难，锲而不舍，知难而进。

只有刻苦自学，持之以恒，反复实践，才能学会方法，养成良好的学习习惯。

（四）先学后教

“先学”是在教师指导下的自学。教师首先提出学习目标和要求，然后学生可以看例题，读课文，看注释，做实验，发现疑难做记号，做与例题类似的习题等，在规定时间内完成相关内容的学习。在学生自学时，教师进行巡视，发现问题要记录下来，但不要讲话，不要干扰学生自学。

“后教”是在学生自学后，教师与学生、学生与学生之间的互动式学习。是在教师巡视中准确掌握学生的自学情况的前提下，发动学生通过讨论、质疑、交流等方式自行解决自学过程中暴露出的问题的过程。

（五）精讲精练

课堂上教师首先要精讲，才能为学生的自学提供时间保证。精讲是针对教师每节课所要讲的内容而言，既是数量上的要求，也是质量上的要求。“少而精”是精讲所要求的辩证的统一。凡是学生通过自主、合作、探究能够解决的问题一律不讲。

精讲多练和精讲精练是由初级向高级发展的两个不同的阶段。由精讲多练逐渐向精讲精练过渡是追求“讲练结合”目标的结果，也只有这样自学才能够实现省时而高效的大目标。

指导学生自学，已成当今教育的热点话题。新形势下，学生自学时大部分时间是在家中，家长、老师如何相互配合对学生进行自学指导？这个问题，在当前以及未来显得越来越重要。学生要成才，就要学会自学；教育要培养人才，就要积极探索，指导学生掌握自学的方式方法。

怎样理解教学思想与课堂模式?

一、教学思想

教学思想是人们通过学习或观察、参与教学实践活动而形成的对教学实际的一种理性认识,也叫教学观念或教学理念。它是人们对教与学活动内在规律认识的集中体现,是人们从事教学活动的信念。教学理念有理论层面、操作层面和学科层面之分。表达明确的教学理念对教学活动有着极其重要的指导意义。

教学思想的核心是教学的效益,即什么样的教学可以使学生获得具体的进步或发展,最能体现素质教育的要求。

二、课堂模式

教学模式通常包括理论依据、教学目标、操作程序、实现条件、教学评价等五个因素,并具有指向性、操作性、完整性、稳定性、灵活性等特点和中介性、方法论等功能。

古代教学是“讲——听——读——记——练”的“灌输”模式。到了17世纪,随着班级授课制的实施,夸美纽斯认为,应当把讲解、观察、质疑、问答、练习等要素统一于课堂教学之中,进而首次提出了以“感知——记忆——理解——判断”为程序和结构的教学模式。

19世纪,赫尔巴特提出了“明了——联合——系统——方法”的四阶段教学模式。之后,他的学生莱因又将其改造为“预备——提示——联合——总结——应用”的五阶段教学模式。

19世纪20年代,杜威提出了以儿童为中心的,以“做中学”为基础的实用主义教学模式,其基本程序是“创设情境——确定问题——占有资料——提出假设——检验假设”。

20世纪50年代以来，随着科学技术的发展，教育面临着新的科技革命的挑战。因此，在这一阶段教育领域出现了许多新的教学思想和理论，与此同时也产生了许多新的教学模式。在全球教育界影响比较大的有：传递接受式、自学辅导式、探究式、自主式、范例式、合作式、发现式等。

我国比较流行的教学模式：课程改革前，以苏联凯洛夫的课堂教学五环节影响最深、最广；课程改革后，成百花齐放之态势，历数近10年的教学模式，比较知名的有主体教学、创新教学、合作学习、导学式、双主式、尝试教学式、自学辅导法、八字教学式、六步教学法、循环大课堂、情境教学模式等。

目前最火的典型教学模式有江苏洋思“先学后教再训练”的三段六环节的课堂模式。与传统的“教为主”相比，他们明确地把学生的“先学”作为一个重要的教学环节提出，“当堂训练”又辅以堂堂清、日日清、周周清、月月清的“四清”手段，明显提高了教学效益。

还有山东杜郎口的“三三六”自主学习模式。它包括“预习——展示——反馈”三大模块和“预习交流、明确目标、分组合作、展示提升、穿插巩固、达标测评”六大环节。操作性强的教学步骤，再加之严格的规章制度，使教学质量得到了明显的提高。

比较我国这些学校的模式可以发现，无论在形式还是内容上，都是在“学、导、练”三个字上做文章。通常都放大课堂上小组合作与展示的作用；都用学案来“导学”；都主张当堂训练或检测反馈；都关注学生的学习状态；都注意控制作业量，或者是实施“零作业”策略；等等。

比较古今中外的这些教学模式可以发现，它们的总体发展趋势是由单一型向多样化教学模式发展，由归纳型向演绎型教学模式发展，由以“教”为主向重“学”为主的教学模式发展，由手段陈旧向日益现代化的教学模式发展，等等。

三、教学思想与课堂模式

（一）思想决定模式

一位哲人说过：“人的思想是万物之因。播种一种观念就收获一种行为，播种一种行为就收获一种习惯，播种一种习惯就收获一种性格，播种一种性格就收获一种命运。”思想决定行为，行为决定命运。要改变我们目前的教学命运，就要先改变我们目前的教学行为;而要改变行为,要先从改变思想做起。

一旦有了自己的教学思想,就会有自己的教学行为,而最能体现这种思想的行为就是“模式”。

无论是什么模式,只要符合先进的教学思想的要求,就是好的模式;无论是什么模式,它的背后都有一套如何备课、上课、辅导、批改作业、教师专业发展、教学管理各项规章制度等的“思维模式”做支撑。杜郎口中学,每天早上7点半和下午1点半,各有两次时长半小时的教学反馈例会,各年级组分别提出前半天课堂中存在的问题,并提出改进的建议。这样每天诊断课堂,每天反思和改进,师生的教与学的水平想不提高都难。

教学思想决定教学行为,这就要求上级管理部门及学校要加强教师的教学思想的管理,以保证教学工作的方向性,体现党和国家的教育方针。

(二)没有思想,只学模式,是僵化的机械性活动

为什么有那么多人去学习洋思、东庐、杜郎口?因为他们有自己的教学思想和卓有成效的模式。为什么有那么多人学到了模式之后,回到自己的学校却不能复制出第二个、第三个,乃至更多“洋思、东庐、杜郎口”?因为只学会了模式,而没有理解、掌握其教学思想,难以应付变化了的实际情况。为什么中国以往有那么多红极一时的“模式”而没有流芳百世?因为只有设计者或直接操作者才具有或懂得自己这个模式的操作思想和奥妙。别人不具备那种素质和思想,自然也就不懂得操作模式之奥妙,更不懂得灵活运用和创新这种模式。

由此可见,中国教育的改革,仅仅靠几个模式是不能成大气候的,关键是要改变人们的思想,提高人们的素质。这一点,只有探索过“模式”的人才有更深刻的体会。教育家于永正先生,一生研究、尝试了无数语文教学模式,最后觉得还是教者的素质重要,有了素质,教学就可以删繁就简,随心所欲。他在总结、反思自己的教学经验时,曾深情地说道:“五十多了才明白,教语文其实很简单,就是让学生识字、写字、读书、作文。就是读读写写,写写读读。”

(三)模式可以规范思想,强化人们思想的转变

为什么明明知道“模式化”的东西有许多弊端,还有那么多人,尤其是管理者去研究、探索、尝试它,甚至还出现了“模式热”?因为一种教学思想在没有具体外显为教学模式的时候,是难以应用于教学实践的;一种教改实验的成果在没有形成教学模式

的时候，也是难以推广的。

对于普通教师而言，教学思想的创新只有通过“模式”才能展现给大家，只有通过卓有成效的“模式”才能使大家认同他的观念；对于管理者而言，转变自己容易，可是转变别人的思想就需要一个非常漫长、艰辛的过程。一个人、两个人、几个人的思想好转变，一百个、一千个、成千上万个教师的思想转变就是个难题。那怎么办？有思想、懂实践的领导者就设计了一个个“模式”来引导、规范、强化人们思想的转变。有了“模式”，再加上强有力的行政指令，你变也得变，不变也得变。

模式可以规范思想，强化人们思想的转变。所以，中国各个学科的综合性的教育教学的“模式化”改革，多是以一所或几所学校为基本单位进行的，而设计或直接参与者就是行政“一把手”。教师个体的改革措施只有得到“行政”的认可和支持才能有施展的舞台。这种行政化的改革所造成的结果就是：一旦换了“一把手”，改革就没了设计师的指导和引领，改革就会由强变弱，由浓变淡，由快变慢，直至走向远方，消失在人们的视线之中，变成曾经的记忆。

但是不管怎么说，目前的“模式” 教学，都为改革吹响了进军号，唤醒了沉睡的教育大地，掀起了一个又一个向课改高地进军的热潮。尽管还有这样或那样的问题出现，也都是改革探索中的必经之路。

（四）模式要与整体、个体的实际教学状况相结合才能充分发挥作用

对于一所学校而言，假如教师的整体素质不高，学校的整体教学水平较低，这种情况下“模式”可以注入活力，唤醒大家学习、探索的热情。假如教师的整体素质参差不齐，要鼓励素质高的教师自拓新法，形成风格来带动其他教师，更要采取得力措施来敦促、帮助素质较低的教师从一招一式的“模式”学起。

著名教育家魏书生先生，积极倡导教育民主与科学的主张，他创造了“定向、自学、讨论、答疑、自测、自结”六步教学法。但是在管理学校时他又强调：“我不要求你们都用我的方法来教学，但当你们没有自己的方法时，希望你们还是用我的试一试。”再看看他所领导的教师的教学行为，大家都在自觉地模仿他的方法，并在实践中去摸索、创新，教学研究氛围格外浓厚。

（五）无固定模式的模式是最高级别的模式

教学中，不可能存在万能的教学模式。不同的教学目标和情境，需要有不同的教学模式。教学改革的真谛就在于对旧教学模式的改造和对新教学模式的探索。

从苏格拉底的“问答法”到现代的“多媒体辅助教学”，从孔子的“启发式”到巴班斯基的“最优化教学”，纵观古今中外教学模式改革发展的历程，不论其教学目标是否顺利达成，都充分体现了人们前仆后继的探索精神。

模式不能万能，但思想确是万能的。带着思想去上课，比带着模式去上课更有底气和张力。带着包含有先进的教学思想、现代的教学理念、渊博的科学知识、科学的教学方法等要件的“思想”去上课，可以事半功倍，游刃有余，提高课堂教学效益。

融合教育教学理念与课堂教学的关键是先进的教育教学理念要内化，进而形成教师自己的教育教学思想，并持之以恒地去实践。“实践＋反思”是理念和行为相连接的最直接的手段，也是教师专业发展的有效途径。

教有法，而无定法。“无定法”的前提是“有法”，当熟练地掌握了各种“法”的精神实质之后，才有可能抛开“个体的法”，融会贯通于“多法”，进而形成一种并非是具体方法的万能的“思想方法”，这时的课堂教学，就是无法胜有法的“因材施法”。

如何打造原则化高效课堂?

什么是“原则化高效课堂”？就是以遵循能够省时高效的各项基本原则为出发点和落脚点的课堂教学。

一、打造高效课堂的前提条件

（一）充分发挥家长的作用

1. 未来教育要关注家长

尝试对家长实施义务教育，更新他们的家庭教育观念，使他们讲究教育的方式方法，学会进行民主式家教；发挥学校教育的主体作用，建立一个“家校一体”的“大教育”模式；等等。关注家长，或许是改变目前现状，使未来教育走向繁荣昌盛的重要途径。

2. 建立家长群，及时沟通情况

沟通的主要内容有：(1) 明确各科的作业；(2) 作业完成情况通报；(3) 考试情况通报；(4) 家庭教育的理论和方法的交流、指导等。即使家长在外地打工，也要加入这个群，让他们时时刻刻了解孩子的学习状况，参与学校教育。

3. 实施家长签字制

对于学习自觉性比较差的小学生和初中生来说，仍然适于作业家长签字制。要使家长养成按时检查孩子作业的习惯，把好孩子学习的第一关。

不管家长是什么水平，身在何地，都要充分调动他们参与学校教育的积极性，充分发挥他们的作用，否则仅靠课堂45分钟，没法帮助孩子建立良好的学习习惯。

（二）重视非教学素质的提高

下文还要具体谈“非教学素质”这个问题，所以在此只强调：“非教学素质”的基本内核是“严”，如庄重而威严的气质，不达目的誓不罢休的倔强性格，严师出高徒的敬业理念，严于律人、律己和雷厉风行的工作作风，一丝不苟的认真态度，严格规范学习行为，不让一个学生掉队、落后的措施和手段等——这些才是提高教学质量的根本要素！它也是打造高效课堂不可或缺的条件。

（三）充分发挥学生合作学习的作用

将班级分成若干小组，由一个学习成绩比较好的同学任组长，帮助三四个学习成绩相对比较差的同学。科代表领导小组长，同时又是小组成员，接受小组长领导。

1. 辅导作用

有问题找组长，由小组长负责辅导解答。同时鼓励小组长发扬奉献精神，主动帮助小组成员学习，实现共同进步。

2. 检查督促作用

层层检查督促作业完成状况，科代表检查小组长作业，小组长检查组员作业，且及时填报作业完成状况登记表上报老师和发送家长群。

（四）懂得作业与成绩理论的基本常识

对于教师来说，谁能做到布置作业最少，成绩却不差，谁就懂得了教学的真谛。实际上，能做到这一点，就说明您这个课堂已经是“高效课堂”。

成绩与作业质量密切相关，与数量无必然联系。将课外预习及练习纳入课堂，少留或不留作业，可以彻底断绝“课内损失课外补”的侥幸心理，彻底拆除“课内平庸偷懒，课外用功补习”的平台，让课堂成为既演又练的场所，逼迫师生在课堂上下功夫。

教师要树立预习就是正课、自学就是正课、课堂不怕冷场的观念，学生没有预习的知识就不讲，学生预习不好的知识就不讲。

（五）管理要有力度

1. 明确要求，规范行为

作业管理是对作业过程各环节进行组织、监督、评估、总结、调整，使作业在教育教学过程中的功能最大化，学生课余时间最优化的行为。

上级管理部门及学校，首先要千方百计地使作业的“量”降下来，然后再研究“质”的问题；要制订比如《作业质量标准》《作业设计与批阅制度》《作业的检查反馈制度》等规章制度；要从作业的设计、数量、质量、难易难度、层次梯度、批改要求等各环节加以规范；要做到目标明确，要求具体，定期检查，评估反馈；要通过对作业管理的深化、细化，促进教师教学观念和行为的转变，提高作业的针对性、有效性，以加快教学改革的步伐。

2. 贯彻落实,接受监督

方针制订了,制度健全了,如何落到实处?这要从日常工作的一件件小事抓起。例如管理部门要加大教育、宣传、处理力度,坚决杜绝加重学生课业负担的一切行为;学校要以班级为单位对学生每天的作业布置情况进行记录,并指导学生和家长及时反馈每天完成各门学科作业的用时情况,班主任及时做好统计、整理,然后上报年级组和教导处,以便检查监督;学校实行公示制,以年级为单位将作业通过校内公示栏或"网晒"等形式向校内外公示,接受社会监督;学校定期对各年级、各班级的作业进展、教学进度、学生作业状况、教师批改情况、纠错集建立情况等进行检查通报;上级管理部门及学校经常随机开展关于作业管理的问卷调查,走访学生、家长,了解作业质量和数量,及时梳理调查结果并反馈给相关部门和一线教师……工作中,要注意作业管理工作中各种材料的收集与整理,以总结经验与教训,逐步实现作业管理的常规化、规范化和制度化。

(六)强化观念,淡化设计

后文要具体谈这个问题,在此只强调:强化教学的效益;教的方法要根据学的方法来确定,学的方法要根据做的方法来确定;教学要具有内容的现实性、形式的多样性、过程的探索性、目标的多元性等基本特征;观念决定设计,淡化设计不是不要教学设计,而是不要冲淡主旨,不要冲淡系统观念的主导作用;提炼、重视教学观念的核心内容;教什么永远比怎么教重要;精心建构长远、整体的设计,不局限于眼前的局部设计;提倡教学设计要有大眼光、大视野,不能只顾眼前;提倡教学设计要遵循系统性、程序性、可行性、反馈性的设计原则。

二、打造高效课堂的理念和方法

(一)省时高效

前文已谈到"省时高效就是课改",它是打造高效课堂的重要理念和方法,在此不再赘述。

(二)遵循高效原则,不拘泥于某种模式

1. 打造高效课堂的原则

原则是说话或行事所依据的法则,是经过长期实践检验的行之有效的方法规律,

是一种先进的思想和理念。

教学原则是根据教育教学目的、教育教学规律而制订的指导教学工作的基本要求，是在总结教学实践经验的基础上制订出来的。它既指教师的教，也指学生的学，要贯彻于教学的全过程。

由于教学目的和教学实践面临的课题不同，教育家的哲学观点和对教学过程规律的认识不同，所制订的教学原则就有所不同。因而，古今中外教育著作中提出的教学原则的名称、数目、内容和体系纷繁不一。归结一下，主要有：科学性与思想性统一原则、理论联系实际原则、教师主导作用与学生主动性结合原则、传授知识与发展智力统一原则、统一要求与因材施教结合原则、系统性原则、直观原则、巩固性原则、量力性原则、启发式原则、教学相长原则、整体性原则、师生协同原则、积累与熟练原则、反馈调节原则、教学最优化原则等等。

这些“原则”，在以应试教育为主的今天，少数原则至今仍有现实意义的，而大多数原则已被急功近利的现实弱化，甚至是遗弃。可是还有些经实践证明是可以奉为原则的东西并没有列入其中，在这里要把它们补充上。

近40年以应试教育为主的教学实践，使我越来越深刻地认识到：要使课堂省时高效，只要明确下列的几条原则并认真落实就可以了。

(1) 因材施教的原则

因材施教是指按一定的教学目标，针对学生的个别差异和具体特点，采取不同的教学措施。这一原则是为了处理好集体教学与个别教学、统一要求与尊重学生个性差异问题而提出的。

由于遗传基因、家庭环境和个人成长经历等的不同，在同一班级中的学生，虽然处于共同的年龄阶段，但是在学习的成绩、学习态度和方法、兴趣和爱好、气质和性格、禀赋和潜能等方面都会存在很大的差异。因材施教就是要适应每个学生的不同需要并进行有针对性的教育。

因材施教在我国有着悠久的历史传统，孔子的教学实践为后人提供了典范，他说“求也退，故进之；由也兼人，故退之”。朱熹总结孔子的教学经验说：“夫子教人，各因其材。”

(2) 巩固性原则

教学中要不断进行专门复习，使学生牢固地掌握和巩固所学的知识。这一原则是为了处理好教学中获取新知识与保持旧知识之间的矛盾而提出的。巩固是在理解的基础上巩固;保证巩固的科学性;巩固方式要多样化,除各种书面作业外,还要善于利用调查、实践等方式帮助学生巩固所学知识,以促进学生多方面发展。

巩固知识,要保证学生的身心健康。国内一项调查显示,中小学生的学习负担过重、睡眠不足是相当普遍的现象,原因之一就是作业量大。教师应本着对学生和社会负责的精神,合理地安排巩固工作,将学生的作业量控制在适当的范围内。

(3) 及时反馈调节的原则

教师和学生要从教学活动中及时地获得反馈信息,及时调节和控制教学活动,提高教学效率。师生要善于通过多种渠道,及时获得教与学的反馈信息,课堂学的知识最好当堂理解消化;师生要及时评价所获得的反馈信息,恰当地调节教学活动。布置的作业第二天要检查测试,并及时予以等级或分数的评价。

要培养学生的自我反馈调节能力,提高学生学习的主动性。每次作业都要首先组织学生自批改、互评。

作业一定要做到有布置、有检查、有评价,对不认真完成或没有完成作业的学生要有惩罚、补救措施。

(4) 先学后教的原则

先学后教,以学定教。先学,不是学生漫无目的地学,而是在教师简明扼要地出示学习目标,提出自学要求,进行学前指导后,学生带着思考题在规定时间内自学指定内容,完成检测性练习。后教,也不是教师漫无目的地教,而是在学生充分自学后,教师与学生、学生与学生之间进行互动式的学习。

在"先学"过程中,教师要鼓励学生高效完成任务,可及时表扬速度快、效果好的学生;可给"走错"或"迷路"的学生说几句悄悄话,给他们"指南针",但不能分散学生的注意力。教师应通过巡视、质疑问难、个别询问、板演、讨论等形式进行调查,以发现学生自学中的疑难问题,并认真分析、梳理、归类,为"后教"作好准备。这实际上是教师在修改教案,是"第二次备课"。

"后教"要注意的问题是:明确教的内容,应该是学生自学后还不能掌握的共性的内容,学生会的一律不教;明确教的方式,应该是"兵教兵",即会的学生教不会的,教师只评定对或错、完整或不完整,对错误的地方教师要帮助更正,对不完整的内容要补充;明确教的要求,要不折不扣达到课程标准的要求,不能就题讲题,只找出答案,而要引导学生找出规律，上升到理论，真正让学生知其所以然，还要提醒学生具体运用时可能出现的错误，这样就从理论到实践架起一座桥梁。

(5) 精讲多练、精讲精练的原则

“精讲多练、精讲精练”，是课堂省时高效的最关键、最核心的原则。这条原则在前边已经多次提到，足以说明它的重要性，所以在此我还要再次简要强调，希望大家要理解、掌握、运用好这条原则。

首先是精讲。精讲是针对教师每节课所要讲的内容而言，既是数量上的要求，也是质量上的要求。“少而精”就是精讲所要求的辩证的统一。“不讲”是指凡是学生通过自主、合作、探究能够解决的问题一律不讲。讲与不讲以及怎么讲要根据具体内容、具体教与学的情况，视效果而定。

其次是多练与精练。“多练”不是搞题海战术，它指的是在课堂教学中，教师应多给学生练习、展示的机会，并引导学生通过“锻炼”巩固所学知识，提高自己的自主理解能力和自主分析问题、解决问题的能力。

“精练”包括两个方面：第一，精选习题，切忌讲量不讲质；第二，要深化，通过“练”这一环节，使学生的知识转化为能力，内化为学生自己的东西。

“精讲多练”和“精讲精练”是由初级向高级发展的两个不同的阶段。由精讲多练逐渐向精讲精练过渡是追求“讲练结合”的目标的结果，也只有这样才能够达到“省时而高效”的大目标。

(6) 从严管理的原则

从严管理的原则，是教学省时高效的基本保障。前文已经讲过，在此不再详细阐述。

2. 教学模式

模式问题前文也已经讲过，在此不再详细阐述，只强调一下教学模式的发展趋势。

我国比较流行的教学模式：课改前，以苏联凯洛夫的课堂教学五环节影响最深、最广；课改后，呈百花齐放之态势。比较我国这些学校的模式可以发现，无论在形式还是内容上，都是在“学、导、练”三个字上做文章。通常都放大课堂上小组合作与展示的作用；都用学案来“导学”；都主张当堂训练或检测反馈；都关注学生的学习状态；等等。

比较古今中外的这些教学模式可以发现，它们的总体发展趋势是由单一型向多样化教学模式发展，由归纳型向演绎型教学模式发展，由以“教”为主向重“学”为主的教学模式发展，由手段陈旧向日益现代化的教学模式发展，等等。

3. 教学原则与教学模式

原则决定模式。没有思想原则，只学模式，是僵化的机械性活动。模式可以规范思想，强化人们思想转变和原则把握。无固定模式的模式，才是更高一级的模式。

教学中，不可能存在万能的教学模式，可是原则却是通用的。不同的教学原则、教学目标和情境，需要有不同的教学模式。教学改革的真谛就在于对“经典原则”的准确把握和运用，就在于对旧教学模式的改造和对新教学模式的探索。

从苏格拉底的“问答法”到现代的“多媒体辅助教学”，从孔子的“启发式”到巴班斯基的“最优化教学”，纵观古今中外教学模式改革发展的历程，不论其是否科学、有效，都充分体现了人们前仆后继的探索精神。

带着原则去上课，比带着模式去上课更有底气和张力。带着包含有先进的教学原则、现代的教学理念、渊博的科学知识、科学的教学方法等要件的“思想原则”去上课，可以游刃有余，提高课堂教学效益。

倡导“教学要遵循原则，不拘泥于模式”，就是要倡导我们的教学不能忘记“本”，不能舍本求末，不能盲目搞花架子，要注重实效；就是要倡导我们的教学要多快好省，避免少慢差费；就是要切实减轻学生的课业负担，同时也解放老师。教学也只有遵循原则，不拘泥于某种僵化的模式才能永葆青春，具有顽强生命力，才能经典永流传。

课改有哪些误区，应怎样矫正？

新一轮基础教育课程改革始于 2001 年，二十几年来，课改虽然取得了一定的成绩，但又不得不说，我们距离当初制订的理想目标还相差甚远。虽然 2011 年对课程标准进行了修改和完善，但仍然有许多问题值得深入探究，有许多问题需要明确，有许多错误的认识和行为需要及时更正——这对于一线教师来说特别重要。

一、课改不是改掉考试

课改不是要改掉应试教育，而是要完善我们目前的应试教育制度，继承和发扬中华民族千余年应试教育的精髓。应试能力的高低，是素质高低的重要体现，应试教育是素质教育的重要组成部分。课改如果要改掉应试教育，素质的高低将会失去最公平、公正的衡量标准。

（一）应试是一种能力

有竞争就会有考试，有考试就会有应试，应试是对考试的应答和适应，不同的人应对考试的策略有差异，适应能力有高低，因而应试也是一种能力的体现。

（二）考试是一种手段

应试教育的生命力在于它有民族心理、民族传统、城乡不合理的分隔机制、就业面有限等方面的根基。人们之所以排斥“应试教育”，是因为目前的应试教育过分地夸大了考试的评价功能，分数成为衡量一个学生甚至是一个教师素质高低的唯一标准，导致教育的一切就是围着考试转，考试考什么，学生就学什么，教师就教什么。从这一点上来说，应试教育确实需要“改”，但不是完全放弃应试教育。假如说应试教育真正有了改变的话，那也只能是测试的形式、内容有了改变而已。

新课程把考试内容、考试方式等方面作为考试改革的重点，进一步合理地体现考试的价值与功能。改革就是要把事物中旧的、不合理的部分改成新的、能适应客观情况的内容。新课程改革不应是对以前的教育的彻底否定，而是批判地继承。考什么，怎样考，怎么看待考试结果，等等，这正是新一轮课程改革思考和探索的问题。

二、课改不是改掉教师的讲授

学生能够自己动手、动脑、动口完成的学业，教师绝不要包办代替，少讲多练、精讲精练是“以学生为主体”的课改精神之一。但是不能据此扼杀了教师“讲授”这个世界通行，也是最常用的教学方法。讲授法确有一定的局限性，如果在运用时不能唤起学生的注意和兴趣，又不能启发学生的思维和想象，极易形成注入式教学。但不能简单地把讲授与注入两者等同看待。那些硬性规定每节课教师讲课时长的“八股式”做法，那些凡是上公开课就一律“动”起来闹翻天的课堂是滑稽可笑的。

新课程不排斥老师的“讲授”，问题是哪些知识应该讲，怎样讲。叶圣陶就曾说过：“‘讲’当然是必要的，问题可能在如何看待‘讲’和怎么‘讲’。说到如何看待‘讲’，教师教任何功课（不限于语文），‘讲’都是为了达到用不着‘讲’，换个说法，‘教’都是为了达到用不着‘教’。怎么叫用不着‘讲’或用不着‘教’？学生入门了，上路了，他们能在繁复的事事物物之间自己探索，独立实践，解决问题了，岂不是就用不着给‘讲’和‘教’了？这是多么好的境界啊！”我们不能从一个极端走向另一个极端，要从教育规律和学生身心发展规律出发，好好研究教育教学的各种“方法”，要博采众长，因材施法，因教施法。

三、课改不是一律“自主、合作和探究”

人的生理和心智发展，从学前到高中，要经历12～15年才逐渐达到“成熟”。在基础教育中，学生要达到能够以“自主、合作、探究”的方式学习，需要一个漫长的“由浅入深”“由表及里”“逐渐渗透”的过程。因此，学习方式不能不分学段一概而论。

教学通常有五种递进式模式，即问答模式、授课模式、自学模式、合作模式、研究模式。从问答模式到研究模式，学生学习的主动性愈来愈增强，教师的主导性愈来愈深化，体现了“教是为了不教”“教是为了发展”这一规律。小学阶段的教学以问答和授课模式为主，渗透和孕育其他模式；中学阶段的教学以授课和自学模式为主，渗透和孕育其他模式；大学阶段的教学以自学和合作模式为主，包容和渗透其他模式；研究生阶段的教学以合作和研究模式为主，包容其他模式。在基础教育阶段，问答、授课和自学模式仍是主要的教学模式，而合作和研究模式只能是渗透其中，孕育其中，不可作为一种普遍实施的教学模式：这是由青少年的认知水平所决定的。

当前，合作学习风气甚浓，尤其是公开课，几乎一律采用几张桌子一并，几名学生围坐的所谓“合作”的学习方式；平时则不然。合作学习，这种学习形式20世纪70年代率先兴起于美国，现在作为教学改革的举措，已被广泛应用于中小学课堂教学。按照最优化的教学过程必定信息量流通最大、最快的原理，合作学习无疑是一种极佳的教学方式，它能使学生互相启发，互相帮助，使不同智力水平、思维方式、认知风格的学生实现“互补”，达到共同提高等。

但实践证明，它还有费时费力、影响尖子生提高等诸多弊端：分到自己小组讨论的问题搞得很透彻，展示的效果也很好；分给其他小组的问题就搞不清，吃不透；代表小组展示的总是那么几个人，性格内敛的学生和学困生表现的机会少；如果课堂上的合作学习只用两三分钟时间，学生还没有真正进入学习状态就草草收场，则会造成看似全员参与，实际上是好学生“一统天下”，学困生“袖手旁观”的结果；准备展示工作的深度和广度难以把握和调控，因为教师不可能对每个学生进行检查指导……

要提高合作学习的有效性需遵循三个原则。

（一）准确掌握合作学习的规则

教师应根据学习任务的性质采用相应的策略：或先明确分工再合作，使每个成员都可以发挥自己的特长，既快又好地完成任务；或要求学生先独立思考，再分别说出自己的想法，最后形成集体的意见。

（二）精心选择合作学习的内容

选择的内容要考虑到学生之间可能会有不同的认识，有不同的发现等等，这些内容往往是教学的重点或难点，是学生靠个体自主学习很难解决的。这样，才能把学生的差异变成一种教学资源，学生才会积极参与合作学习，才会收到相互启发的功效。

（三）加强合作学习的指导

课堂上，教师要真正关注学生。小组合作学习时，教师不能袖手旁观，而要深入到小组中去，了解他们合作的效果、讨论的焦点、思考的疑难点，进而有效地去引导，灵活地组织安排下一个活动。

四、课改不是课课都要实现“三维目标”

三维目标是学科教学落实“人的全面和谐发展”这一育人目标的必然要求，是相辅相成、和谐统一的整体。三者中，知识与技能是基础与载体，离开了知识与技能，过程与方法就成了“无米之炊”；过程与方法是中介，没有了过程与方法，知识与技能就成了“身外之物”；情感态度与价值观是动力机制，离开了它，学生就变成了机械麻木、被动装载知识的容器。因此，任何一方面的缺失，都会导致人的片面畸形发展。

有效地实施完整的目标体系，要通过课堂结构的整体优化来完成。教学实践却不尽如人意：或以知识与技能目标为主，过程与方法、情感态度与价值观等目标则虚晃一枪，一带而过；或割裂三维目标，将教学过程变成单独目标的相加；或过于关注过程与方法、情感态度与价值观，使其成为无所依托的空中楼阁。因此，在教学中实施三维目标，需注意以下几点：

（一）三维目标要整体落实

三维目标不是机械罗列、空洞的说教所能实现的，而是要通过创设有效的教学情境、任务和问题来整体落实，不能机械地分解。教学是活动的过程，而活动是整体的、综合的，学生只有在活动中才能得到多方面表现和发展的机会。

（二）三维目标不是均等存在

三维目标很难在每一节课中都能找到相对应的点，尤其情感态度与价值观是教育的长远目标，不可能每节课都得到强硬的落实，它更多的是一种全程的渗透。这就需要教师能够依据学生与教学内容的具体情况，灵活调整教学目标的侧重点。

（三）目标不同，学习方式也要有所区别

知识与技能可以使用启发传授式教学方式，过程与方法可以多用探究式，而情感态度与价值观更适合于体验式。将多种学习方式有机结合，才能更好地落实三维目标。

（四）实施过程要由浅入深、环环相扣、长远设计

在实施三维目标过程中，要关注设计、实施与评价的一致性问题，不能将三维目标的制订与教学、评价脱节甚至背离。三维目标的实施既要从每一节课做起，更要体现在一个单元、一个模块、一个学期乃至整个基础教育阶段的教学过程中。

五、课改不是满堂的“动”而没有“静”

展示课是课改课堂的“闪光点”,也是所有公开课引以为豪的“卖点”。展示课是学生学习成果的展示,更是教学改革成果的展示。展示课上,教师分配完任务后,绝大部分时间就是学生的讲解、点评和反馈。不可否认,这种形式可以培养学生的能力,展现学生的才能,是树立学生自信的有效途径,但这也存在许多问题。

(一)展示课不是独立的课型

展示课不应作为一种单独的课型与预习、反馈并列,应寓于各种课型之中。为了展示而展示,就会给师生造成不必要的压力,也会浪费时间和精力,甚至还要课上损失课下补。俗话说“台上一分钟,台下十年功”,应把课堂的有限时间用来扎实地落实传统的“双基”,给予师生更多磨炼本领的机会。

(二)学习需要动,更需要静

“知止而后有定,定而后能静,静而后能安,安而后能虑,虑而后能得。”《大学》里的这句话充分道出了“静”在整个知识学习过程中的重要性。

苏霍姆林斯基说:“对少年的脑力劳动进行的观察使我们得出一条结论:如果滥用那些有趣的、形象的、鲜明的、花花绿绿的东西,就会导致学生过于兴奋。”吵吵闹闹的一堂课,实际就是稀里糊涂的45分钟。学习需要兴趣引领、支撑,但是能激发兴趣的不是那吸引眼球的花哨,不是那缥缈虚空的场面,而是知识本身。

静静倾听,是学生必须首先学会的一门功课,不能只听点皮毛便以为已经掌握了要领,然后便浮躁起来,那样智慧也会随之流失;静静思索,才能迸发智慧的火花,有成就者莫不如此。安静的时空,给学生以亲近文本、品味文本、展开对话的机会,让他们能够产生独特的感受、体验和理解……

课堂需要动,但更需要静。静是动的基础和保证,动是静的引发和表达,没有静的动是盲目的玩耍,是虚假的美丽。真正有效的课堂应该是冷热兼容、动静结合的;真正有效的课堂应该兼顾知识的传授、情感的交流、智慧的培养和个性的塑造。

如何把学校教研组织建设抓起来?

目前,学校的教研机构通常设有四个组织、三个层次,即教务处、教科室(教研室)——教研组——备课组。审视一下这个组织机构的活动状况,我们不难发现,绝大多数学校行政管理的“硬件”压倒了教研管理的“软件”,教研的思想被行政的思想所取代。

加强学校教研组织建设,是推进素质教育的迫切需要,是发挥教师聪明才智,广开言路以解决教学问题、深化课程改革的需要,是加强校本研修、提升教师专业素养的重要举措。

一、建立健全各项规章制度,明确权责

(一)明确责任和制度

要进一步明确责任,并制订教务处、教科室(教研室)以及各学科教研组、备课组的活动要求,确立教务处、教科室(教研室)主任、教研组长、备课组长的工作职责;要进一步改进和完善各项教研组织工作制度,如主任和组长聘任制度、业务学习制度、集体备课制度、教研活动制度、结对帮扶制度、教研组长例会制度、教研组备课组工作考核评价制度、学校领导干部联系教研组备课组制度、听评课和反馈交流制度、联盟教研制度等。

(二)明确基本工作内容

无论是教务处、教科室(教研室),还是教研组、备课组,每个学期都要组织几次业务学习活动,并要有考核措施;认真制订并实施本组织教研工作计划,研究制订和贯彻落实备课、上课、作业、辅导和评价“五环节”的具体要求,切实加强教学过程的常规管理;开展主题研讨、教学沙龙、网络教研与各种师生竞赛活动,提高教师专业水平和学生学业水平;积极承担课题研究工作和校本课程、选修课的开发与实施任务;组织

学生开展多种形式的综合实践活动、研究性学习活动和兴趣小组活动；加强青年教师成长培养、骨干教师拔尖培养、中老年教师发展培养；助推名师带徒、带课题和带教研组的“三带”活动；建立教研组织工作档案，重视各类文本、档案资料的积累和整理……

二、加强教研组织的管理

（一）建立健全检查监督和考评机制

建立健全教研组织的考核评价制度和激励机制，实抓检查、督促和评价，及时发现和解决存在的问题，及时总结经验和教训。激励各教研组织务实求真，开拓创新，形成自己的工作特色和研修文化。

（二）统一安排教研组织活动的时间

结合学校校本研修及上级有关部门教研的要求，统筹安排教研组织活动的时间。例如，每周二上午为英语教研组、备课组活动时间，周二下午为科学教研组、备课组活动时间，每周四上午为历史与社会教研组、备课组活动时间，周四下午为语文、数学教研组和备课组活动时间……

（三）重视对负责人的培训指导

要重视对学校教研组织负责人的业务培训和工作指导，努力提高其科研能力、教学水平和管理、策划、指导能力，帮助他们明确工作职责，熟悉课程改革和教学创新的前沿动态，掌握开展教学研究、教学管理的基本方法。

（四）为教研活动提供支持和保障

要落实教研工作的必要经费，保证购买图书资料、外出参观学习，以及有关教研活动、竞赛活动等的基本经费。每个教研组应集体配订两份以上本学科专业的报纸杂志，并配备必要的工具书、参考资料、信息技术设备等。

三、建设学习型教研组织

新课程的实施要求学校教研立足于校本，服务于师生，自下而上开展研究。这对学校教研组织提出了新的要求，建设学习型教研组织势在必行。

从目前学校教研的实际状况来看,各个组织工作的主要内容是组织教师学习,共同研究教学中存在的问题,改进教学方式方法等。因此,它具有学习型组织的某些特征,但受各种因素的影响和条件的制约,又不是真正意义上的学习型组织。真正意义上的学习型教研组织,应该是具有绝大多数教师赞同的学校发展的共同构想;在教学工作中,组织成员能够抛弃旧的思维方式和常规程序,不断实现教学行为的创新和变革;组织成员能够放下个人利益和部门利益,为实现学校组织的共同构想而一起努力工作等特征。

传统教研在功能上更多体现为关注研究教材、教法和学生学业成绩的提高,对教师的专业发展关注不够。基础教育课程改革提倡教师必须尽快"成为新课程的研究者、实施者和创造者"。从这个意义上说,具有教师发展功能的学校教研才是"真正的教研",这样的学校教研才能真正使所有参与学校教育过程中的学生和教师都得到充分的发展。

学校教研组织应该是能够帮助教师提高教学水平的学习型组织。学习型组织是能够按照既定的奋斗目标,组织全体成员进行集体学习,并使每位成员不断提高自身收集、管理与运用知识的能力,以获得成功的一种组织。大家在这种组织中共同学习,并以新知识、新见解为指导,互相砥砺,不断提高自己,反思并勇于修正自己的行为,不断开发自己的潜能,全力实现共同的目标。

要成为学习型教研组织,必须具备不断获取知识,在组织内传递知识并不断地创造新的知识、不断增强组织自身能力、能带来行为或绩效改善等三个条件。因此,组织学习是一个持续的过程,是教研组织通过各种途径和方式,不断使组内成员获取新知识的过程。

针对不同的教研内容与发展取向,学习型教研组织可以表现出不同的组织形态。从学校现有的组织形态来看,教研组织既包括正式的专业组织,如上述所谈到的四个组织,也包括一些非正式的专业组织,如为了解决共同面临的课堂教学问题、改进教学而组建的调研工作群体、课题组等。无论是哪种组织形态,都要根据自身的目标和任务来组织成员进行不同目标的学习。

四、创新教研方式

(一)走人人参与课题研究之路

实施素质教育,进行课程改革,给教育教学实践带来了一系列的问题,这些问题只有通过反复探讨,大胆实践,从理论与实践相结合出发,进行有计划、有步骤的系统研究,才有可能寻找到解决问题的有效策略。为此,学校教研组织要积极采取措施,努力开创学校校本教学研究与实践的新局面。

首先,要积极开展学校层面的团队性的课题研究活动。学校及教师要根据自身实际与研究力量,积极申报上级有关部门的科研课题,同时要结合本校实际,集中力量,自主选择本校迫切需要解决的难点、热点问题进行研究。要力争把教学中的诸多具体问题统整到课题研究中去,使大家具有一个共同的需求,并力求以此来形成一个学习研究型的团结向上的集体。

其次,要调动教师进行个体层面的自主研究。教师的专业发展带有明显的个人特征,一种理论要与其个人的情感、知识、观念、价值、应用场景等个性化的因素相融合才能发挥作用。这就要求教师要不断学习,不断实践,进行自主探究,要选择那些对教育教学有影响的问题或困惑来进行研究和反思。每位教师每个学期都要有自己的研究课题,学期末要写成科研论文,以此来提升自己,超越自己,发展自己。

(二)利用录像进行教研

利用音像手段对教师课堂教学应掌握的各种教学方法、技巧进行有选择性的模拟录像,然后由专家、领导与教师共同对执教者的教学状况作出客观的评价与分析,使执教者形成清晰的自我形象,并最终熟练掌握整个教学过程的各种技能。这种新型教研方式是值得尝试的。利用音像设备把教师的讲课过程客观地记录下来,教师能及时看到自己的教学行为,并从中吸取经验与教训。教师通过看自己的录像,能够发现自己的部分语言习惯、多余动作、冗杂环节、沉闷的学习氛围等问题,从而对外显行为能够起到较好的矫正作用。利用积累的教学声像素材,组织教师观摩、研讨,分析示范教学的成功之处及存在的问题,对提高教师的教学水平具有重要的意义。

利用录像进行教研,可以促进教师教学监控能力的提高。教师的这种教学监控能力是为了保证教学达到预期的教学目标,而在教学的全过程中,将教学活动本身作为意识的对象,不断地对其主动进行计划、检查、评价、反馈、控制和调节的能力。

(三)利用网络进行教研

网络教研是一种不受时间、空间限制,成本低、效率高的教研新模式。它是基于博客和远程教育进行教育教学指导、研究、沟通、交流、培训的教学研究形式。

通过网络,可以分享教研信息,随时随地进行研讨。在网络上找寻需要的信息,可以通过发帖、在线交流等多种形式，与身处不同地域的、和我们有着同样兴趣的人群随意地交流、切磋。目前，进行网上答疑、咨询、建立网站等探讨多种形式的教研合作与支持的学校比比皆是。

采用视频教研和网上直播方式，可以引发深入思考。教研活动在演播室进行，采用多镜头拍摄，镜头可根据画面需要进行切换，转播效果好，图像清晰，可以及时跟踪教学活动的细节。还可以根据教研活动的需要，随时回放教学精彩片段，定格细节，重新解读，有助于提升教师理性学习的能力。

通过网络，建立教师研修的文献资料和视频案例的资源库，把教师的"知"和"行"统合起来，可以有效促进教师的发展。网络案例库建设需要研究人员与一线教师的通力合作，不少专家采用的"早期介入、全程参与"的方式是十分有效的。无论是作为案例的主体对教学进"示范"，还是作为旁观者对案例进行"点评"，都是教师和专家相互学习的极好机会。

教研活动的方式不仅仅是上述几种，还有如集体备课、说课、教学观摩、教学研究、案例分析、问题会诊、专题研讨、教研沙龙、教学比武、同题异构、师徒结队式研讨、主题渐进式研讨、讲述教育故事等等，教研时可以择其善者而从之。

公开课的实与虚?

公开课是公开展示给大家看的课。根据所上公开课的不同目的,一般把它分为示范性公开课、汇报性公开课和探究性公开课等不同类型。但无论何种类型的公开课,都要体现真实性、目的性、个性化、创新性等特征。

一、关于公开课的“实”

“实”就是真实,就是在课堂的组织形式和教学流程上是属于常态的,即不掺杂有失教学自然形态的虚假,在课堂教学内容与结构上不妨着意设计但又是浑然天成的。真实的公开课要以“自然、实用、有效”为教学的基本原则,在真实中展示教学过程,让听课者在真实的课堂中得到某种启示。

(一)实不是“俗”和“浅薄”,而是讲究技巧,即要体现教学设计的个性化特征

不可否认,字词检查、朗诵训练、读书做题等环节确属常态教学,是语文教学中运用频率最高的方式方法。但它毕竟是谁都会用、谁都常用的手段,无需名师以公开课的形式来引领。

新课改要求每位教师从指令型课程与教学的单一执行者转变为自己课程的创造者,这使教师形成独特的课堂教学风貌成为一种必然的教学趋势。那么要从哪些方面体现个性化特征呢?

第一,教学思路个性化。要有超前意识,尽可能打破原先的课堂教学模式,用自己的个性去演绎作品的个性;要找准发展学生的个性这个教学“突破口”,教师要因材施教,有针对性、创造性地促进独立个体的全面发展,进而形成优良个性。个性化的教学思路是在尊重教育规律基础之上的博采众家之长。

第二,教学方法个性化。一是个别化,是指教学方法的选择和运用重视学生的个

性差异，注意培养学生的主体精神、参与意识、独立思考能力和创造能力；二是多样化，是在设计教学方法时，从学生、教材、教学目标的实际出发，在一定教学策略指导下，以一种方法为主，融合多种方法，形成优化组合的教学方案。

公开课的“实”还体现为教学语言准确、规范且富有逻辑性、系统性、情感性和艺术性，板书美观、大方等，这也充分体现了教者良好的教学基本功。

（二）实不是“陈旧”，而是新颖，即要体现教学设计的创新性特征

创新性教学是以培养人的创新意识、创新精神和创新能力为出发点的教育实践活动，它是以“创设情境、活动探究、展示交流、反思评价”的方式来展开教学的。教学过程中，活动的组织和展开突出一个“动”字，贯穿一个“趣”字，最终落实到一个“创”字。

创新性教学表现为：

第一，学习目标新。要为解决学习中的问题而教学。教师要对所教内容进行创造性的劳动，突出重点。只有目标新，才能吸引学生去控制、管理自己的学习，最终使学生依靠兴趣和自控力来展开探索活动。

第二，学习方法新。在自主、合作与交流中，学生不断地对自己和别人的看法进行反思和评价，从而看到问题的不同层次，创造性地找到解决问题的途径和方法。

第三，教学手段新。多媒体技术和信息网络技术进入课堂必然会引起教学过程、教学手段的变革。教师要关注现代技术发展信息，充分利用现代化的教育技术把学生带进一个声、像、图、文并茂的新天地，使学生在最佳的情境中学习，进而提高教学效果。

二、关于公开课的“虚”

这里所说的“虚”有两个含义。

第一个含义是“虚假”，公开课弄虚作假的现象通常有以下几种表现形式：一是授课内容的造假。即让学生把所要学的内容做预习，把课堂上所要发问的问题和答案提前告诉学生，让学生在课下背熟，甚至要问到哪些学生（一般是成绩好的学生）都提前和他们打招呼等。这样，教师上课时效果特别“好”。二是授课方法的造假。即教师平时上课总是一言堂、满堂灌的“填鸭式”教学，但只要是公开课，却自学、合作学、

满堂问的“辅导式”教学。三是授课对象的造假。为了取得更好的教学效果，在同年级中挑选表现好的学生，或者挑选成绩好的班级来上公开课，而把成绩相对较差的班级和学生剔除。这样的“虚”当然是我们反对的。

第二个含义是“务虚”。这里所说的“务虚”是指能够代表先进的教育教学理念和未来发展趋势的一切教育教学的探索性活动。省时而高效且能引领新潮流的教育教学方式是我们每一位教师追求的崇高目标。为了这个目标所采取的一切探索性的“务虚”行动都是必要的，需要大力提倡和宣扬，因为它体现了教育教学的美好愿望，体现了新课程的理想标准。但这种“务虚”必须是在尊重教育规律基础之上，并且是可行的，能够给人们的教育教学探索指明前进方向；必须要以“实”为起点来思考和设计，还要以“实”为终极目标来实施。虽然以前我们根本没有经常如此“务虚”，但这种“务虚”可能是在未来的教育教学发展中的大势所趋，可能会引领现代教育教学的新潮流，那么这种“虚”本质是通过努力来达到“实”的目的。

如何提高影响教学质量的非教学素质？

教师素质就是教师在自身生理、心理特点的基础上，通过后天环境和教育而获得的作为教师职业身份所需要的身体素质、心理素质和社会文化素质等各种品质的总和。

教师素质主要包括：思想素质、专业的知识和理论素质、教学的理论和实践素质、心理素质、身体素质等。同时，教师的这些素质可以细化为“教学素质”和“非教学素质”两个方面。本文重点要讨论的是“思想素质、专业的知识和理论素质、教学的理论和实践素质、心理素质”这几方面的问题。

教学素质是指本学科的知识和技能，包括专业的知识和理论素质、教学的理论和实践素质两大方面和与本学科相关学科的知识和技能。譬如你是语文教师，要培养学生的“听、说、读、写”能力，你首先就应在这四个方面具备一定素质：“听”要会抓要点；“说”又说得准确简明、生动形象、风趣幽默、含蓄深沉，并懂得区分场合对象，且善于运用肢体语言；“读”，不仅读得标准、清晰、流利，声音具有美感，而且声情并茂；还能写得一手好字，写得一手好文章。此外，又要博古通今，多才多艺……

一言以蔽之，教学素质就是直接引导学生向老师学习的“为人师表”各方面素质的总和。

那什么是非教学素质呢？非教学素质就是与教学素质相对应的，不直接与本学科教学相联系的内容，也不包括本学科教学在内的相关知识和技能，主要指的是思想素质和心理素质两个大方面。非教学素质是教师的气质、性格、工作理念、作风、态度、责任感等，虽不直接与本学科教学联系，但又可直接影响教学效果的个性化因素的总和。

通常有这样的情况，使你不得不对教师素质别有一番思考：两个教学素质基本相同的教师，承担一样的教学任务，所教对象的基础又相差无几，但几个月或一学期之后，教学效果却不尽相同，有时甚至差距很大；两个教学素质相差明显的教师，承担一样的教学任务，所教对象的基础也相差无几，但几个月或一学期之后，从教学实际效果来看,“教学素质低”的不一定就比“教学素质高”的差,有时甚至好很多。这说明什么呢?说明教师的“教学素质”不是决定教学效果的重要的或者唯一的因素。

“非教学素质”的基本内核是“严”,如庄重而威严的气质;不达目的誓不罢休的倔强性格;严师出高徒的敬业理念;严于律己和雷厉风行的工作作风;一丝不苟的认真态度;严格规范学习行为,不让一个学生掉队的措施和手段等:这些才是提高教学质量的根本要素!

许多学校在教育教学方面取得了令人瞩目的成绩,一时间专家学者云集,参观取经者络绎不绝。其实经验也许并不高深复杂,就是站在非教学因素的角度,“严”字当头,规范化管理,严格各项规章制度,将个性化的非教学素质共性化,全校步调一致,理念统一明确,责任统一明确,甚至这节课讲什么,讲多长时间,练什么,练多长时间,都有明确的规定。尽管这种经验不见得完全符合现代教育教学观念,但由于他们有了明确的理念和具体提高教育教学质量的方法和措施,且一丝不苟、持之以恒地做了下去,最终取得了显著的成绩。

非教学素质对学习成绩的影响是以“严格”管理学生学习过程为基础的,但“严”一定要注意讲科学:要努力,要付出,要适度,要持之以恒,要严中有爱,要以学生终生发展为出发点。

非教学素质有许多是天生具备的,但后天有意识的、积极的自我养成也至关重要。为此,我们每一位教师都有形成良好的非教学素质的可能,都有提高非教学素质的必要。

预习及练习进课堂，减负就不是梦想？

一、课业负担重的原因

减轻中小学生的课业负担，是现在教育教学改革的重大课题。反思目前造成中小学生课业负担过重的原因，除中高考选拔人才机制、课程容量及难度、教师教学方法等方面的因素外，还有一个目前尚未得到充分重视的因素就是课外预习及练习(即狭义的作业或家庭作业)。应坚持“两手都要抓，两手都要硬”的教学策略。

二、课外预习和练习

课外预习和练习历来是教学理论上颇受人们重视的两条平行并举的线，但这两条线在实际的教与学的具体操作的过程中是平分秋色的吗？非也！一软一硬，预习软练习硬才是当前教育中的真实状况。

（一）课外预习为什么“疲软”

课外预习这条线之所以疲软，就是因为人的精力是有限的，而中小学生的精力更是有限的。大作业量已经使学生喘不过气来，哪还有时间预习呢？我从事语文教学工作近40年，在前二十几年教学时间里，确实是狠抓、实抓课前预习的，常用“预习是学习之母”来教导学生，目的是使他们认识到预习的重要性，进而不打折扣地按老师的要求去预习。预习的内容和形式比较单一，就是要求学生将课文浏览一下，自主解决一些生字、生词问题，找出不明白的地方画上线，虽谈不上进行了系统的、符合学生认知规律的预习策略辅导，但也都做过最基本的预习方法和内容的指导。

从学生的预习状况上看，老师如果抓得紧，检查及时，学生基本能够按照老师的要求去做。但随着学生年龄及阅历的增长，他们似乎厌倦了这种千篇一律的预习方式，越来越不愿意认真做这件事了。再加上课业负担一点点加重，他们也无暇再进行预习了，尽管老师一再强调，也只有少数“尖子生”才能按老师的要求去做，其他大部分学生能完成作业就已经不错了，更谈不上什么预习了，只是被老师逼急了，才勉强应付一下。针对这种情况，我对“预习”这个问题进行了深入持久的反思与调整：

首先是在讲新课、检查预习时放慢速度，有意照顾那些没有预习的同学。其次是降低预习的要求，只需要看上一遍课文，扫除生字词的阅读障碍就可以了。可是几年下来，我仍然觉得效果不好。放慢速度，照顾没有预习的同学，却漠视了“尖子生”的需求，浪费了他们的时间；尽管降低了要求，但仍有部分学生达不到要求……

（二）课外练习为什么“硬”

课外练习这条线之所以“硬”，历来被人们所重视，就是因为它可以给课堂“平庸”的师生的教与学创建弥补的平台，可以“课内损失课外补”；就是因为中小学生作业完成的质量是影响学业成绩的主要因素；就是因为有的学生总以为课本和老师所讲的一看就懂，一听就会，结果却是一做就错。家庭作业历来被人们所重视，所以才出现了中小学生的课业负担过重的悲惨现实，所以才有了“千军万马过独木桥”的相互攀比、激烈竞争的无奈之举。

不可否认，知识是认识的结果，技能是训练的结果。不认真完成作业就想取得好成绩是不可能的。但是，学生获取知识绝不是仅靠课本作业这一个渠道，还有如看电视、看书、上网、实验、参观、访问、劳动、游戏活动等多种途径。我们现在中小学生的作业却仅仅局限于课本知识的巩固与练习，其目的只是为了应试取得好成绩。

不可否认，学生通过做作业可以对所学的知识加深理解，增强记忆；可以检验听课的效果和掌握知识的程度；可以发现知识的缺漏并加以弥补；可以给教师提供教学的反馈信息，教师也可通过批改作业、评讲作业有针对性地辅导学生，进而更有效地帮助学生掌握书本知识。但是，每个人一生的知识量绝大部分不是仅仅通过课本得来的。我们现在的教学是过分强调了课本知识的教与学，而忽视了课外知识的获取途径及其方法的开发、指导和检查。“高分低能”的现象也就在这种不平衡的学习状态中出现了。

三、解决课业负担重的措施

综合“一软一硬”两方面的状况所产生的实际效果，我认为：课外的预习对于大部分学生来说已到了“形同虚设”的地步，而我们的课堂教学又是要面向大多数学生的，预习步调的不统一使教师很难把握教学的分寸，以致于影响了课堂教学的效果；课外作业单一、量大等弊端严重阻碍了素质教育的发展进程，使学生的身心健康严重透支，素质发育却每况愈下。如此“一软一硬”的陈规陋习也确实到了应该“改革”的时候了。

废除课外预习及家庭作业，让这两部分内容走进课堂，可以彻底断绝“课内损失课外补”的侥幸心理，彻底拆除“课内平庸偷懒，课外用功补习”的平台，让课堂成为既演又练的场所，逼迫师生在课堂上下功夫。假如科科如此，班班如此，校校如此，全国如此，减负岂能落不到实处？

（一）不是没作业，也不是课内对课外失去了调节和控制

将课外预习及练习纳入课堂，不是课外就没有了家庭作业，也不是课内对课外就失去了指导、检查、评比等的调节和控制。而是变以往的单一的课本知识的预习、巩固练习为课内布置指导、检查评比，课外进行参观、调查、访问、写生等更广阔的社会实践活动以及数学、天文、地理、历史、物理、化学等兴趣小组活动；变以往的单一的课本知识的预习、巩固练习为由课内向课外的扩展性阅读；变单纯的应试教育为多彩的素质教育，等等。

（二）是“习”字进课堂

课外预习及练习走进课堂就是“习”字进课堂，就是要严格实施精讲多练、精讲精练的原则，合理分配课堂教与学的时间，让学生充分地“动”起来。

讲要求精，学生通过自学可以学会的课程知识一律不要讲。有的学校规定一节课教师讲解时间不得超过 10—15 分钟，且不说这种规定是否科学，课堂上要“少讲多练”却是目前的共识。“少而精”强调讲就要讲基础知识的重难点和考试中的失分点，讲获取知识的方法和规律；讲就是要答疑解惑、查缺补漏、拓展联系、举一反三……

（三）重新构建课堂教学结构，进行“学、导、练”教学活动

课外预习及练习走进课堂，就是要重新构建课堂教学结构，根据学情、教情等状况，进行“学、导、练”等丰富多彩的教与学活动，力争达到当堂理解和消化知识的目标。

要树立预习就是正课，自学就是正课，课堂不怕冷场的观念。“学、导、练”要紧密结合，以“学”和“练”为主体，学生没有预习的知识就不讲，学生预习不好的知识就不讲。教师“导”后必须要强化“练”，练要达标，达不到基本的标准要“回头练”“反复练”。预习目标要与教学目标一致，将教学目标转化为学生的预习任务，并把这个任务设计为具体的学习活动，以学案形式呈现给学生，让学生通过自学建构新知。

预习检测要以学案为依托，利用学生互评、互改、讨论、交流等形式完成。通过预习检测，要梳理出哪些目标和问题是学生已知的，哪些是学生未知的，据此来确定教师“导”的内容和重点。

历数目前国内外教学改革的成功例子，无一不是将课堂“动”起来作为基本出发点来探索的。“动”就是动手操作，就是实验、讨论、交流、预习和练习等学习活动。假如我们对这一点没有异议的话，那么，就为我们大胆实施将课外预习及练习纳入课堂这项改革，从时间到空间、从理论到实践提供了范例性的依据。

假如能真正将预习、练习纳入课堂，减负就不是梦想，由此看来，它必将是今后国内外教学改革发展的大势所趋！

教学中的“几多几少”您能做多少?

一、多训练，少讲授

课堂上的讲要少而精，强调讲基础知识的重难点，讲传授获取知识的方法和规律，注重答疑解惑、查缺补漏、拓展联系、举一反三。练要从多到精，明确要求，使学生掌握方法和规律，强调实际运用、熟能生巧，使学生养成质疑问难和归纳总结的好习惯。

“多练”不是搞题海战术，它指的是在课堂教学中，教师应多给学生练习的机会，并引导学生通过“练”巩固所学知识，提高自己的自主理解能力和自主分析问题、解决问题的能力。“精练”包括两个方面：第一精选习题，切忌讲量不讲质；第二要深化，通过“练”这一环节，使学生的知识转化为能力，内化为学生自己的东西。

“精讲多练”和“精讲精练”是由初级向高级发展的两个不同的阶段，由“精讲多练”逐渐向“精讲精练”过渡是“讲练结合”所追求的目标。

二、多个别辅导，少整体说教

通过一次考试或作业检查，教师在评卷或批改作业中发现了许多问题，并归结出了共性的和个性的两大类；通过一个阶段的教和学活动，教师发现学生在学习的过程中存在着许多不良习惯和现象……怎么办？利用一切可以利用的课堂时间劈头盖脸、叽里呱啦就是一通训斥，搞得学生一头雾水，不明就里吗？若是长此以往，效果自然欠佳。

有问题不怕，怕的是我们教者不懂方法。

辅导是辅佐、引导和疏通。辅导是要通过问题来“辅”来“导”，所以，学生在学习中有问题是正常的，没问题反倒不正常，没问题也就没了个别辅导。教师要想方设法地了解学生，除考试、作业批改等途径外，还要善于倾听，通过多种方式的反馈充分掌握学生的学习状况和思想状况，尤其是影响学习的因素。利用一切可以利用的时间因材施教，对症下药，进行个别辅导。

课堂上，学生能够通过自学掌握的知识，教师就不要包办代替，更不要唠唠叨叨；只要给出自学的范围、自学的方式方法、要达到的目标等就可以，然后就放手让他们自己去学。腾出的时间老师干什么？进行个别辅导！

个别辅导不是空头说教，而是有的放矢地进行沟通，交换意见和建议。不能像日常教育过程中的谈话那样，仅仅采用规劝或教诲方式；不能对学生做强制的说理和武断的解释，要充分尊重学生的独立人格，对学生反映的问题表示关心和接纳；要使学生排解紧张、惧怕心理，消除自我防卫，使其坦陈心语，直面问题；要使学生感到老师这是在关心、爱护他，即使是必需的暗示、忠告、说服等“指示性”手段，也只能最低限度地使用，要力求“随风潜入夜，润物细无声”。

三、多反思调整教学策略，少做教学无用功

“只低头拉车，不抬头看路。”“路线对了头，一步一层楼。”这两句话似乎是相互对立的。前者是形容方向路线不对，做多少事情都徒劳；后者是形容只要方向路线对头，就可以使工作上新台阶。这两句话强调的都是方向路线的问题，教学也如此。

一节课、一个阶段的教学结束，效果如何，为什么会这样？只有反思才能不断调整、充实、提高。

教学策略是什么？是教师为达到教学目的所采取的步骤、途径以及所选择的手段、方法的总和。什么样的教学策略才是切实可行的，不能一概而论，要通过反思、学习才能寻找到适合自己的策略。但就一般而论，切实可行的教学策略是根据因材施教的原则，面对不同的教材、不同的班级、不同的学生特点，有针对性地选择相应的灵活多样的教学方法，同时再配上合理的教学步骤、有效的途径以及先进实用的教学手段等。

反思是教师对自己教学中的行为以及由此产生的结果进行审视和分析的过程，其本质是一种理解和实践之间的对话。这种反思不是一般意义上的回顾，而是反省、

思考、探索和解决教学过程中各个方面存在的问题,具有研究的性质。

教学是教和学的统一,但最终目的是为了学,最终效果也体现在学上。教师必须关注教学的效果,而教学效果的直接体现就在于学生的学习状态。因而可以从学生的活动状态、参与状态、思维状态和目标达成状态等方面来反思、评价一堂课、一个阶段的教学效果。一节课、一个阶段的教学结束,如果教师关注的只是自己的教学任务和教学计划完成的程度,而很少或根本不去考虑学生的学习状态和学习效果,那么,这样的教学状态就会走许多弯路,做许多无用功。

把学生视为最重要的教学资源,密切关注学生的发展需要,随时根据学情调整教学策略,顺着学生的学习状况随机诱导;为了学情的需要,对教学策略作出灵活的变更和修定,做到教后反思学习,先学后教,以学情定教,那么,这样的教学策略就会省时而高效。

四、多管学习过程,少一点对结果的怨天尤人

学习是一个获取知识的活动过程,而不只是活动所取得的结果;学生不仅要通过学习掌握一定的知识,还要在学习的过程中发展能力,陶冶情感,形成并发展一定的价值观念。过去,教师和家长过多地把关注的焦点放在学生的学习结果,特别是分数上:分数高了就可以一俊遮百丑,一好百好,欢天喜地;分数低了就怨天尤人,愁眉不展。

教学中,通常有这样一种情形:一些授课水平、知识水平大体相当的教师,其教学质量却有很大的差异。究其原因,就是对学生学习过程的管理是否到位的差异:对教学过程管理严而有方者教学质量就高,反之就低。

中学生的学习过程主要有制订计划、课前预习、专心听课、做笔记、完成作业、课外活动、系统小结等环节,每一环节都对立统一于一个互相衔接、互相影响、互相制约的学习过程的大系统中。青少年时期,良好的学习习惯尚未养成,学习的目的性和自觉性还不够,因而教师包括家长只有严格学生学习过程的管理,并且讲究方法,才能使他们的学习卓有成效。

帮助学生制订各学习环节的常规要求,这是加强学习过程管理的第一步,科学性、实际性、具体性、激励性、有效性是制订各学习环节常规要求的基本原则。例如文

言文翻译的各学习环节的常规要求是：理解掌握“留、删、补、换、调，直译为主，意译为辅”的口诀；课前借助《古汉语常用字字典》以及《文言文全解》等工具书和资料，按“抄写原文、重点词语解释、翻译”的“三位一体”的格式来自行翻译一遍；课堂上质疑问难；课后看书（不许参看其他材料），一句一句地译，还不能准确翻译疑难句子时将其抄写下来，然后再参考有关资料翻译并写在本子上；“结对子”双方互相抽查考试等。

第二步就是要建立一个学习过程的管理体系，其中，建立学生自我管理体系是学习过程管理体系中至关重要的环节。“科任教师——科代表——合作学习小组组长——合作学习对子负责人——组员”是梯次学习过程管理的基本体系。例如文言文背诵、默写的学习过程的管理，首先是以“结对子”的方式，一方背给另一方听，合格后再默写一遍让对方检查，核对无误后对方签字并到科代表那里登记。对于在规定的时间内没有登记者，由科代表负责通知学习小组长，组长再行组织验收登记。再不合格则由科代表亲自验收。最后还不合格就直接报给老师处理等。在这个学习管理体系中，一般情况下都不需要老师过问。

只有抓紧、抓实学习过程的管理，才能保证学生学习过程中的各项规范及良好习惯的落实和养成，才能使教学质量管理有一个逐步提高的章法，提高教学质量才不是一句空话。所以，“学生的学习成绩不是教出来的，是管出来的”，这个说法有一定道理。

五、多鼓励，少批评

心理学家的研究表明：如果孩子生活在批评中，便学会谴责；如果孩子生活在敌视中，便学会好斗；如果孩子生活在鼓励中，便学会自信；如果孩子生活在受欢迎的环境中，便学会喜欢别人。后进生在班中经常受冷落，挨批评，久而久之，他们对学习便采取消极的态度。在这种情况下，老师需要想尽各种办法吸引他们的注意力，丰富教学活动，增添学习乐趣，给他们创造表现自己的机会，从而使他们以积极乐观的态度来对待学习。

课堂教学中，我们要关注后进生，多用赏识教育，用些激励的语言增强学生的信心。平时，多留意他们的神情变化，多提些简单的问题，使他们时时处处可以感觉到“我行，我能，我会成为最棒的！”进而认识到搞好学习不是没有可能。要注意给每一个学生创造得到褒奖的机会，让学生的每一个细小的进步都能得到老师的肯定，每一个闪光点都能得到老师的赞许，让大家都能体验到，自己被关注被重视……

教师及时、真诚和恰当的褒奖鼓励，能让被褒奖者受到激励，又能使其他人感到鼓舞。因此，教师要多表扬少批评，多鼓励不数落，让学生看到自己的长处，扬长避短，增强信心。

除了面对面褒奖外，教师还可以利用批阅作业、考卷的机会，用批语进行表扬和鼓励，使学生感受到老师发自真心的爱护和期望。

六、多民主商议和探究，少武断裁决和限制

“儿童有他特有的看法、想法和感情。如果用我们的看法、想法和感情去代替他们的看法、想法和感情，那简直是愚蠢的。”这是法国著名儿童心理学家卢梭的名言。学生作为一个个鲜明的生命个体，总是带着自己已有的知识、经验和情感来接触新知识、新事物。作为新时代的教师，必须具有民主意识，充分尊重学生的人格、情感，把学生、文本、教师看作对话的三方，还学生以对话者的主体地位，视学生为平等的人，“蹲下身来跟学生说话”。“今天的作业量怎么样？”“这一节课我还要给同学们讲点什么？”“今天讲的知识你会了吗？”这些都要与同学们商量。教师对学生是一种感情投入，反过来，学生对教师、对知识也是一种感情的投入，这是驱使其奋发向上、锐意进取的动力源泉。学生在这样和谐的学习氛围中借助与文本、教师的对话，慢慢用心灵去感知自然，了解社会，体味人生。

以往的教学，存在着这样一种现象：课堂上讨论问题，教师想千方设百计要把学生导入自己设计的标准答案上；临近考试，教师为了让学生考试得高分，要求学生死记硬背一些所谓的范文、标准答案等。其实，对于某些知识的理解往往是多角度的，对某些问题的阐释也绝不会是单一的、固定的，根本没有什么标准答案。教学是学生、文本、教师乃至更多方面的对话。在对话中，教师对文本的解释，并不存在最高权威，只是为学生对文本的解读提供一个参考。要让学生在自主、合作、探究、想象中得出自己的答案，这样的教学才不会限制学生的创造性思维，这样的课堂才会焕发出独特的魅力……

作业一定要全批全改吗?

一

现在有许多地方的教育行政部门以及学校规定教师对学生作业要全批全改。归结一下,这些地方这样规定的理由大致有五点。

(一)为了全面了解、掌握、调整教与学状况

作业全批全改,可以全面了解每一个学生的作业情况,并根据对反馈信息的科学分析,对学生进行有针对性的指导。如果教师布置作业又不全批全改,就不知道学生对知识的巩固和掌握情况,也不知道自己的教与学生的学到底存在什么问题,容易降低教与学的质量。

(二)为了控制作业量,减轻学生的课业负担

过去,一部分教师信奉“题海战术”,拼命挤占学生的休息时间,布置大量作业,而自己又不认真批改,结果是学生苦不堪言,教学效果又不明显。要求作业“全批全改”,就会促使老师谨慎地布置作业,注意作业的针对性和有效性,不让学生做无用功,也避免自己做无用功。

为学生减负,教师必须增负,对学生的作业要精心设计,精心批改。这是对教师的教学质量提出的更高要求,促使教师在优化作业设计上下功夫。

(三)为了提高课堂教学效率

全批全改,表面上是个简单的硬性指标,实际上是断了部分不负责任的教师的“后路”。有些教师再也不能把因为课没上好而造成的知识掌握缺漏放到课外,让学生通过大量的习题去弥补。否则,陷入题海、不可自拔的只能是教师自己。一旦作业量减下去了,要保证教学质量不滑坡,教师就不得不把课上好,并精心设计出含金量高的作业,使学生举一反三,少做多得。

（四）为了培养师生的敬业精神、认真态度

作业是学生的汗水和智慧的结晶。如果教师在批改作业时马马虎虎，敷衍了事，就会对学生产生不良的影响。个别学生就会认为，反正老师不会认真批改作业，不妨钻个空子，抄袭他人作业，胡乱填满空页空格，甚至出现请同学代做交差的现象，结果不仅失去了做作业的意义，还污染了学习的风气。

（五）为了加强师生间的沟通

作业全批全改，不仅能及时了解学生的学习掌握情况和运用知识解决问题的能力，对应调整教育教学方法，开展有针对性的教学工作，提高教学实效，而且能及时了解学生学习品质的发展状况；通过作业本与学生进行思想上的沟通交流，有时一两句或表扬或鼓励或指导的话，会胜过讲课时的千言万语。

二

有人提出学生作业要全批全改，并且有的地方还形成了“明文规定”，将其“绝对”起来；但也有人提出不同意见，这大概就是事物的矛盾性和相对性使然。归结一下，反对要求教师作业全批全改的理由大致是：

（一）工作强度大，真正做到全批全改不容易

以数学为例，作业天天有，如果一个教师教两个班，每班按50人计算，每次要批改100本作业；若每次留4个题，一次要批改400道题；若批改每本作业平均用2分钟，全批全改就要花去3个多小时。尤其是批改几何作业，还要花费更多的时间。再加上平时小测验、单元测验、班主任工作等，教师备课的时间就相应地减少了，探索学习的时间更难以保证……

再以语文为例，作业一般包括生字词积累、阅读笔记、日记或周记、书法、一课一练、文言文翻译、作文等，作业也是天天有。就说这生字词积累的作业，一般要求是每个词写三遍，注音、解释各一遍。假如今天写了20个词，两个班100人就是6000个词、2000个注音、2000个解释。你能做到每一个词、每一个音、每一种解释都仔细校对吗？再说作文，怎么做才叫全批全改？根本就没有时间和质量上的标准可以统一规定。再加上语文教师还要参予学校里的演讲比赛、朗诵比赛、小品比赛、讲故事比赛、征文大赛、书法比赛等各项活动的组织与指导，这么多的任务，时间又从何而来？

（二）费力但不一定讨好

“全批全改”或“精批细改”的理论假设是学生是无知的，教师是“智者”。也就是说，学生似乎无法判定自己所做作业的“对”与“错”，因而需要教师对学生的每一份作业都进行“批”和“改”。而事实上，如果教师给定答案，学生完全可以依据答案找出自己作业中的问题与不足，至少，学生能够部分地改正自己的不足。因此，“全批全改”也就成了多余或部分多余的劳动。

在通常情况下，学生对教师批改的作业持以下四种不同的态度：一是根本不看；二是看了，却没看懂；三是虽然看了，但由于没动脑筋，印象不深，掩卷即忘；四是思考了教师批改的内容，并悟出了一些道理。只有极少数持第四种态度的学生才会从教师批改的作业中获得一定的收益，但又很难做到持之以恒。由此可见，“全批全改”并不是人们想象的那样有付出就有回报。

（三）不利于培养学生的自学能力

不利于培养学生的自学能力，主要是因为经过教师仔细批改的作业，给学生提供了无须思考的现成的解题过程与答案，容易使部分学生养成简单的接受学习、死记硬背的毛病。更深层次的意义在于，教师改正学生作业中的错误，实际上是越俎代庖。似乎唯有教师亲自批阅学生作业，才能督促学生按时完成学习任务。久而久之，学生形成了作业的思维定势，把完成作业当成了为老师做事情……

素质教育的突出特点是开发学生智力，培养学生能力，让学生做学习的主人。可是习惯于作业“全批全改”的学生，就像是生活在溺爱家庭之中的衣来伸手、饭来张口的永远也长不大的娇儿，根本就得不到经风雨、见世面的锻炼机会。天天只顾做做做，对与错的主动思考、自我检查的主动意识都产生了缺失。

（四）师生双方难以获得真实的教与学信息

学生做作业，教师批改作业是课堂教学的延续，是师生双方获得教与学信息的重要通道。可是我们经常发现，有些学生平时作业很不错，但一考试，成绩却不尽如人意。为什么？因为学生为了对付老师的“批改”，偷偷抄袭作业，为师者却蒙在鼓里……由于时间紧，教师批改作业常用勾、叉等简单的符号，学生由这些符号只能知道哪个题错了，但不知道错在哪里，即使老师公布了答案，有的学生也只是机械的记了下来，至于为什么却不甚了了。再者说，像语文作业中的错别字、病句等问题，即使是非常认真的老师也不能一一发现及批改，就更不要说是“全批全改”，获得真实的教与学信息了。

三

综合上述正反双方的各自观点，我们很难一下子判断孰是孰非。为什么？因为正反双方的视角都仅仅局限在了自己思考的范围之内，从局部的“点”上看，都不无道理，但站在高处俯瞰教育总体现实的“面”，可就有所不同了。其实，上述两种观点都缺乏辩证唯物主义的思想，提倡者忽视了作业的学科差异，学生作为学习主体的个性差异，更重要的是忽视了人的“素质教育”；反对者又忽视了全批全改的作用及其合理性。但不管怎么说，不顾现实状况的一刀切、一言堂，就是主观主义、教条主义、形而上学的具体体现，仅对于“全批全改”的规定而言，又颇有误人子弟之嫌疑。

作业一定要全批全改吗？不一定。这要具体情况具体分析，因时、因地、因学科、因人、因效果而定方法。形式是统一在效果之中的，我们要提倡一切从实际出发，一切从实效出发前提下的博采众长、多法交错并用、不拘一格的作业批改方式。

全批全改、部分批改、抽查批改、典型批改、面批面改，学生互批互改、自批自改，是教师最常用的几种作业批改方式，顾此失彼、厚此薄彼都是要不得的。如何才能恰到好处地使用这些方法？这也不是没有“规矩”可循的。

（一）全批全改

全批全改，不是不要，但也不是全要。一般情况下，起始年级的头几次作业必须全批全改，且要详批详改，并做好共性、个性问题的记录，目的是要尽快了解与掌握每个学生的学习状况。之后每隔一段时间（最好是两三周）全批全改一次，目的是看学生学习的发展变化状况，以查缺补漏。每次抽查的作业要全批全改，目的是要以点带面。单元测试、期中考试、期末考试等历次测试要全批全改，且需详批详改、详细记录，明确共性、个性问题，以查缺补漏，调整教学策略。

（二）部分批改、抽查批改与典型批改

部分批改，是每次或每隔一段时间，随机抽取一部分作业进行详批详改，目的在于发现问题，阻塞漏洞。抽查批改，是有针对性地抽查，主要是督促那些平时不认真完成作业，存在侥幸心理得过且过的同学。典型批改，是好、中、差各选取一部分来进

行详批详改，目的是以个别推及一般。这三种方式都是部分的详批详改，都有以点带面的促进作用，只是各自的意义不同而已，实施过程中要根据不同的教情和学情来确定采取哪种方式，三者间要相互交错使用，才能相得益彰。

作业只是部分进行了批改，那其他同学的作业就不批改了吗？不是。而是以部分为例子，在明确标准之后，在老师监督指导下，组织学生自己动手进行“互批互改”或“自批自改”。

（三）面批面改

面批面改可分为个别和全部两种形式。个别性的面批面改可以在课堂上，也可以在课下，是具有辅导性质的个别谈话，可以就事论事，也可以由此及彼地进行多方位教育。全部性的面批面改，是教师在课堂独立作业的巡视过程中对学生的作业答案给出对或错的明确评判，并及时指出学生在处理问题过程中的优点和不足，给予方法和知识的指导与帮助。面批面改使学生感到颇受关注，有积极的心理暗示作用，是教书育人的有效手段。

（四）学生互批互改

学生互批互改作业，是新课改的“自主、合作、探究”精神的具体体现，是具有实效性的作业批改的新途径，应大力提倡。它不仅可以减轻教师的作业批改负担，更重要的是通过互批互改，可以调动学生学习的积极性，培养和发展学生的观察、分析、判断和解决问题的能力，从主观上提高学生对自己作业质量的认识。

互批互改有多种形式：学习对子或同桌之间的互批互改；学习小组内同学之间的互批互批；组与组之间的互批互改；班与班之间的互批互改等。

互批互改的一般程序是：明确双方批改对象→确立批改范围→公布批改标准及方法→提示批改注意事项→开始批改→教师巡视指导校正→公布结果→总结。其中关键的环节是制订详细且实用的批改标准。这不仅关乎批改的质量，更主要的是关乎学生在批改过程中能否掌握基本的学习方法和技巧。

以语文之作文批改为例，在确定了批改对象和批改范围之后，就要明确批改标准及方法：其一是通用标准，即中高考作文评分标准；其二是不同体裁、不同题目文章的不同评分标准；其三是修改符号的标准；其四是核总分、写评语的标准；其五是推举优秀作品的标准。学生掌握了这些标准和方法，不仅可以批改别人的作文，关键还在于自己也学会了如何写这类作文，一举两得。

（五）自批自改

自批自改，不仅可以减轻教师作业批改的负担，而且可以提高学生自我评价的能力。自批自改可以是在教师指导下的批改，也可以是学生的独立活动。一般是在习题难度不大，作业量又较大的情况下，由教师给出批改标准和方法后学生自批。如果时间比较充足，在自习课堂上，教师可以组织学生进行完全独立的自我批改，通过对自己的思维过程进行回顾和检查，使学生逐步形成独立解决问题的能力。

四

“只要留作业就要批、就要改”，作业批改方法多种多样，但不管采取何种方法，都要以调动学生的学习积极性，让他们充分“动”起来为前提；都要以“学会、会学”为前提。因此，只要学生能自己动手做的事情，教师就要组织他们、调动他们、训练他们去做，千万不要包办代替。

任何一种批改作业方法的“一贯”使用，都会从内容到形式、从思想到行动逐渐趋于“僵化”，甚至使人心生厌烦，质量更不能得到保证。

教学和考试问题应该怎样设计?

一、教学中的问题设计

是把教材的知识点以问题的形式呈现在学生的面前,让学生在寻求和探索解决问题的思维活动中,掌握知识,养成能力。

从设计问题的要求上来说,要抓纲靠本、突出重点,问题要有激趣性、层次性、研究性和启发性,要考虑学生的知识基础,遵循学生的认知规律,形式要多样等。

从设计问题的形式上说,有选择比较式、情境体验式、启发式、探究式、检查式、归纳式、填充补续式等。

二、考试中的试题设计

是根据课程标准的要求把知识点化为考点并以问题的形式呈现在学生的面前,让学生在寻求和探索解决问题的思维活动中,掌握知识,养成能力。命题要遵循目的性、层次性、科学性、精练性、创新性、难易度适合大多数学生等原则。命题形式有选择、填空、计算、求证、问答、写作、作图表、修改错误等。

论及考试中的问题设计技巧,从改编试题的角度上说,改编是对原有试题进行改造,使之从形式、考查功能上发生改变而成为新题,一般的做法是转换题型或重组整合或改变考查目标。从新编试题的角度上说,重点要体现一个"新"字,即提供新材料,创设新情景、新环节、新步骤、新样式等。命好新题首先要明确考试目标,然后寻找能够体现"目标"的材料,最后确定"问题"的形式。无论是改编还是新编,都有个难度控制的问题。一般地说,改填空题、问答题为选择题,在问答题中增加铺垫性的设问(即多设问),赋分值降低等,都是降低难度的方法;而改填空题、选择题为问答题,减少设问，增加赋分值等，则是增加难度的方法。

三、教学问题设计与考试问题设计之异同

（一）相同点

都为“问题设计”，都是把知识以问题的形式呈现在学生的面前，让学生在寻求和探索解决问题的思维活动中，掌握知识，培养能力。“问题设计”都应避免重复的现象；涉及同一知识的多个题目之间，考查要有所侧重，或者考查认知水平的不同层次。试题设计还要避免在一份试卷中出现前面的题目为后面的题目提供答案或线索的现象。

（二）区别

第一点表现为目的、作用截然不同。“问题教学”的基本流程是“提问——讨论——作答”。问题的功能主要表现在“导学”方面：用问题来激活学生内在的学习动力；用问题来深化学生对课本知识的理解；用问题把学生置于新角度、新思路、新情境之中，引导学生进行有创见的探索和质疑；用问题来促使学生集中精力；用问题来提高课堂效率。而“命题考试教学”的基本流程是“命题——作答——讨论”。问题的功能主要表现在“促学”方面：用问题来考查衡量学生对知识和能力、过程和方法、情感态度和价值观的掌握和形成状况，即是对学生实现“三维目标”状况的考查。其最终的目的不仅是为了考查学生达到学习目标的程度，更是为了检验和改进学生的学习和教师的教学，改善课程设计，完善教学过程，从而有效地促进学生的发展。

第二点是教学问题涉及的范围广，而考试问题涉及的面窄。也就是说，教学中所涉及的问题不一定都考，而考试的范围一般都比较明确。如学习过程和方法的问题，是教学中必须涉及的内容，但考试却很少涉及，有些也根本无法涉及。

第三点是两者除完全相同的设计原则、方法外还有这样的差别：教学问题设计比考试问题设计更讲究“以问题导学”由表及里、由浅入深的循序渐进性；考试问题设计虽也讲究这一点，但它不是要讲究题与题之间的层次，而是要讲究不同题型模块内部的、题与题之间的和不同题型模块之间的层次。

考试问题设计更要讲究“求新、求变”的原则，以防猜题和押题。教学问题设计虽也讲究这一点，但并不担心别人猜题、押题。

第四点是教学一般是以节为单位的同一学习内容下不同角度的问题设计，而考试一般是阶段性的，是在有限的时间内，对不同学习内容从不同角度以比较固定的题型来进行的问题设计。所以教学问题设计和考试问题设计的题型以及所涉及的时空跨度、范围就出现了差异。

问题设计是一门学问和艺术，有许多“问题”值得我们去探索。能设计出一堂比较好的系列的教学问题，引领学生“向前去”，和能设计出一份好的试卷，督促学生“向前去”，二者都需要真功夫。

怎样上好复习课?

一、复习的含义

“复习”一词,按《现代汉语词典》的解释是“重复学习学过的东西,使巩固”。但我们这里所说的“复习课”可不是面面俱到地“重复学习学过的东西”的课。那它应该是什么?假如需要给“复习课”下定义,我认为,复习课应该是“学生在完成某一阶段或某一专题的学业以后,根据学生对知识的掌握状况以及认知特点和规律,以梳理、巩固、深化已学的知识、技能,促进知识条理化、系统化,进一步提高学生的技能、学习能力和解决实际问题的能力为主要任务的课”。

复习,是查缺补漏、拓展延伸旧知识,温故而知新,是反思“双基”落实状况,引导学生全面、系统总结方法和规律,提升学生求同、发散和创造性思维能力的过程。

二、复习课的种类

(一)按学习阶段分

包括课时、章节、单元的复习课,期中、期末复习课,中考、高考的总复习课等类型。

阶段性复习课的主要目的是让学生形成总体的知识结构,明确阶段性学习中的重点和难点,掌握阶段性学业的基本知识和基本技能,提炼、掌握和运用学科性知识的方法和规律,沟通阶段性知识、方法、规律间的联系,弥补学生总体知识结构中的缺漏,明确学习中需要注意的问题。

(二)按知识体系及类型分

可划为一个个专题和类别,总体又可叫专题性复习课。如语文的语音、汉字、标点符号、词语、句子、文学常识、名句名篇、现代文阅读、文言文阅读、作文等的复习课，数学的梯形辅助线的做法、一元二次不等式、一元二次方程的关系、一题多解、一题多变等的复习课，各科通用的概念、公式、定理、方法、规律等的复习课，纠错式复习课、试卷分析式复习课，等等。

专题性复习课是将阶段性学习的知识的同一类型或具有共同特点的典型性的知识点，通过整合、重组、归纳、总结、提炼，形成某个具有代表性的专题，目的是使零散的知识整体化、系统化，便于融会贯通，同中求异，举一反三。

三、复习课的方法及结构

（一）明确目标

复习课要复习什么，完成一个什么任务，达到一个什么标准，这些在教师的心中必须明确，课堂上还必须使学生也认同。在知识目标及复习要求的描述中可采用"识记""理解""会用""综合"等行为动词来使学生明白对知识把握的"度"。复习前可让学生进行预习，对复习中存在的疑难问题、易混淆的知识等做好标记，对知识的重点、难点、疑点做到心中有数，以便有目的、有计划地听课，提高复习的质量。

（二）梳理分类

梳理分类知识就是对知识的回顾和罗列归结，其方法多种多样，通常使用的有：① 通过师生合作，以画知识树、知识网络图或表格等形式来使知识系统化、概括化、类型化；② 通过学生自学，如看课本或看前面做过的练习题等，在教师的引导下，自己概括出知识的类型和重点、难点；③ 将复习所涉及的基础知识设计成选择、填空、问答等具体题目，帮助学生回顾和梳理、类化知识，在题目设计时要做到基础、全面、系统；④ 将复习的知识点设计成论述性的问题，引导学生通过思考、讨论、辨析等方式，找准知识的异同点和重点，突破难点，消除疑点，拓展生长点；⑤ 教师事先将要复习的知识，按照一定的线索或类别制成一个或几个试卷式的结构框架，以考试的形式让学生去填写，进而促进学生回顾和梳理知识。

（三）研讨发现

这个环节是根据已梳理分类的知识，师生共同研究讨论，强化对重难点知识的理解和掌握，并从中探究出掌握或运用知识的方法及规律。其方法一般有：① 例题导航。精选或设计有代表性的例题，通过课堂解题指导，使学生学会审题，形成运用旧知识解决新问题的思路，总结规律和技巧。② 总结归纳。根据梳理分类的知识的状况，通过讨论交流，捕捉知识间的联系与区别，并从中发现掌握或运用知识的方法和规律。③ 尝试发现。出示例题让学生自己尝试解决，教师巡视指导，及时发现并解决问题。然后集思广益，进行变式训练，培养学生的发散思维以及触类旁通的能力。最后在教师的指导下让学生对解题思路、方法、技巧等进行归纳总结，形成规律性东西。

（四）巩固练习

巩固练习既是知识巩固、运用的过程，又是知识拓展的过程。学生具备良好的学习能力不仅在于对知识的掌握，更在于在练习中促进知识的迁移，形成技能、技巧，培养自觉应用知识解决实际问题的能力。这一环节能够见成效的关键是习题设计要"精"，知识的应用要具有综合性、灵活性和发展性，在学生牢固掌握知识的同时，培养学生的能力和创新意识。

设计练习题要避免在同一知识、同一层次上的机械重复，要先易后难，具有阶梯性；题型要新颖，材料要新鲜，提倡多种题型合理搭配；练习要控制数量，规定时间，要照顾大多数，兼顾不同学习能力的学生，可适当设计一些选做题，拓宽学生的知识视野，提高学习水平。

巩固练习后，可采取学生所结对子间、小组成员间互评和讨论等方式来让学生自行解决问题。完成练习后，相互核对答案，反馈问题与不足，教师组织讨论，明确症结及解决问题的方式。尽量让每个学生都达成教学基本目标，把问题解决在组内。此时要特别关注差生的达标情况，要采取一对一或是组长负责制等多种形式来帮扶他们。

（五）检查测试

复习完一部分内容后要及时检查测试；测试命题要精选，在注重基础的同时，要深层次挖掘教材本身的疑点和难点，借鉴各种资料上的典型题目，尽量少用现成资料，以提高自我命题的数量，确保命题的质量。测试结束后，可采取教师全评、抽评、学生互评等方式来批阅试卷，同时要对学生存在的问题做好记录；矫正可采取个人自我矫正、小组相互矫正、教师帮助矫正等方式。

试卷讲评、矫正过后，有一个非常重要的环节是"回头练，百分卷"，无论什么科目、什么内容的复习，都不可忘记要重新抄写题目（较长的题目以及阅读性文章可剪贴),然后再做一遍,即使是作文也要重新写一遍。这对于夯实基础具有重要的意义。

(六)小结并布置作业

复习结束时,让学生动手或动口总结本节课复习的主要内容,明确自己的收获;教师应适时引导,及时点评,并帮助学生重点总结复习的主要内容、基本方法,同时注意方法要系统,技巧、规律要强化,创新要鼓励。最后,根据不同科目的具体情况布置少量课后作业,也可以不布置。

以上这六个环节并非一成不变,可以根据教与学的具体状况来加减变通,可在一节课中完成一个、几个甚至是全部的环节及其有关内容,也可在几节课之中完成;可在课内完成部分或全部环节及其有关内容,也可在课外完成。

四、复习课要遵循的原则

(一)系统性原则

不是把以前学过的知识重复学一遍,而是要把平时所学的局部的、分散的、零碎的知识建构联系,使之系统化、结构化,使学生进一步明确各部分教材的地位与作用,揭示各部分内容之间的内在联系。复习时,可采用"以线串珠"的方法,把知识概括成表格式、纲要式、图示式、口诀式,以便于学生记忆与理解。

(二)基础性原则

无论哪一种复习方法,都要抓住基础知识的落实与基本技能的训练。基础知识的复习要弄清这些知识是怎样提出来的,具体内容是什么,应怎样理解和记忆、叙述与证明,有何作用与意义,应用时应注意什么,它和其他基础知识有什么联系等等。基本技能训练,要有意识地让学生多练习一些能直接运用基础知识来解决实际问题的题目。另外,该记住的一些词语、数据、图形、定义、定理、定律、法则、公式以及一些技巧、方法和规律都应要求学生力争记住,知识缺漏要补上。

(三)重点性原则

复习的内容一般都较多,时间又有限。因此,即使不能面面俱到,也不能眉毛胡子一把抓,要有计划、有步骤、有重点地复习,做到:① 突出重点单元、章节的复习;② 突出重点概念、重点例题习题、重点解题思想与方法规律的复习;③ 突出薄弱环节的复习;④ 突出重点、难点的复习;⑤ 突出符合新课标和考试说明等要求的复习。

（四）发展性原则

复习要重温学过的知识，但更要注重在原有知识的基础上的提高和发展。为此要多进行综合性练习、探索性练习、开放性练习和解决实际问题的练习，以使知识得到延伸拓展，提高学生解决实际问题的能力，培养学生的创新意识和实践能力。

（五）主体性原则

复习课和其他课型一样，要把学生看成是学习的主体，要千方百计地让学生积极地参与复习的全过程，引导学生自查、自测、自评、查漏补缺、质疑问难，针对各自的学习缺陷，进行温习补救，使学生真正成为学习的主人。凡是学生看得懂、讲得来、做得出的内容，都要让学生去独立完成，教师不要包办代替，不要满堂灌。

（六）主导性原则

复习期间学生要复习的内容很多，学生的手头也有许多复习资料，面对这无边无际的知识海洋，有的同学望洋兴叹，畏惧不前；有的同学如坠云海，无从下手……教师要帮助学生制订复习计划，明确复习目的，确定复习重点，落实复习措施，选好复习方法。还要指导学生处理好课本与复习资料、课内与课外、做题与分析题目等的关系，特别是要加强对学困生的指导。

（七）及时性原则

复习过程的每一个环节中，教师都要及时地了解学生的复习情况，及时帮助学生排忧解难，及时地检测、评价、反馈和矫正学生复习的状况和问题，使每一个学生通过复习都有所提高，有所进步。

五、复习课的注意事项

（一）复习的计划性

复习什么，怎样复习，安排多长时间等一系列问题要在复习之前就搞明白，而搞清这些问题的前提是充分而准确地分析学生的学习需要，根据学生学习的实际情况制订切实可行的复习计划，然后依照计划精心实施，并且要根据复习过程中的具体情况来不断调整复习策略。这样可以避免想到什么就讲什么的盲目性，避免造成个别知识点的疏漏，进而使复习课更有针对性和实效性。

（二）目标明确且有层次性

面向全体同学的总体复习目标不仅师生心中要有数，教师还要充分考虑学生学习的个体差异，以“面向全体同学的总体目标”为基准，形成上下浮动、高低错落的目标层次，不能采用“一刀切”式的统一的目标、统一的方法、统一的内容，要优差生不同要求，使优生吃得饱、跑得快，差生也能有所提高。

（三）找线索牵引复习进程

一堂好的复习课应该有一两条主线将要复习的知识串联起来，使学生能够在回顾知识时纲举目张，举一反三。这种线索如何确定？一般地说，有这样几种方法可供借鉴：以知识的内在联系为线索；以外在的形式把几部分知识贯穿起来，使之系统化、条理化；以新的知识内容为线索贯穿旧知识；以新的逻辑顺序、思想方法为线索归纳、整理旧知识；以新的问题角度为线索串联旧知识，等等。

（四）要有新收获

复习中教师要引导学生总结知识，揭示规律，继而获得新的知识。在复习中要通过总结以往的知识，使学生集中温习，集中理解，应用知识，解决问题，在见多识广的基础上，加强概括、分析、综合、比较，加强揭示解题技巧和规律的训练，使学生能举一反三，触类旁通，获得新鲜见解。

（五）教师间要团结合作

在复习阶段，每位教师的资源要共享，发挥集体优势，做到集体备课，以统一复习进度、统一习题配备；要相互听课，以“谁的课扎实有效，就向谁学习”的原则，相互促进，以提高整体的复习效率。

复习结束了，所复习的内容在学生的心中形成了纲目分明的知识体系，学生不仅明白了自己掌握了哪些内容，还明白了自己还有哪些内容掌握得不够好，今后还需要把哪些内容搞清楚等等——这样一个看似不高的目标，如果你无论采用何种方式，利用何种手段都能实现，我认为，如此的复习课就算成功了。指望一节或几节复习课就能把所有学过的知识彻底消化理解，那怎么可能？

板书能被多媒体取而代之吗?

当前,人们把"板书、行为和普通话"称作是教师的三大基本功。多媒体技术进入课堂以后,越来越多的教师选择了更方便、简单的课件演示代替传统板书。

随着多媒体技术的日趋成熟,课堂教学也由"三尺讲台,一根粉笔"的传统模式,逐渐为"一台电脑,一个投影仪"的新型多媒体模式所取代。上公开课,必用多媒体,如果没有用上多媒体课件,似乎就不是一堂好课。以前,只用一支粉笔,不少地理老师随手就能画出一幅比较详细的中国地图;不少数学老师随手就能画出一个比较标准的圆……而现在有些教师的板书,要不就是从左到右写满一黑板,要不就是杂乱无章地写在黑板各处,有的老师甚至根本就没有写板书的习惯,一节课下来,仅随手在黑板上留下几个字,或者干脆就一个字也不写……

利用多媒体教学,大多数教师的讲课节奏明显加快,传递的信息量也成倍增长。虽然课堂内容丰富了,但上课时学生往往目不暇接。尤其是语文课,作为教学最重要一环的"品味、感悟"被几幅多彩画面或几段影像等所取代,应该记住的知识没记住,不应该记住的知识反倒记住了。

教学过程是学生学习知识的过程,更是教师以情动人的过程。尤其是语文教学,它因丰富的人文内涵,为教师走近学生的心灵架起了宽阔的桥梁。但是如果教学过程变成"看屏幕,记笔记,听老师读屏幕内容",那情感交流就无从谈起了。如果教师一味地受课件支配而牺牲了原本个性十足的讲授,放弃了与学生交流情感的机会,最终必将严重影响教学效果。

多媒体为教师提供了广阔的教学空间,然而课件一旦成型,在课堂上按部就班地逐一放映,往往会减少教师兴致所至的连珠妙语……使整个课堂程序化有余而灵活性不足,这样就很难调动具有奇思妙想的学生参与课堂的积极性。

在多媒体教学走红之后,越来越多的人开始反思多媒体的局限性。如何取长补短,使多媒体技术与传统板书有机组合,充分发挥它们各自的优势,营造一个既丰富多彩又切实有效的教学氛围,已经成为大家关注的热点。

板书和多媒体在教学中各有优势。多媒体应用于教学，极大地提高了教学效率，它能够仿真、还原、模拟，能够进入人类无法进入的世界，教师依靠粉笔与嘴巴解释不清的，课件能够清楚地表现出来，让学生一看就明白。多媒体课件画面显示的内容常常是幕幕相连的，它能够化抽象为直观，变难为易……

多媒体课件虽然也是一种板书形式，但它是无法替代课堂黑板上的手写板书的。首先，黑板可以及时写板书，随写随看，可以较好地控制课堂节奏，也方便增删内容。多媒体课件是课前设计好的，是不能更改的，而板书是活的。教师在使用多媒体课件教学时，会有突然而至的灵感，这些灵感往往是教学艺术的动人之处，此时如果巧妙地利用板书，就会锦上添花，产生意想不到的教学效果。

其次，好的板书恰似一份“微型教案”，具有提纲挈领的作用。它能勾画出本节课内容的结构体系和知识要点，使新知识的教学成为学生上课时的注意中心，帮助学生掌握本节课的知识要点；它还能在学生开小差回来，思维重新进入听课时，一看黑板就知道老师现在讲到什么地方了。

再次，汉字作为表意文字，其字形本身的意义要通过书写来表达，书写赋予汉字以灵性，以传神，这是多媒体课件所不能表达的。古人云，“善歌者使人继其声，善教者使人继其志”，善于在黑板上写板书的教师也一定能给学生起到良好的示范作用。如果老师能写一手漂亮的字，学生就会佩服你，模仿你，从而使学生更深切地体会到汉字的魅力。低年级学生最好的识字方法之一就是通过观察老师的板书，在潜移默化中掌握正确的笔画顺序和字形结构。

另外，板书还可以制造教学的停顿，起到提示、警示的作用。

多媒体毕竟是教学的辅助手段，不一定每堂课都用，什么时候该用要因人而异，因课而异，因课堂上学生的具体学习情况而异。虽然有些时候，多媒体课件比黑板上的板书要更美一些，更引人注目一些，可是，无论社会如何发展，科技如何进步，教学手段如何先进，板书在一般情况下都是不可缺少的，因为它的特殊作用是其他任何一种教学手段不可取代的。

事物都是辩证的，板书和多媒体并不是对立的矛盾体，多媒体课件集文字、声音、动画等于一体，能帮助学生更生动、直观地感受学科内容。板书方便、经济，有助于学生理解教学内容。它们对教学都起着举足轻重的作用。二者如能实现优势互补，使课堂教学手段最优化，课堂一定会生动活泼、丰富多彩，且扎实有效。

为何听课后还要参与评课、听报告?

经常有这种情况:某地举办教学研讨活动,上公开课时,听课者人山人海;当组织评课和听主讲人的报告时,到场的人却寥寥无几。这种听完课就走,从不愿听评课,更不愿听讲课人的报告的现象还不在少数。

有的人说,评课是那些专家学者以及领导的事,我们普通教师听公开课,尤其是县区级以上的公开课,主要就是看课怎么上,根本就不擅长也不习惯对别人,尤其是名人的课说长道短,所以听完课就一走了之;有的人说,听报告太玄,尤其是那些大家甚至是理论家的报告,与草根一族的教学实际相去甚远,何必浪费那个时间,所以听完课就一走了之。

试问,就我们一般老师而言,参与听课的目的是什么?假如目的是学习,那听评课和报告就不算是学习吗?事实上,公开课、评课、报告是教学研究活动中既有区别又有联系的有机整体。公开课是主讲人教育教学理念的主观表现形式,评课是听课人对讲课人的课堂教与学表现的客观评价,报告则是主讲人教育教学经验、教训及为什么这样教的阐释。假如你顾了"此"而没有及"彼",那就容易犯主观片面、形而上学的毛病,就可能会以偏概全、坐井观天,就有可能曲解或误解这一节公开课的内容和形式。

一、公开课是主讲人教育教学理念的主观表现形式

公开课是公开展示给大家看的课。正因为如此,它才要真实地反映主讲人的教育教学的理念、对教材的理解和把握的程度、学习过程的设计和调节的技巧、语言表达能力、板书设计及书写的基本功、驾驭课堂教学的能力等综合素质。好的公开课要通过这种形式告诉听课人一点新的东西,透露一点行之有效的信息,使听课人有所感,有所悟,有所借鉴,有所提高。要做到这一点,上公开课的人就要在平时下许多功

夫，在公开课中既要真实地体现“诗外功夫”，又要呈现这节课的目的性的特征。

真实就是在课堂的组织形式和教学流程上是属于常态的，即不掺杂有失教学自然形态的虚假，在课堂教学内容与结构上不妨着意设计但又是浑然天成的。真实的公开课要以“自然、实用、有效”为教学的基本原则，在真实中展示教学过程，让听课者在真实中得到某种启示。

为什么要上这节公开课？这个问题不仅要使讲课人明白，更重要的是要使听课人明白，以便确定听课的目的和意义。如果是示范，对听课者来说，就要注意教学过程中的诸多环节哪些是超常态的，哪些是对常态的教学起引导作用的；教学设计中有哪些是最优化状态的，有哪些是使用比较先进的教学用具，展示前沿的教学方式的，有哪些是充分和集中地展示执教者对新课改的教学理念、教学艺术、教学风格等的追求的，等等。如果是探究，对听课者来说，就要注意执教者是通过哪些特定的课例来展示对教学问题的思考和追求的，尤其要注意的是执教者是通过对该问题的哪些化解流程的演示来表达教研主体的课堂价值取向的，此外，要在开放的研究氛围中获得多元化的评价信息，从而共同深化课堂教学改革的问题研究。

二、评课是听课人对讲课人课堂教与学表现的客观评价

评课是对照课堂教学目标，对师生在课堂教与学的活动及由这些活动所产生的教学效果进行的非主讲人意愿的价值判断。评课可以帮助主讲教师和听课教师不断总结、吸取教育教学经验和教训，转变教师的教育观念，提高教育教学水平的。评课要坚持以新课程为标准，要以学生的发展为本，从学生全面发展的需要出发；要坚持评教与评学相结合，并且要把评课的重点放在“评学”上面；要从有利于对教学的诊断和正确的导向出发……

评课要评教学目标、教材处理和教学程序；要看教学思路设计，看课堂结构安排，看教学方法，看教师教学基本功，看学生活动状况，等等。

评课要根据课堂教学特点和班级学生实际，实事求是地评价一节课，切忌带有个人倾向；要以虚心的态度、商量的口气与被听课老师共同分析研讨，不能把自己的观点强加在别人头上；要突出重点，集中主要问题进行评议和研究，不要面面俱到，泛泛而谈；要以事实为根据，增强说服力；要做好调查工作，尽可能全面地了解教师和学生

的情况。

听讲课，再听评课，一主观表现，一客观评价，再结合自己的独特感受，就会有一种全新的感觉。主讲人的主观表现可能过于“主观”，听课者的印象也可能过于“主观”；客观评价由于受评课人的水平和能力的限制也可能过于“主观”。三个“主观”，实际是三个不同侧面、不同角度。为此，只有将这三者“三位一体”，才能“三个臭皮匠，合成一个诸葛亮”，才能全面深入地解读、学习这节课。

三、报告是主讲人教育教学经验、教训及为什么这样教的阐释

做报告的目的是介绍和交流教育教学中的经验和教训，诠释公开课为什么这样组织教学的原因，即“这样做”的思想基础、理论依据和实际效果。为此，作为经验交流性的报告是要具有先进性和典型性的，是需要给听课人提供学习和借鉴的范本的。

人们之所以听课、参与评课、听报告，就是因为要获取“真经”、学到经验，以便更好地提升自我，提高教育教学水平。

报告人之所以能够做报告，就是因为他在某些方面作出了超出一般的成绩。他的每一项工作、每一种思路、每一套措施、每一分收获，都饱含着艰难的探索、辛勤的努力。这一切亲身的经历，回顾起来，必然会有诸多感慨、百般滋味，把这些和盘托出，奉献给大家，对于虔诚的学习者来说，就是继承了一笔精神上的财富，是“直接经验中的间接经验”。认真品味这些间接经验，再和自己的实际状况相结合，或许就会对教育教学中的某个问题恍然大悟，豁然开朗。

我们不主张照本宣科的教条主义的学习方式，而主张博采众家之长，形成自己的特色，主张拿来主义的为我所用。对某些“经验”要进行认真分析，区别对待，必要时可以请教有关专家，或邀请有关方面人士共同研讨，以便弄清经验的真正价值，确定学习的重点和角度，避免片面、静止、孤立地看待“经验”。只有真正理解经验的现实意义和长远影响，才能卓有成效地吸收、创新，真正形成“一花引来百花香”的效应，进而全面提高教育教学水平。

综上所述，参与教学研究活动，听公开课、听评课、听报告缺一不可。听课只是看“表”，参与评课则是初步明辨是非，听报告才是知“里”。只有兼而听之，由表及里，明辨是非，才能真正对这节课有本质的认识，真正了解这节课背后的故事；才能真正知

其然又知其所以然,学有所得。这种认识,既是内容和形式的统一,又是理论和实践的统一,还是台上和台下的统一。

另外,听完课就走是极不礼貌的行为。换位思考一下,假如你是这个活动的主办方或主讲者,听课时人山人海,等到评课和听报告时,台下人群骚动,一个接一个地往外走,到最后所剩无几,这时你还有心情评和讲吗?

怎样看待作业和成绩?

对教师来说，谁能做到作业最少，成绩却不差，谁就懂得了教学的真谛。

一、作业

作业是教师给学生布置的功课。从需要完成的地点上看，可分为课堂作业、家庭作业、社会作业等三类，而我们通常所说的作业，一般是指家庭作业。作业是学生经过独自思考，灵活运用所学知识解决问题，进一步理解和巩固知识，促进心理能力发展的过程。在教育的熏陶、主题学习、训练、自由探索、评价等五种存在形态中，学生的作业属于第三项训练的范畴，它包含对范例的模仿、强化和调节，是心智技能形成和熟练的必要形式。

从作业的形式上看，大体有三种类型：一是笔头作业，也就是需要学生落实在纸上的写的或算的习题、创作的作文等；二是活动作业，如实验、阅读、劳动、社会实践等；三是综合作业，如活动实践后写出的报告、总结、说明、社会调查等。就中小学生来说，最常见的是第一种作业。第二、第三种作业，在目前还没有得到充分的重视，然而就教育发展的趋势来说，它已经显得越来越重要，越来越必不可少。

当前在学生的作业研究方面，主要探索的是如何提高作业的有效性和进行分层作业等问题，这两个方面已有的研究成果是宝贵的课程资源，也为我们的理论思考和实践探索明确了方向。

综上所述，作业在提高成绩、培养能力、发展智力等方面具有不可忽视的作用。

二、成绩

成绩是指学生学习的收获。在目前的教育体制下，通常是指学生的考试分数。

学生学习成绩不理想,一方面的原因是不会学习,不会学习就是没有把握好构成学习行为的环节和秩序。环节是针对“点”的事情,如预习、听课、作业、复习、考试、改错、检查等任何一个环节没有做好,都会对学习效果产生不利的影响。秩序是针对“线”的事情,如做作业先要复习回顾,后要检查订正等。秩序混乱或不科学,学习就会费时而低效。学生需要通过“点”和“线”的完美结合来提高学业成绩。另一方面的原因是受非智力因素的影响,即指人的需要、兴趣、情感、意志、信心、自尊心等心理因素的影响。非智力因素在学习过程中,具有提供动力、定向维持、强化巩固等一系列重要作用,它决定着学习者的积极性的程度和水平。缺乏这种基本的元素,任何良好的教学方法都难以收到预期的效果。

除上述两点之外,还有的学者把影响学习成绩的原因归结为:目标、兴趣、自信、毅力、学习习惯、记忆力、学习技巧、考试技巧这八大因素。

综上所述,影响成绩的原因是多方面的,并非仅仅是作业状况。

三、作业与成绩

成绩与作业质量密切相关,与作业数量无必然联系。

高质量的作业有利于学生巩固课堂所学的知识，提高学生的考试成绩，促进学生独立思考，培养学生的创新意识和实践能力，使学生养成良好的思想品德和行为习惯。适量的作业,不仅可以加深学生对所学知识的理解,而且也使他们意识到正在学习的知识的价值,进而体验到学习的乐趣和展现出他们的灵气,从而对学习产生一种积极的态度;适量的作业,可以促进教学质量的提高,可以提高学生的学习技能,使学生纪律内化,提高学生自制力,培养学生的独立性和责任心,可以使家长更加了解学校,继而促进家校合作等等。

作业虽对于学生的学习效果起着不可忽视的作用,但作业量并不是学生成绩好的决定性因素。过多的作业会加重学生的学习负担,使学生产生厌学的情绪,若学生完不成作业,家长、老师再横加训斥、批评,还会破坏家庭和睦和良好的师生关系,进而使其产生抵触情绪;过多的作业会挤占学生自主学习的时间,缩小学生活动的空间与范围,不利于其创新精神的培养和实践能力的发展;过多的作业,还可能会使学生形成抄袭、欺骗等不良品性,影响学生的健康发展。

家庭作业有个最佳量，即当家庭作业达到这个量时，效果最好；一旦超过了这个量，其效果就会降低，甚至对学生的学习起负面影响。

家庭作业量以多少为宜？目前国内外比较认同的观点是：小学一、二年级一般不布置书面家庭作业，其他年级书面家庭作业总量控制在每天一小时以内；初中生书面家庭作业控制在每天一个半小时以内；高中生控制在两个小时以内。

"量"上有了规定，那么"质"又如何要求？

（一）对做作业而言，要力求做到

1. 独立或小组合作完成，求真务实，不弄虚作假。

2. 字迹要工整，书写规范、整洁美观。

3. 认真检查并用红笔校正。

4. 讲究速度，按时完成。

5. 讲究做作业的方法，如正确区分和把握不同习题类型的做题要领；做作业之前，先要看书复习；注意审题，争取一遍做对；把主要精力放在做基础题上，有选择地做一定数量的难题；建立有正确答案的"错题"集，等等。

（二）对设计作业而言，要力求做到

1. 精选习题

是指在教师精心钻研教材、教法、学生实际学习水平和各种题型等因素的基础上，按教材的知识体系，分类别和梯次设计具有代表性的练习。

精选习题，就是要让学生从题海中解放出来，让教师进入题海中去研究，去甄别良莠，去粗取精、去伪存真地筛选"精品"：什么类型的作业有利于学生巩固课堂上所学的知识，提高学生的学业成绩；什么类型的作业有利于激发学生独立思考，培养学生的创新意识，锻炼学生的实践能力；什么类型的作业有助于培养学生养成良好的思想品德和行为习惯，提高学生的人文素养……应挑选那些具有代表性、典型性、趣味性和富有生活气息、充满时代感的作业，并力求少而精，以达到以一当十、举一反三、触类旁通的目的。题目要从基本知识、基本技能到需要求异思维、创造思维，统筹考虑、全面安排，为学生的全面发展、主动发展创造条件。

精选习题，要注意一题多解类题目的编选。能够扩展学生思路的"一题多解"类题目，是指可以通过不同的思维途径，采用多种解题方法来解决同一个实际问题的题目类型。它有利于培养学生的辩证思维能力，加深对概念、规律的理解和应用，提高学生的应变能力，启迪学生的发散性思维。

精选习题，还要注意一题多变类题目的编选。能够启发、诱导学生思路的“一题多变”类题目，是指可以从多角度、多方位对例题进行变化，引出一系列与本例题相关的题目，形成多变导向，使知识进一步精化的题目类型。通过对这种“一题多变”的习题进行探讨，可以使学生拓展思路，开阔视野。

2. 形式多样

现在，教师布置作业大多是围绕考试大纲，强调死记硬背、重复模仿和机械训练，远离了学生的实际生活，学生的困惑、情感、态度、价值观、创造能力、实践能力等被忽略。在倡导实施素质教育的今天，一方面要继承传统作业的优点，另一方面也迫切需要克服传统作业的弊端，积极寻求新思路，创新作业的形式和内容。

要大力提倡设计观察思考型作业、动手实践型作业、研究学习型作业、超前预习型作业；要积极采用诸如收集资料、小制作、小实验、参观访问等可以提高兴趣、增强动手能力的形式；要增加诸如每天做一件家务，每周做一件对社会有意义的事等可以培养道德品质的内容……

3. 区分层次

每个学生的学习习惯及方式，都有其特殊性和差异性。不同的学生在学习同一内容时，由于实际具备的认知、情感基础和学习能力的不同，对同样任务的学习质量及速度不尽相同。如果教师在布置作业时，要求所有的学生必须在同样的时间内，运用同样的学习条件达到同样的学习水平和质量，就会造成有的学生“吃不饱”，而有的学生却“吃不了”的状况。因此，教师布置作业要采用灵活多样的方法，因班而异，因人而异。例如，将作业分为独立完成和合作完成的部分或类型；根据学生成绩布置由基础必做题、巩固必做题、选做提高题等不同梯次组成的作业等。

（三）对课堂教学而言，要力求做到

1. 认真贯彻落实精讲多练、精讲精练的原则

前文多次提到，不再赘述。

2. 将预习和作业纳入课堂

前文提到，不再赘述。

（四）对管理而言，要力求做到

1. 明确要求，规范行为

作业管理是对作业过程各环节进行组织、监督、评估、总结、调整，使作业在教育教学过程中的功能最大化、学生课余时间最优化的行为。

上级管理部门及学校，首先要千方百计地使作业的“量”降下来，然后再研究“质”的问题。要制订诸如《作业质量标准》《作业设计与批阅制度》《作业的检查反馈制度》等规章制度；要从作业的设计、数量、质量、难易难度、层次梯度、批改要求等各环节加以规范；要做到目标明确，要求具体，定期检查，评估反馈；要通过对作业管理的深化、细化，促进教师教学观念和行为的转变，提高作业的针对性、有效性，以加快教学改革的步伐。

2. 贯彻落实，接受监督

方针制订了，制度健全了，如何落到实处？这要从日常工作的一件件小事抓起。例如管理部门要加大教育、宣传、处理力度，坚决杜绝一切加重学生课业负担的行为；学校要以班级为单位对学生每天的作业布置情况进行记录，并指导学生和家长及时反馈每天完成各门学科作业的用时情况，班主任及时做好统计、整理，然后上报年级组和教导处，以便函检查监督；学校实行公示制，以年级为单位将作业通过校内公示栏或“网晒”等形式向校内外进行公示，接受社会监督；学校定期对各年级、各班级的作业进展、教学进度、学生作业状况、教师批改情况、纠错集建立情况等进行检查通报；上级管理部门及学校经常随机开展关于作业管理的问卷调查，走访学生、家长，了解作业质量和数量，及时梳理调查结果并反馈给相关部门和一线教师……工作中，要注意作业管理工作中各种材料的收集与整理，以总结经验与教训，逐步实现作业管理的常规化、规范化和制度化。

为什么说强化观念、淡化设计是教学的兴盛之路?

现在教育界有一种怪现象:教师关注理论少,关注实用多;关注教学思想少,关注教学设计多。名师有自己的教学思想,有系统深厚的理论功底的少;到处讲课,传授这个法、那个模式的多。教学刊物刊登切实可行的系统的思想理论的少;刊登零打碎敲的教学设计的多。由此而造成的后果是懂操作、有思想的一线教师少;有理论、无实践价值的空头理论家多。

为什么会出现这一系列怪现象?以考试成绩论英雄的现实是主要原因。此外,也与社会的崇尚金钱和地位,漠视知识、理想和志气等讲究“现实”以及理论脱离实际的现状有关。

一、为什么要强化教学观念

教学观念是人们通过学习或观察、参与教学实践活动而形成的对教学实际的一种理性认识,也叫教学思想或教学理念。它是人们对教与学活动内在规律认识的集中体现,是人们从事教学活动的信念。教学观念有理论层面、操作层面和学科层面之分,表达明确的教学观念对教学活动有着极其重要的指导意义。

(一)强化教学的效益

教学观念的核心就是教学的效益,即什么样的教学可以使学生获得具体的进步或发展,最能体现素质教育的要求,什么样的教学可以省时而高效。

(二)强调以学定教

教的方法要根据学的方法来确定,学的方法要根据做的方法来确定。教、学、做要统一协调为一件事而非三件事。在课堂教学中,师生都以“做”为中心,在“做”中完成教与学的任务,实现“教、学、做”合一。

（三）强调教学本质

教学要具有内容的现实性、形式的多样性、过程的探索性、目标的多元性等基本特征；教学要为学生提供和创造成功机会服务；强调全面发展、“自主、合作、探究”的学习方式、民主教学、创新教学、过程教学，等等。

（四）强化教学发展观

树立双基、智能、素质的目的观；教与学两方面的教学本质观；教学不能仅仅只注重学生认知智慧的发展，还应关注人的情感智慧的发展，促进学生身心的健康发展，完善人的精神世界的教学价值观；多种角色、自我反思的教师观；潜能、发展、主体、差异的学生观，等等。

二、为什么要淡化教学设计

教学设计是根据教学对象和教学目标，确定合适的教学起点与终点，有序、优化地安排教学诸要素，形成教学方案的过程。它是一门运用系统方法科学解决教学问题的学问，以教学效果最优化为目的，以解决教学问题为宗旨。

（一）不要冲淡主旨

淡化设计，是相对于强化观念而言。淡化设计，不是不要教学设计，而是不要冲淡主旨，不要冲淡系统观念的主导作用。这是因为观念决定设计，教学设计是把教学原理和观念转化为教学材料和教学活动的计划，是实现教学目标的计划性、决策性活动。教学设计要遵循教学过程的基本规律和先进的教学理念。没有系统思想而只懂眼前教学设计的教学“人才”，掌握的是支离破碎的教学基本功，他们会了这个而不会那个，这个知识知道了怎么教，而那个知识怎么教则不得而知。他们教学时不能举一反三，更不能触类旁通。为此，就出现了模式化的问题，盲人摸象的问题，恶性循环也由此形成。

（二）教什么永远比怎么教重要

教什么永远比怎么教重要。虽然“教什么”和“怎么教”都是教学观念的反映，但无论是“教教材”，还是“用教材教”，核心都是如何选择教学内容。所以，教学改革首先要研究“教什么”的问题，其次才是“怎么教”的问题，在此基础上再思考“为什么教”“教到什么程度”。

（三）提高教学质量

教学设计的目的是为了提高教学效率和教学质量，使学生在单位时间内能够学到更多的知识，更大幅度地提高各方面的能力，从而获得良好的发展。而这正是教学观念的核心内容。

无数事实证明：繁琐花哨的教学设计是教学低效的主要原因。以语文教学为例，教与学一篇文章需要一天或几天的时间，教得天花乱坠，学得昏昏欲睡，实属少、慢、差、费，把语文教学的各种教学目标凝结为一如既往地“练好字，练好口才，读好书，写好文章”这四件事来抓好就可以了，要日日抓，堂堂抓，删繁就简，不枝不蔓。“直奔主题式”的教学设计才是发展的硬道理。

（四）精心长远设计

提倡精心于长远整体的设计，简约于眼前局部的设计；提倡教学设计要有大眼光、大视野，不能只顾眼前；提倡教学设计要遵循系统性、程序性、可行性、反馈性的设计原则。

思想决定行为，行为决定命运。要改变我们目前的教学命运，就要先改变我们目前的教学行为；而要改变行为，要先从改变思想观念做起。

（五）不苛求模式

没有教学上的思想观念，只学模式上的设计，是僵化的机械性活动。教学中不可能存在万能的教学模式，不同的教学目标和情境需要有不同的教学模式。教学改革的真谛就在于对旧教学模式的改造和对新教学模式的探索。模式不是万能的，但思想确是万能的。带着思想去上课，比带着模式去上课更有底气和张力。带着包含有先进的教学思想、现代的教学理念、渊博的科学知识、有效的教学方法等要件的“思想”去上课，可以从容不迫，游刃有余，提高课堂教学效益。

现代集体备课如何开展?

一、传统集体备课之现状

目前的集体备课制度在绝大多数学校是形同虚设的,即使有的学校坚持执行了集体备课制度,也收效甚微。为什么会出现这种情况?原因是多方面的。

(一)认识不足

1. 认识不到集体备课的好处

集体备课好处多多,概括一下有如下几个方面:

(1)提高教学水平

集体备课中要解决的是课堂教学中最现实和最直接的问题。因为每位教师的认知水平存在差异,教学经验有所不同,对教材和大纲的理解各异,所以通过互相切磋、研讨,可以加深对教材的理解,拓展教学思路。

集体备课后达成的"共识",为教师,尤其是新上岗的教师提供了难得的"教学蓝本",可以引领新教师早日入门,尽快熟悉教育教学工作,可以使新教师在教学中少走弯路,缩短成长周期。

(2)提高科研水平

教师专业化能力的体现,不只在知识结构上,更重要的是通过积极有效的教学行为方式来体现。集体备课本身就是一种行为研究,这种研究要找到问题,分析问题,并解决问题。教师在教学水平提高的同时,科研水平也在同步提高。

(3)提高合作意识

集体备课中,每一位教师的事前准备和积极参与是备课质量的保证,教师能够充分表达自己的见解,老教师提供丰富的经验,年轻教师展现活跃的思维,取长补短。个人的力量和智慧是有限的,通过集体备课,可以将一人的优势变成群体的优势,将一人的智慧变成集体的智慧，集体备课的意义在于智慧的碰撞、资源的共享以及和谐环境的创设。

(4) 提高反思能力

集体备课中，大家提出的学术观点可能不尽相同，每位教师都需要进行评判，要选择既符合教育规律，又适合自身特点的策略实施教学。这种选择就是一个思辨和批判的过程，教师正是在不断反思自身教育教学思维的碰撞中学会取舍，汲取力量，形成自己教学风格的。

2. 缺乏集体主义精神

由于应试教育的现实状况和教学评价机制等的问题，许多老师认为集体备课是花拳绣腿——不中用，只要把自己的教学成绩搞上去，就可一俊遮百丑。生怕与别人共享自己有效的方式方法，那样教学成绩就不如别人，考试成绩就会不突出，就会影响评优、评先和奖金，故而不愿意参加集体备课，或者集体备课时思想保守，不积极建言献策。

3. 缺乏自我钻研精神

一些教师认为自己教学经验丰富，不需要再学习、研究了，但传统的教育理念、教学方法已形成思维定势，让他们跟不上时代的步伐，缺乏创新精神，也就不能培养具有创新思想和创新能力的学生。

（二）管理不善

1. 制度不健全

学校管理者没有认真思考、研究关于“集体备课”的一系列问题。如“什么是集体备课”“为什么要进行集体备课”“如何进行集体备课”等，只是规定所有的老师都必须参加集体备课活动，即使有的学校对集体备课做了制度上的规定，什么“三备(备课标、备教材、备学生)”“四定(定时间、定人员、定地点、定内容)”“五明确(明确基本知识点、明确基本能力训练点、明确思想教育结合点、明确知识迁移结合点、明确重难点)”等，但是由于没有具体的方法指导和要求的约束，使得这些规定也只是表面文章而已。

2. 管理流于形式

很多学校在检查集体备课活动的开展情况时，仅限于查看备课活动记录，并没有亲临备课组活动现场查看情况，也没有走进课堂检查集体备课的实际教学效果。导致教师只满足于完成基本的备教任务而不去做更加深入的集体探讨活动，长此以往，集体备课只能流于形式。

学校管理层更多强调的是“集体”而不是“个人”。在规定的时间内，要求同一备课组的老师集中在一起进行备课，而忽视了在集体备课前的个人备课，结果大家坐在一起聊一些无关紧要的东西，或者是由于每一位教师无“备”而来，不知道在集体备课时应该做些什么。这种有“集体”而无“个人”的集体备课，既不利于教师展示自主探究、自我完善的能力，也常常会因教师个体能力和学情差异而在实践中受到制约，不利于集体备课成果的推广普及。

3. 缺乏评价激励机制

目前大多数学校的集体备课都缺乏一个完善的评价激励机制，忽略了集体备课评价的重要性。教师们在辛苦的准备与完成后，没有得到专职部门或者是上级领导的肯定与建议，长此以往，打击了老师参与集体备课的积极性。有些学校根本就没有集体备课评价标准；有的虽然有，但也过于片面，只重视学生考试成绩，而不关注过程，这也在一定程度上降低了教师参与集体备课的积极性。

（三）内容空洞，形式单调

1. 有“备”无“研”

集体备课是集体研课，即利用集体的力量研究课程，研究学生，研究课堂，研究教学方法等。但是，不少学校的集体备课变成了集体布置和分工协作，在集体备课时，将教材的各单元分配给同组的各位任课教师，而各任课教师更是充分利用现代信息技术的优势，在网络上下载，装订成册后即谓之“集体备课材料”。这种做法，虽然大大减轻了教师的备课压力，却严重违背了集体备课的初衷，集体备课成了一种最简单的抄袭，没有了任课教师间的参与讨论，更谈不上教师心灵的碰撞和共同智慧的结晶。

从网上下载的优秀教案不一定适合本校本班学生的学情，也不一定适应教师个人的教学风格。部分教师根本不去学习、揣摩和研究别人的教案，对名师教案设计的思想理念不能做到透彻地理解、正确地领悟，对教学环节安排的思路不清晰，走上课堂只是“依葫芦画瓢”，结果常常是“画虎不成反类犬”，造成课堂教学的效益大打折扣。这种有名无实的集体备课，其效果比单人备课更差，助长了一些人的依赖思想，一定程度上“培养”了一批随波逐流的备课“懒汉”，这种倾向对教师专业化成长极为不利，尤其是对年轻教师而言。

2. 异中非要求同

集体备课中，不少学校组织教师探讨同一课程的多种教学设计，最后评出一种“最佳”教学设计付诸实施，其他方法则被否定，这最终达成的是同一备课模式、同一教学方法、同一探究过程的千人一面的“模式化课堂”。将集体备课后的“成果”原封不动地搬进自己的教室，照本宣科。教有法，而无定法，长期开展这样的集体备课，就会让教研走入追求同一模式的死胡同，使教师形成教学上的“新八股”，把集体备课理解成“一言堂”或“权威主义”。

判断集体备课教学研讨活动成功与否的关键，不在于不同教师间的“异”与“同”的多与少，也不在于教师教学是否有标新立异的设计，而在于教师在集体研讨活动中，是否能根据教学的实际，通过吸收集体研讨活动中先进的教学理念、科学的教学方法、有效的教学策略，提高课堂教学的有效性，并在这一研讨的过程中提升自己的专业水平。

3. 同中非要求异

集体备课中，因为不同教师对同一教材内容的不同处理、不同的教学策略，所以就产生了不同的教学效果。同学科的教师“八仙过海，各显神通”，以往那种“岁岁年年人不同，年年岁岁教相似”的教育现象变少了，取而代之的是“同课异构”，更多教师开始重新思考自己的教学设计，充分发挥自己的聪明才智来设计属于自己的课堂。

基于这种理念，很多教师为凸显自己的构思与众不同、独具匠心，教学文本被无度挖掘，教材被无限拓展。集体备课是要求教师根据学生的实际开展教学，提高教学的有效性，不是一味凸显不同。在集体备课中并不排斥教师使用相同的材料，也不排斥教师使用相同的方法。无论怎样的“异构”，肯定是有“同”的。因为，教学内容是一样的，且教学目标大体相似，教学对象年龄相仿、认知水平相近，这在一定程度上决定了教师的教学设计在很多方面会“同”，而且还要“殊途同归”，最终促进学生的发展。

4. 一个话题，一言堂

这种现象使集体备课活动成了主持人或主讲人唱“独角戏”的场所。其他教师由于没有准备，“出工不出力”，很少发表自己的主见，提出自己的看法。集体备课由一人把持和“垄断”，“包办”了其他成员的思想，个人意志代替了集体意见，抹杀了其他教师的首创精神和智慧，集体备课名存实亡。

少数人备，多数人用，加重了一些人的负担，又养成了另一些人的惰性，不利于教师的专业发展。

二、现代网络备课之短长

（一）扬网络备课之长

1. 方便共享和交流

集体备课平台提供了个人备课、集体备课、网络硬盘、教案积累、教案评选、检查、推荐等教案管理功能，同时提供丰富的教学案例、备课模版、教学素材等，极大地方便学校开展网络环境下的集体备课，将个人智慧转化为集体优势，既可保证教学进度的统一，也可保障教学质量的整体提高。

利用集体备课平台，教师可以在线备课，所有教案默认为共享状态，轻松构建具有学校特色的教案库。每个人都可以对教案库中的教案进行推荐、收藏、评论，方便教师之间的资源共享和交流。

2. 更具时效性

集体备课平台保留了备课过程中的修改痕迹，可以区别每位教师在集体备课中的状态，解决了集体备课流于形式的问题。可以记录教师备课的思维过程、集体备课的参与情况，解决了备课过程中的抄袭、应付的问题。

3. 开阔教师眼界，拓展教学思路

教师查阅网上教案，选择适合自己的教学方案的过程其实就是一个深入分析教材的过程。教师原本在头脑中已经对教材有了自己的理解，在阅读到不同的教学方案时，他人的教学设计与自己的预设方案在头脑中相互碰撞，在对碰中就容易产生自己的新见解。

4. 营造研究氛围，提高业务能力

网络备课的过程就是与更多教师交流互动的过程。以往备课是教师个人的工作，教师对着一本或多本教参，没有合作，也无法合作。如今借鉴网络资源就不同了，它将校内、校外的教师相互连接起来，间接、直接地实现了对话与合作。通过相互交流与切磋，参与网络备课的教师既可以学习到他人的长处，又可以找到自己的不足，扬长避短，实现共同提高。同时，网络备课的开展，一方面促使青年教师尽快成熟起来，另一方面也促进老教师不断进取与提高。

5. 制订教学方案，服务教育教学

通过网络备课最终形成的教学方案是集体智慧的结晶，它与个人备课相比，对教材的把握更加准确，对学情的分析更加细致。因此，网络备课预设的教学方案会更切合学生的实际要求，更有利于提高课堂教学效果。

6. 减轻教师负担，增加工作热情

网络备课减轻了教师写教案的负担，让教师有更多的精力学习理论，收累资料，总结经验，提升业务水平，提高课堂教学效果，增强了教师的工作责任心和研发教学资源的自觉性。

7. 网络反思开放，易于课后改进

课后反思是教师专业成长的有效途径。网络备课反思为教师开辟了新的反思天地，这样的反思具有更强的开放性，对自己、对别人的专业成长提高都很有好处，同时也为下一年度的备课者提供了宝贵的经验，真正实现备课、反思资源共享。

（二）避网络备课之短

1. 缺少有力的组织

教育主管部门和学校在网络集体备课的实施过程中未能充分发挥组织作用，只在硬件上为广大教师提供了支持。没有传统教研组织的参与，网络集体备课的研究成效就缺乏深度，所发挥的作用也相对有限。

网络集体备课的成功与否，很大程度上取决于组织者的准备工作和备课过程中的信息反馈。网络集体备课的主持者必须制订明确的研讨主题，设计合理的活动程序，做好必要的物质准备；在活动过程中善于发现典型的、有价值的问题，捕捉重要信息，从而引导研讨，使讨论围绕主题展开；主持者还要及时归纳，落实预定的教研目标，以免集体备课活动看着热闹而效果欠佳。

只有在有效的组织下，网络集体备课才能真正为参与者提供便捷、实用的教育资源和提高业务能力的机会，才能真正发挥网络集体备课的优势。

2. 个人行为多于组织行为

教师自发组织的网络集体备课比学校组织的次数要多，有些只是利用网络工具来完成备课中的某一环节的工作或满足某种需求，从严格意义上来说，这并不能称之为网络集体备课。网络集体备课吸引了很多一线教师的关注和参与，他们在推进网络集体备课过程中,充当了先行者的角色,对促进网络集体备课的有效开展发挥了重要作用。然而,由于这种行为完全是自发进行的,随意性很强,因而难以形成系统化、规范化的研究成果,其有效性也有待加强。

3. 参与度有待提高

尽管现在参与网络集体备课的教师越来越多,但对于广大教师来说,还只是很小的一部分。扩大网络集体备课的参与范围,首先要培养教师的网络备课意识,要引导他们参与,由愿意做到喜欢做,直至变成一种自觉行为,让教师在参与过程中体验网络集体备课的乐趣。

其次,要加强网络集体备课的引领力度,加强队伍建设,吸引骨干教师、优秀教师参加,培养一批积极参与网络集体备课的骨干力量,由此带动身边的教师,形成良好的学科网络集体备课环境。只有参与的教师多了,有了数量的积累,网络集体备课的质量才会得以保证,有效性才会提高。

4. 缺乏研究的计划性

要进行网络集体备课,组织者一定要提前发布集体备课主题的公告。让准备参与的教师知道要讨论的主题,打有准备之仗。要引导参与者对研讨内容进行前期思考,这样才能有针对性地和大家交流,使所研讨的内容和结论得到提升。

合理安排和组织网络集体备课,提高集体备课的实效性是一门学问。组织者要提前计划好,在什么时间选择什么样的研讨主题,讨论的话题贴近教师,贴近教学的具体问题,做到“问题从教学中来,到教学中去”。组织者要有计划、有步骤、有重点地引导网络集体备课,使网络集体备课的话题更具有针对性。

5. 专业引领深度不够

网络集体备课是在网络环境下进行的教学研究活动,是围绕实际问题展开和进行的。它不仅需要从实践中进行经验的总结,更需要在理论的指导下开展实践研究;不仅需要具有丰富实践经验的一线教师,也需要专业的研究人员。专业引领是网络集体备课得以深入发展的重要支撑。只有提高组织者的专业引领水平,网络集体备课才不至于步入误区,才能向纵深方向发展。

6. 重形式轻内容

新的网络教研平台层出不穷,寻求技术更加强大、设计更加完美的网络平台当然有利于网络集体备课的开展。但若只重形式,轻视内容,集体备课的重心变成了技术管理,而忽略集体研讨这一中心环节,则网络集体备课很容易成为一句空话。

三、现代网络集体备课之运作

(一)组织管理

1. 制订管理制度

制订网络环境下的集体备课管理制度是一项重要的保障措施,制度化以后,不仅可以使要求覆盖到每个人、每个学科,而且可以保障研究的完整性,同时鼓励创新式的各种研究。要把网络环境下的集体备课活动作为学校的重要教学工作之一,纳入到学校的教学工作计划,教学部门要根据学校教学工作计划制订集体备课方案,有针对性地开展网络环境下的集体备课活动。

通过制度的约束,可以解决信息传递中的障碍,保障活动顺利有序地进行。

2. 制订考核评价标准

学校要通过集体备课平台引导老师自由组建网络备课组,组员可以灵活参与各种活动;备课组内根据工作流程设置不同的权限,实现对集体备课细致化流程的各个细节进行精准控制,以较少的时间了解各备课组活动情况。

把参加网络环境下的集体备课列入对教师进行的教学考核、评估等事项中,激励教师主动参与网络环境下的集体备课活动,促进教师专业发展,提高教学质量。

(二)备课程序

网络集体备课的基本程序是:组内协作讨论创建集体备课计划→建立集体备课课题→主持人上传初备教学方案、多媒体教学资源→参与者集体讨论→主备人对教学方案进行修改完善、形成共案→生成个案→上传课后反思。

1. 创建集体备课计划,建立集体备课课题

集体备课计划、课题的创建应根据学校校本教研活动安排,紧扣教学进度,每次集体备课内容要涉及下周即将教学的重要章节和重要知识点。集体备课计划可按照教学单元、重点课题或典型课型创建,并合理规划起止时间。集体备课课题隶属于计划,应在集体备课计划中建立,集体备课课题可按照教学课时、教学重难点建立,其起止时间应在集体备课计划时间范围内。教师在进行网络集体备课前,要认真准备,避免教材钻研不透、研究不深、重难点把握不准的情况出现。

集体备课主备人（主持人）在集体备课过程中负有组织协调、统一认识的责任，主备人应由组内成员轮流担任，以便于教师整体素质的提高与业务能力的增强。

2. 主备人上传初备教学方案、多媒体教学资源

主备人应在吃透教材、把握教学重难点的基础上，形成个人初备教案和多媒体教学课件，并将其上传至集体备课课题主页面中。初备教案以“撰写共案”的形式发布，多媒体教学课件以“资源”的形式发布。

3. 集体研讨

在主备人上传个人初备教学方案和多媒体教学资源后，小组全部成员应在教学方案课题的讨论模块中发表自己的观点，指明主备人教案或课件中的优缺点或需改进完善的方面，其他教师也可发表不同意见或看法，最终达成共识，形成修改意见。

4. 主备人对教学方案进行修改完善

主备人根据最终修改意见，对教案和课件进行修改完善，生成共案，并重新上传。

5. 生成个案

小组成员在共案的基础上，根据自身教学特点、学生学情特点等因素，生成个案和课件，并将其上传至集体备课课题中。个案既要在教学目标设计、重难点、教学方法的应用、学法指导策略、教学资源的选择、作业的分层设计等方面充分体现集体备课成果，又要在教法、学法上体现出创新性、个性化的色彩。

6. 上传教学反思

小组成员在课堂教学后，根据课堂效果、学生接受情况等撰写教学反思，并将其上传至集体备课课题中。

四、倡导网络与传统相结合的集体备课方式

（一）提高网络集体备课的应用意识

1. 转变思想

在实施教育现代化工程的背景下，网络硬件设施对于许多学校已不成问题，比硬件设施更重要、更困难的是观念的转变。因此，转变观念，提高网络环境下的集体备课的应用意识是当务之急，树立合作观念、共建观念对于网络环境下的集体备课的开展至关重要。

2. 大力推进网络环境下的集体备课

首先要愿意去做，敢于尝试，只有去做了，才能不断改进，深入发展。网络环境下的集体备课开展的好坏，关键是应用意识的强弱、状态的好坏。要让大家了解网上集体备课，自觉参与网络环境下的集体备课活动，积极投入到新形式的网络环境下的集体备课之中，使其为学校、学科、个人的发展发挥作用。

（二）建立网络与传统相结合的常规模式

1. 一般情况下在网上备课

平常能在网上解决的事情尽量在网上解决，如共享、学习、探讨和交流等，这样既能减轻教师文山会海的负担，又能及时解决教与学的问题和困惑，可谓一举两得。

2. 特殊情况下在会议上备课

对于那些不适于在网上用文字表达的情感褒贬类或分歧较大的问题，如总结和表扬、批评和建议、学术争鸣中的尖锐问题等，就需要召开集体备课会议进行沟通交流，以达成共识。俗话说"人怕见面，树怕扒皮"，说的是"人见面活，树扒皮死"。也就是说，多难为情的事，见了面都会化干戈为玉帛的。情感褒贬类或分歧较大的事情需要面对面的沟通、交流，需要促膝谈心。

（三）处理好网络与传统集体备课的关系

1. 明确各自地位，携手并肩

网络环境下的集体备课可以丰富集体备课的形式，使集体备课的形式多种多样。它是传统集体备课形式的一种创新，是对传统集体备课的整合与补充。对于传统集体备课来讲，参与者的亲身经历和感受是全面的、及时的和深刻的，网络环境下的集体备课则不仅可以突破时空的限制，而且还可以在不相识的前提下，实现跨区域的同伴互助。

2. 优势互补、相得益彰

开展网络环境下的集体备课是为了更好地发挥网络的优势，提升集体备课的质量和效益。网络平台上的教研内容可以看作是传统教研实践内容的映射。网络环境下的集体备课和传统集体备课的目的是一致的，它们之间是优势互补的。网络环境下的集体备课应以传统集体备课为依托，积极探索新的思路、策略和方法，不应是传统集体备课的信息化，它应该根植于传统集体备课的土壤中。将两种方式进行有机结合，根据教学活动的实际需要，在不同阶段采用不同的方式，相互配合，相互弥补，才能提升集体备课的有效性。

办学策略

如何制订和实施学校发展规划?

从2013年到现在,教育部相继出台的《义务教育学校校长专业标准》《普通高中校长专业标准》《中等职业学校校长专业标准》《幼儿园园长专业标准》等文件,对校长的要求都有"规划学校(幼儿园)发展"这一内容,阐释的标准大致是:掌握学校发展规划制订、实施与测评的理论、方法与技术;诊断学校发展现状,及时发现和研究分析学校发展面临的主要问题;组织社区、家长、教师、学生多方参与制订学校发展规划,确立学校中长期发展目标;落实学校发展规划,制订学年、学期工作计划,指导教职工制订具体行动方案,并提供人、财、物等条件支持;监测学校发展规划的实施,根据实施情况修正学校发展规划,调整工作计划,完善行动方案。

作为校长,如何达到国家提出的这一专业标准?如下内容可供参考。

一、学校发展规划

(一)学校发展

学校发展主要指学校在原有基础上有所提升。从发展主体看,学校发展包括学生发展、教师发展、学校领导发展等;从发展具体内容看,学校发展包括学校硬件与软件发展,硬件发展主要是教学设施的更新与提高、校园建筑的建设等,软件发展主要有学生与教职员工素质的提高、学校形象的提升、学校品牌的树立与扩张、校园文化的建设等;从发展方式看,学校发展包括规模与内涵发展;从发展性质看,学校发展有渐进式与跨越式发展,等等。

(二)学校发展规划的历史背景

学校发展规划,又可称为学校蓝图、学校远景计划、学校战略规划、学校设计等。20世纪80年代中期,这一概念兴起于英国,是一种通过制订和实施《学校发展规划》的过程以实现学校教育发展和提高的,政府间接管理学校的方式。

英国哈格里夫(D. H. Hargreaves)和霍普金斯(Hopkins)是较早明确而系统提出“学校发展规划”(school development planning，简称 SDP)这一概念的学者。目前，国外学校发展规划研究主要集中于英国、印度、澳大利亚、美国和加拿大等。

SDP 项目对学校发展规划的解释是:通过学校共同体成员的努力,系统分析学校的原有基础及学校所处的环境,发现学校的优先发展项目,确定学校的发展方向和教育目标,促使学校挖掘自身的潜在资源,按照自己的价值观,提高学校的管理效能,最终提高学校的教育质量。

20 世纪 80 年代,我国首次引进“学校发展计划”的概念。1999 年,上海市与美国合作进行“高效能学校:用测量改进管理”的后续研究。同年,市教委与英国文化委员会合作,引进“学校发展计划”项目,在一些中小学开展实验研究。上海的学校发展规划的经验在全国得到推广。

2001 年,在联合国儿童基金会支持下,教育部正式引进学校发展规划项目,并在甘肃等 13 个西部省区开展中小学校长培训试点,相关的理论研究与实践工作也随之启动。

学校发展规划现已成为国际教育界的研究热点,成为中小学学校管理领域普遍采用的一种管理工具。学校发展规划的推广和应用,将对提高我国中小学的办学水平和学校管理效能产生积极的影响。

（三）学校发展规划的类型

1. 长期和中短期规划

从学校发展规划的时间来划分,有长期规划和中短期规划两种。一般情况下,5 年以上的规划为长期规划,4 年及以下的为中短期规划。

2. 综合和专项规划

从学校发展规划的内容来划分,有综合规划和专项规划两种。综合规划,也常被称为总体规划,是学校发展的全方位的规划。专项规划,是与综合规划相对应的各级、各类学校发展的专门性规划,例如体育发展规划、教师发展规划等。

3. 落实性和原创性规划

从学校发展规划的动因来划分,有落实性规划和原创性规划两种。落实性规划,是为贯彻落实上级规划精神,下一级要在上一级规划的基础上制订出具有本地特色的地方性规划。原创性规划,是与落实性规划相对应的,没有上级明确指令而根据地方发展需要制订的规划，例如关于选修课程的发展规划、关于校本课程的发展规划、关于音体美特色学校的发展规划等。

4. 战略型和操作型规划

以学校发展规划性质为标准来划分，有战略型规划和操作型规划。战略型规划包括对学校基本情况的回顾和战略分析，确定学校愿景、使命和目标，为达到目标选择战略。战略型规划是做正确的事情，目标、变化、发展是它的组成因素。

操作型规划是从战略型规划中“生长”出来的，是战略型规划的后续与执行部分，是上文所说的“落实性规划”，可以根据现实环境的变化和发展，具体地选择适宜当时环境的多样的操作方式。操作型规划包括从战略分析中得来的具体的因素、使命陈述、重要的目标列举、被选出来的为达到每个目标的战略、对成员的责任分配、资源分配等。操作型规划是把事情做对，操作、实施、结果是它的组成因素。

（四）学校发展规划的功能

1. 指向性

规划是全面而长远的发展计划，在一定时期内，规划是学校各种活动、行为所要达到的境界和标准，是学校各项行动的航标。科学而符合实际的规划，具有极大的号召力，能使全校师生员工，朝着规划所指向的目标而奋斗，能够鼓舞士气，增强凝聚力，提高学校工作的效率和效益。

2. 可控性

规划制订并为群众所理解和认同后，校长就可以根据规划中所制订的目标，调动各种积极因素，努力实现预定目标。同时，在实现目标的过程中，还要尽力排除各种干扰，纠正偏离目标的各种行为，抑制不符合目标的其他需要。所以，它对有效调控师生员工的行动方式具有积极作用。

3. 激励性

当师生员工行动遇到障碍时，规划中的目标可以给人克服困难的力量；当行动较为顺利时，规划中的目标又可以给人鼓舞，增添人们行动的热情和信心；当全校师生员工看到鲜明、具体的目标，并感受着目标的一步一步实现，就会形成强烈的动向感。

4. 可衡量性

正确而切合实际的规划目标，既是各项管理工作的出发点，又是终结点，因而它是检验和衡量各项工作成效的尺度。校长通常根据既定的目标要求检查工作的达成度，使精心设计的学校发展蓝图变成客观现实。工作好坏、质量高低的评价，不是来自主观和感觉，而是以是否完成规划中目标的客观实际为依据。规划的可衡量性，还体现在学校里的各个部门能根据规划要求衡量各自工作的成效。

5. 发展性

校本发展是一种重视学校自身力量和学校自身发展的教育观念。它主张在政府宏观指导和积极参与下，学校自主办学和自主发展。在校本发展的理念下，学校规划的制订要充分发挥学校的主动性和能动性，要求学校从自己的优势和弱势中寻求变革，在大量的比较参照中重新定位，制订科学可行、符合实际的行动纲领，并实事求是地去操作实践。

（五）学校发展规划与学校发展方案

学校发展规划不是学校发展方案。规划产生于解决问题的需要，但要想使规划解决问题，并不取决于方案本身具有可操作性，而在于规划过程中形成清晰的理念、战略和对策以及在此基础上实现学校工作的持续改进。发展规划的使命在于“预先处理”未来发展的不确定性，通过理性思维探索各种发展的可能性并做出正确的选择，由此促进学校发展。在环境急剧变化与组织持续改进而难以寻求确切答案的时代，学校规划发展的过程的意义远远超出发展规划方案本身的意义。

从制订学校发展规划的最终目的来看，看重的是“规划学校发展”的过程以及通过这个过程对学校发展产生的促进作用。学校发展规划不是发展方案文本，而是“过程”，即关于学校发展的选择与思考过程、努力达成预期设想的管理过程、不断探索与反思学校潜能开发策略的学习过程、持续改进教育质量的行动过程、进行校本研修和学校团队建设的过程、规避学校发展风险和建设学校品牌的过程。

二、学校发展规划的制订

（一）制订学校发展规划的目的

1. 总体目的

根本目的是推动学校发展，直接动机是应对学校发展中的内外环境变化，直接目标是得到各方对本校办学的支持，调动各方参与办学的积极性。

通过制订学校发展规划，分析学校发展环境的变化、利益相关者的需要，发现和解决学校发展中的问题，在克服问题中不断提升、进步；整合各种办学资源和办学力量，使学校、社区共同承担改进学校教育状况的责任，争取社会各界的支持，扩展资源和办学力量；提高、凝聚广大教职工的工作积极性和主人翁精神；明确学校发展目标与方向，形成学校发展的行动方案。

2. 具体目的

(1) 基于诊断

基于诊断的学校发展规划是专业的学校发展诊断与整体的战略规划行为。通常由专家或经验丰富的管理者，对学校的状况作出整体诊断，提出学校发展的建议。一般学校变革由于无法自我超越，就需要邀请第三方进入学校，进行专业的诊断和前瞻性的指导，选择具体的变革策略。

(2) 基于目标

基于目标的学校发展规划是一种确定目标、规划活动、检测修正、最终达成目标的过程，其源头是计划思想和目标管理理论。学校根据政府要求、自身发展需要确定目标，通过规划落实目标，更需要分解任务，并加以具体化落实，尤其是应用于新建学校的发展规划，万事皆新，教师需要依此理解明确的发展方向，也需要在构建较为完善的评价体系中理解价值导向、努力方向。

(3) 基于改进

基于改进的学校发展规划是一种学校的自我改进行为，学校自己主动寻找问题与不足，规划并落实相应的改进行动，最终使学校优点越来越多，缺点越来越少，不断提升和进步。一般发生在学校发展到一定阶段，需要强化特色，提升办学质量，尤其是从质量名校走向文化名校的过程中。从特色项目到学校特色化过程当中，学校主动思考问题与不足，加以改进，夯实基础，调动资源，进一步完善学校育人机制，强化学校优质、内涵发展方向。

（二）制订学校发展规划的原则

1. 客观性

(1) 客观分析办学历史，在继承中发展

编制学校发展规划必须符合唯物主义的历史观，对学校的办学历史按其不同的阶段进行客观透彻的分析。了解历史、以史为鉴、继承传统、弘扬精神是学校发展的基础。只有持客观的态度，实事求是地分析学校不同时期办学的成功与失误，才能获得对学校发展有用的东西。

(2) 客观判断优势与困难,准确定位

既要看到学校发展的客观优势,又要充分估计学校发展的困难。要对照优势找差距,迎着困难思对策,要对学校发展的优势和困难进行综合分析,明确哪些是绝对优势,哪些是相对优势,哪些是可培育优势,哪些是暂时优势;哪些是长期困难,哪些是暂时困难,哪些是可能再生的困难。只有对学校发展中的优势和困难做到客观分析,才能给学校以准确的定位,找到自己现在的坐标,才能借势发力,克服困难。

2. 科学性

(1) 从国家方针政策中寻求发展策略

编制学校发展规划必须遵照国家的方针政策,要研究政策,吃透政策,学会从政策中寻求策略。抓住政策所带来的机遇,借政策东风,培育学校的发展优势,用政策之力,克服学校发展中的困难。

(2) 以科学发展观确立发展目标

学校发展目标的确立,必须遵循教育自身发展规律,将教育规律与学校实际紧密结合起来。不同的学校其地理位置、教学设施、管理水平、师资质量、生源状况等存在的差别很大,因此,在确立学校发展目标时,必须从学校发展的实际出发。脱离校情的目标是空想,违背规律的做法也必然会受到规律的惩罚。

3. 可持续性

(1) 分解长远目标,渐变中产生质变

长远目标与学校的现状相比差别越大,其实现目标需要的时间就越长,其历程就越艰辛,变革就越大。因此,对学校发展的长远目标,应该分解成阶段性的一个个子目标,而且子目标之间的“高差”要适当。前一阶段的目标要为后一阶段的发展奠基,步步为营,稳扎稳打,确保学校在相对稳定中寻求一个个突破,在渐变中产生一次次飞跃。

(2) 优化资源配置,发展有空间和后劲

编制学校发展规划要认真分析现实社会对教育的需求,以及未来教育发展的趋势。要将眼前发展与长远发展有机结合,统筹规划。在充分利用现有发展优势的基础上,注意资源的优化配量,为明天的发展奠定基础,并留有足够的发展空间和后劲。

4. 协调性

(1) 明确轻重缓急,抓主要矛盾

学校发展是复杂的系统工程,要理清头绪,弄清各项工作之间的有机联系和制约关系。要首先解决制约学校发展的主干问题、核心问题,为其他工作的顺利开展和学校整体目标的实现奠定基础,扫除障碍。如教师队伍建设可以说是学校发展中的核心问题,在学校发展规划中必须将其列入工作重点,花大力气去抓,解决好这个问题,对学校的其他工作必然会产生积极的推动作用。

(2) 协调要素,和谐发展

学校的发展涉及教学设施、师资队伍、学校文化、办学理念、人际环境、教育教学研究等诸多要素,这些要素构成了一个有机的不可分割的整体。只有这些要素和谐统一才能促进学校的发展,才能使学校工作迈上一个新台阶。

5. 特色性

学校发展必须凸显自身的办学特色,否则,难以跻身于名校行列。特色是品牌、标志,是统领学校发展的灵魂。要根据学校自身实际,在传统优势中求创新、求突破,形成自己的独特之处。特色可以表现在教育教学科研、师资建设、校本课程、艺术教育、学生社团等多方面,关键是要比别人高出一筹,做到“人无我有,人有我优”。

6. 民主性

编制学校发展规划必须全员参与,凝聚全校师生的智慧和力量,否则,发展目标很难内化为师生行动的动力。编制学校发展规划,不仅是给学校未来发展把脉,也是给全校师生的未来命运定位。教职工作为学校的主人,他们比学校领导更加关注学校的未来,因为他们深知自己的命运和学校的兴衰紧密联系在一起。因此,在编制学校规划时,不能几个校领导闭门造车,要发扬民主,广开言路,调动教职工的积极性,共同为学校发展献计献策。不要怕教职工有偏见,不要担心教职工认识层次低,只要引导得法,不难从中获得真知灼见。另外,对学校已形成的发展规划,要广泛征询社会各界人士的意见,必要时可以组织论证,根据学校发展中出现的新情况、新问题,对规划作必要的修正,使其在实践中更加完善、更加科学,能够真正成为学校发展的纲领性文件。

（三）发展规划制订的内容

1. 不同国家侧重点不同

英国学校发展规划的具体内容和制订过程一般是：检查学校的一系列功能；决定优先发展项目；创建和认可一种规划；起草行动计划、目标、任务和成功标准；实施规划；检查实施过程；检查实施的成功度。

澳大利亚的学校发展规划重点内容有：强调与学校有利害关系的人的共同参与、参与规划过程的具体细节，例如谁参与和通过何种方式参与；学校简要介绍，包括对学校的描述和对学校环境的分析；学校使命的陈述，陈述指导原则和目标；价值观和信念，价值观和信念会影响学校简要介绍和对自身使命的阐述；规划目标和策略，学校今后目标的概要；内部检查和评价，简单地描述内部检查的过程，以及对今后规划内容的评价。

丹麦的学校发展规划在内容上强调：严密的教育领导、管理、人事福利和发展、组织、处理冲突、学校发展、管理透明度、管理责任心、授权。

2. 各国相同的内容

(1) 学校现状分析

一般包括学校历史和办学传统、学校发展中的特色和优势、学校发展中存在的问题、学校目前面临的挑战、社区及教职工对学校的期望等方面的分析，现状分析是制订学校发展规划的现实依据。

(2) 办学理念和指导思想

在不同学校的办学规划中，这一部分的表述存在差异，但以办学理念、办学思想、办学指导思想三种表述居多。主要内涵为三个面向、四有目标、素质教育、创新教育等，是制订学校发展规划的理论和政策依据。

(3) 发展目标定位

学校发展目标主要由学校的办学目标和培养目标两方面构成。办学目标是指学校准备在将来多久的时间内发展成为一所什么样的学校，其中重要内容是学校的办学特色。培养目标则是学校希望将本校学生培养成为什么样的人，其中很多内容是由国家教育方针和法律规定的。

根据教育改革的要求和学校特色创建的需要，选择学校优先发展项目，明确完成优先发展项目所需的时间和条件。确定每项优先发展项目的标准应重点考虑如何转变学生的学习方式,提高学生的学习质量。学校优先发展项目不宜过多,要选择对学校发展能产生关键影响的项目,一般以三至五种为宜。

(4) 行动计划

制订每一个优先发展项目的行动计划,责任落实到各个部门,部门根据优先发展项目制订的行动计划是实现学校发展规划目标的关键。

(5) 监控和评价

监控和评价学校发展规划,包括各项计划的实施状况和目标达成状况。

3. 我国制订发展规划的内容

在我国,一个完整的学校发展规划通常包括三部分和四方面的内容:三部分是学校的总体发展规划、课程和队伍建设规划、校园发展规划;四方面的内容是学校现状分析、发展目标、发展任务和保障系统。

学校发展规划的三个构成部分密切关联。总体发展规划决定着课程和队伍建设规划、校园发展规划;课程和队伍建设规划要服从总体发展规划,同时又影响着总体发展规划;校园规划一般要围绕和配合总体规划、课程和队伍建设规划去进行,但又在很大程度上影响和制约总体发展规划、课程和队伍建设规划的制订和实施。

学校现状分析是对自身所具有的基础进行全方位梳理,明确在同行中所处的位置,现有的优势、劣势。发展目标是陈述学校在某一时段的发展方向和程度,指学校要办成什么性质、类型以及什么水平的学校。发展任务是规划的主体部分,即学校选择重点发展的若干项目领域。保障系统就是指为服务于发展目标和发展任务需要提供的人、财、物等必要资源及其相关制度、措施。

(四)学校发展规划的制订步骤

1. 组织机构

(1) 成立起草工作组并明确分工

组长由校长担任,副组长由业务副校长担任,组员由学校各职能部门负责人、擅长教育写作的专家组成。明确分工,确定会议召集人,工作协调人,信息反馈联络员,每部分起草主笔人,统稿人,一审、二审、三审人员,最终定稿人等。

(2) 成立检查监督委员会

由政府督学、校长、副校长、教工代表、家长代表、学生代表、社区代表等组成。由起草专家代表或政府督学牵头,负责检查、监督规划执行情况。每年最少检查一次,并写出详细的督察报告报送校长或上级教育行政部门。同时要不断对总目标、子目标及实施策略进行调整、丰富和完善，以便更好、更有创造性地完成各项指标。

2. 现状分析

(1) 学校发展的外部分析

一是教育发展的形势、政策和理论分析。在做学校发展规划之前，需要了解、分析并明确国家和学校所在地区的教育发展形势、教育主管部门的政策倾向和教育理论发展的基本趋势。在制订学校发展规划时，保证学校的发展与国家和地区的教育政策倾向、发展形势保持一致。

二是学校发展的环境分析，指影响学校发展的社会环境，具体内容有政治环境分析、经济环境分析、学校外部的社会文化环境分析、学校未来环境预测和新的人才需求趋势等。

(2) 学校发展的内部分析

一是学校发展的历史分析。分析学校发展的历史是指总结和提炼学校发展的传统、特色和资源，确定学校发展的方向。

二是学校发展的现状分析。分析学校发展的有利因素和不利因素，分析学校发展的软件、硬件情况，对学校整体工作中的各分项工作进行分析。

三是学校面临的挑战与机遇分析。学校发展的战略与学校发展的目标是一致的，是学校发展规划中需要解决的核心问题。学校需要在历史和现状分析的基础上，对未来的发展做出预测，面对挑战，还要努力迎接挑战，寻找促进学校发展的机遇。

3. 目标确定

(1) 目标维度

包括方向(办学特色)、程度和时间。三个维度中，最重要的是方向，而方向往往又和学校特色的定位相联系。

(2) 目标制订要求

与国家和地方教育发展目标保持一致；符合学校实际情况，有递进性；目标要适中，不要好高骛远，既有挑战性，又有实现的可能性；能够分解到学校各方面的工作中去，形成学校发展的目标体系；有达成的标识(或成功的标志)；有测评点和测评标准；有达成度的测评办法，等等。

目标表述必须清楚、明确，不能模棱两可，让人产生歧义，而且必须与学校现实工作相对应；目标描述的是最终结果，而不是过程或活动形式；有明确的时间要求；有确切的完成形式和明确的责任人；应尽量用数据来说明，等等。

目标系统的众多目标可按层级结构进行分解，从而使各级目标之间产生从属关系、递进关系，展现目标的不同层次。一般地说，高层级的目标往往从宏观角度出发，体现其战略性和概括性的特点；而低层级的目标往往从微观或中观角度出发，反映出战术性和具体性的特点。就目标层次而言，有隶属层次（总体、部门、个体等目标）、时间层次（远期、中期、近期等目标）、要求层次（高级的、中级的和低级的目标）。各种不同目标紧密相连，组成了有层次的目标系统，使目标具有某种秩序、策略并能发挥其整合一致的作用。

(3) 特色目标选择

学校特色是指管理者和教育者根据现代教育思想和本校独到的办学理念，从学校实际出发，在教育实践中努力挖掘、继承、发扬并积极创造某一方面或某些方面的优势，所形成的有鲜明个性、独树一帜、成效显著的运行机制、办学风格和教育教学模式。学校特色是一所学校的标志和灵魂，是一所学校历史发展过程中最珍贵的、最值得珍惜和总结的东西。

制订学校发展规划过程时，办学特色不是一种简单的文字表达，也不是直接增加一些琴棋书画等特长的课程，要思考特色背后所蕴含的教育本质的理念是否适合学校发展的实际情况，是否是学校长此以往应该坚持的东西。制订学校发展规划的主要目的是为了提炼和提升学校办学特色，这项工作需要静下心来，仔细梳理学校的办学条件、办学历史和宗旨，并结合现代社会和现代教育的改革与发展需要，深入发掘，才能进一步明确。

4. 起草

即按成立起草工作组的分工，开始写作《学校发展规划》。

5. 征求意见，修改

起草完毕后，交审稿人从形式到内容进行一审，一审矫正后交予起草工作组征求意见，由起草人进行二次修改。

6. 再征求意见，再修改

起草人二次修改后，交审稿人从形式到内容进行二审，二审矫正后交予起草工作组讨论通过后公布，公开征求意见。意见收集后进行整理归类，由起草工作组讨论采纳补充修改内容，由起草人进行三次修改。

7. 定稿

起草人三次修改后，交审稿人从形式到内容进行三审，三审矫正后交予起草工作组讨论通过后定稿，上报教育行政部门审核备案后公布执行。

8. 起草说明

《学校发展规划》写作完成之后，为便于汇报起草工作，解释有关问题，使阅读者迅速掌握要点，进行沟通交流和征求意见，要拟定起草说明。起草说明的内容一般包括：制订规划的依据及原则、总体目标设定、细化分解的目标、有关概念解释、需要补充和说明的问题等。

（五）学校发展规划制订中容易出现的问题

1. 问题分析简单、片面，回避隐性问题

(1) 学校发展问题分析简单化

发现了学校的问题，但只看到表面现象，没有深究问题实质，缺乏整体性思路和深入分析。或者只关注当前存在的问题，忽略学校未来发展中面临的困境或潜在问题。在进行学校问题诊断时，对学校发展中存在的问题缺乏策略支撑，只是根据主观思考或者会议讨论就草草地得出结论。

(2) 事实问题分析片面化

在分析学校现况时，只看到学校的优势和强项，对于制约学校进一步发展的因素和障碍认识不到位。或者只分析本校的劣势和弱项，过分强调生源问题、师资问题等各种客观原因，而不是去深入挖掘学校现有的有利条件和潜能。这些片面的做法都不利于制订具有针对性和可行性的发展规划。一些学校在进行学校发展问题的诊断时，只是简单地罗列事实和问题，却没有正确的判断和深层次的分析，这样很难找出相对应的对策，也不能很好地反映学校发展过程中存在的主要问题。

(3) 回避学校存在的隐性问题

一些学校在制订学校发展规划时，也对制约学校发展的因素进行了罗列和分析，但是对于学校管理层和行政部门的工作作风问题和管理方式缺乏理性的认识。学校诊断不仅仅是对学校存在问题的诊断，还包括对领导班子、潜在资源的诊断，要实事求是地根据学校现状做出客观的评价，为制订学校发展规划提供全面的信息支撑。

2. 价值定位错误

有许多学校仅仅把规划当作应付上级政府要求而制订的“文本”，被定位为评比所需要的重要文件，或是教育督导中被检查的对象，或仅仅关注评审能否通过，不太注重实施。这就导致学校在规划制订过程中，根本不考虑规划内在的独特价值，甚至在未弄清学校发展规划的含义和意义之前，凭着自己的经验理解和想象去制订学校发展规划，这样的规划实质是一纸空文。

规划制订者重点关注的是做事情本身的“结果”，而没有考虑到规划制订后将对学校的发展和人的发展起到多大的作用。

3. 内容繁多琐碎

一是不经思考照抄时髦用语、自造新词、随意简称等。教育理念很多，需要鉴别各种观念与自己学校发展需要之间的关系，不要将学校发展规划变为各种流行口号的大杂烩。

二是规划内容太注重细枝末节，重点不突出。学校在制订发展规划时，一方面要注重学校整体办学质量的提高，保证学校各个方面达到国家规定的标准；另一方面也不能面面俱到，眉毛胡子一把抓，要依据政府的办学质量指标体系和学校现有的发展水平确定需要重点发展的方面，集中突破，带动办学质量的全面提高。

4. 措施不具体，缺乏可操作性

规划制订措施不具体，无法操作。学校在制订发展规划时常常忽略了规划的性质，将操作型部分罗列于战略型规划中，使操作型部分无法深入展开，具体措施和分段实施步骤难以很好地落实，甚至形同虚设。

5. 缺少相关者参与

研制学校发展规划需要校长或领导班子带领师生员工、家长、专家等共同讨论，共同协商，尽可能在培养什么人、培养到什么程度、遵循什么样的方式来培养等问题上达成共识。发展规划对于学校来讲是一份“宣言”或是“承诺”，是学校根据国家的规定和自身实际情况，从孩子们的需要出发，对最终教育结果及相应过程的一种预设，这样一种结果的获得以及相应过程的实施，需要相关者的参与和支持。

6. 缺乏一致性

学校发展规划的文本必须围绕一个焦点性的问题，并致力于这个问题的解决。一些文本看起来内容很丰富，条理性也比较清晰，但是各个部分之间缺少必要的联系，只不过堆积了在未来拟解决的互不相关的几个问题而已。当规划缺少一致性的时候，一个必然的结果是学校会“四面出击”，抓不住重点，不能对问题做轻重缓急的处理。

7. 忽视变革规律

学校变革是一个复杂的过程，具有长期性、艰难性的特点。教师具有抵制变革的天性，从抵制变革到拥护，从无意识到有意识，从漠视到参与，从个别参与到集体参与，这期间任何一点变化都绝非易事，绝不可能一蹴而就。忽视这种变革的规律，就极有可能遭遇失败。在一些学校发展规划的文本中，常常有一些“雄心壮志”式的表白，如拟在3年的时间内就使学校成为省内“一流”学校，打造成“品牌”学校等。反观其文本不难发现，他们既没有找到“真问题”，也没有针对问题而进行一致性的专业规划，如此“表白”，也只能是痴人说梦般的“独白”而已。

二、学校发展规划的实施

（一）建立健全保障系统

1. 组织保障

如学校的组织体制和运行机制方面的保障等。

2. 队伍保障

如师资队伍、科研队伍和管理队伍的保障等。

3. 条件保障

如学校硬件建设、经费的保障等。

4. 制度保障

如管理制度、评价制度等方面的保障等。

（二）制订各部门行动计划

1. 部门规划应具有的特点

具体、可测量、可完成，真实、联系学校实际，确定时限、可以评价、可以检查。

2. 部门行动计划要详细

要达到的目标，如学校整体目标、各个部门目标等；任务，如具体说明为达到目标各个部门必须采取的行动等；负责实施这项行动的人员；实施行动、监控和检查所需的时间;成本问题,如教职员工所需时间、经费和物质资源、培训成本等。

3. 目标和行动应有清晰的成功标准

标准可以是学期的标准和年度的标准,也可以是整个三至五年规划时期的标准。标准尽可能是量化的,应当具有挑战性并且可以实现。

(三)建立监控和评价机制

学校规划从本质上讲是一种管理提升的过程,实施监控和评价有助于学校在这一过程中进一步完善和修订计划。每个学期或学年结束时,都应由检查监督委员会指定人员检查和评价规划实施的效果。

监控评价的一般程序:首先各部门负责人应向检查监督委员会提供计划实施的自检评价报告,评价主要说明目标是否达到,经验和教训是什么,对以后工作有何启示等内容。然后再由检查监督委员会指定人员全面检查或抽检,并写出详细的督察报告报送校长及政府督学,以促进规划准时实施和完成,促进学校实现既定目标。这样的评价会对下个学年规划的实施具有督促、矫正作用。

未来教育，需要关注家长的哪些问题？

家庭是孩子接受教育的第一所学校，父母是孩子的第一任老师。孩子的脾气秉性、思想品德、行为习惯等在很大程度上取决于家庭教育、父母言谈举止的影响。所以，关注家长素质的提高、教子方法的改进等是实现未来教育战略目标的非常重要的因素，尤其是应关注基础教育阶段的学生家长。

一、关注家长如何教育孩子

社会发展的实践告诉我们，要转变“重视学校教育，轻视或忽视家庭教育”为“给学校教育、家庭教育以平等重视的地位”的教育国策是大势所趋。

已往的教育，重视学校教育，轻视或忽视家庭和社会教育的现象是普遍存在的。目前，家庭、社会教育还不能与以学校为主体的教育协调统一为一体，并形成合力，在方法、观念、过程等方面，还存在着严重脱节、步调不一等现象；家庭教育的方式方法还很简单甚至是粗暴，专制型、溺爱型、放任型的家长还占有相当大的比重。这些问题的存在，对孩子基本素质的形成造成了不良的影响。何以如此？父母的学识水平低，修养差，习惯不良；父母忙于打理生意，工作压力大，无暇顾及孩子；家庭经济情况不佳，成员之间关系不和谐；父母重视物质供求，忽视精神上的关爱；社会评价局限于应试升学的质与量，等等，或许是原因所在。

如何解决这些问题？对家长实施义务教育，更新他们的家教观念，使他们讲究教育的方式方法，学会进行民主式家教；发挥学校教育的主体作用，建立一个“家校一体”的“大教育”模式……或许是改变现状，使教育在未来走向繁荣昌盛的重要途径。

2010年2月8日，全国妇联、教育部、民政部等七部委联合颁布了我国第一部《全国家庭教育指导大纲》（以下简称《大纲》），从适用范围、指导原则、家庭教育指导内容及要求、保障措施等四方面对家庭教育提出了比较具体的指导性意见和建议，在此基础上，还有细化各项条款的具体内容，形成了从身心特点到培养目标，再到教育原则、方法和例子的有梯次、讲系列的教材。

有了好的教材，还要解决如何组织家长学习，如何督导、评估的问题。《大纲》的“保障措施”部分从“加强组织领导，明确职责分工，注重资源整合，抓好队伍建设，扩大社会宣传”等五个方面提出了要求。笔者认为，开设家长学校，像学校教育孩子一样使家长接受义务教育是比较好的方式。到学校来听讲座，领取学习任务；到学校来交作业，交流学习心得；到学校来参加考试，领取毕业证书……部分地方试行的“在校学生家长资格认证制度”的做法就值得借鉴，其做法是让家长通过固定开设的家庭教育课程的学习、每学年的考试，领取资格证书。对于考试不合格的家长，学校组织进行再学习和补考，直到合格为止。对于已经取得认证证书的家长，仍然要定期上课学习，每学年还要进行一次年审，旨在让家长随着孩子的成长随时更新适合孩子年龄段的家庭教育方法。

二、关注家长如何影响孩子

身教胜于言教，家长的言谈举止对孩子的影响是潜移默化、循序渐进且具有启蒙性的。一个初中男孩有个坏毛病，与同学玩耍时经常说脏话和动手打人。经调查了解，其家长是生意人，平时父母在家就不注意小节，夫妻两人都喜欢打麻将，经常晚上有麻友聚在一起玩到深夜，平时两口子经常吵架对骂，甚至是大打出手。家庭教育寓于日常生活中，家长的言谈举止时时刻刻被孩子模仿，这种模仿对孩子品格的形成是在漫长的时间里毫无觉察地完成的。夫妻之间的矛盾冲突，以及不懂得尊老爱幼，不懂得创造和谐家庭等不良行为习惯，会使孩子对社会和人际关系产生误解，即便是一个原本很善良的孩子也会逐渐被这种不断出现的恶劣景象蚕食掉心中美好的情感：有的孩子会变得胆怯、懦弱，有的会变得粗暴、野蛮，有的甚至会变得冷漠、自私。相反，如果一个孩子生活在充满仁慈、爱心和责任感的家庭，他日后就可能成为健康、正直、乐观向上、有所作为的人。

戈登·德莱顿和珍妮特·沃斯在《学习与革命》一书中曾有这样一段话：“如果一个孩子生活在批评中，他就学会了谴责。如果一个孩子生活在敌意中，他就学会了争斗。如果一个孩子生活在恐惧中，他就学会了忧虑。如果一个孩子生活在怜悯中，他就学会了自责。如果一个孩子生活在讽刺中，他就学会了害羞。如果一个孩子生活在嫉妒中，他就学会了嫉妒。”

哈佛大学心理学教授对64位世界闻名的科学家进行过调查，发现其中的62位是生长在婚姻美满的和睦家庭之中。哈佛大学家庭研究学家对问题孩子的家庭进行调查时发现，几乎所有的少年犯都出自夫妻关系不正常的家庭。同样，中国70%的少年犯出自夫妻关系不正常的家庭和离异家庭。

贵阳市一名14岁的中学生在网上建了一个名为“教育家长”的博客，想以此来教育那些有不良行为的家长，并号召更多的人加入进来。消息传出，众人声援。

这名中学生在《家长教育宣言》中写道：“家长的行为直接关系到孩子的将来，一些家长在生活中有赌博、酗酒、不孝敬老人、损公利私等不良行为，会给我们下一代的生活留下灰色的印迹。”为此，他建议各位家长为孩子做表率。在网上，他还转载了《好爸妈要做孩子5种好榜样》等文章，希望家长认真学习。

学习型家庭是学习型社会的基础。学习型家庭的建立不但需要父母教育孩子多读书，更需要父母做好表率，用自身良好的读书习惯来影响孩子读书。家长喜欢读书，并常在孩子面前说书，把在书中看到的一些有趣的东西或对孩子有益的情节讲给孩子听，孩子就会对书感兴趣。然后再多给孩子买些喜欢看的书，并能够和他一起阅读，长此以往，家庭的读书氛围就形成了，孩子的读书习惯也就自然而然地养成了。

另外，家长的情绪、父母的言谈举止对孩子的心理暗示作用也要引起重视。例如有一高中女孩，在上小学的时候，表妹到家里来玩，母亲对她说，你看，你就不如表妹长得漂亮，学习也不如表妹好。后来表妹又来过几次，母亲又重复说过这样的话，使她对表妹产生排斥和敌视的心理。表妹再来时，她就故意避而不见。这也许是家长的无心之举，但在孩子的心中却形成了恶性的心理暗示，使其正常学习和生活受到了不必要的干扰。为此，父母要学会用心理暗示的方式，对孩子产生正面的影响。很多成功人士谈到童年，都提到父母对他们的影响，好的影响能使人具备好的素质、好的性格，并获得终生奋斗的力量。

关注家长如何影响孩子，就是要重视通过多途径的“家长教育”，使父母懂得自己的一言一行都要注意形象，注意家长对孩子的影响；就是要重视通过多种途径的“家长教育”，来促使家长多学习教育学和心理学知识，通过学习了解青少年心理发育特点和教育规律，不断提高自身素质和道德修养，建立平等、和谐、民主的家庭关系，努力与孩子一起成长。

三、关注家长对学校办学的期望

家长作为学生的监护人，自然关心学生在学校的思想表现；家长作为学校教育消费者，自然也关心学校的发展。家长和学校有着共同的理想和愿望，因此，学校教育要关注家长对学校的办学期望也就成了理所当然的事。但目前的实际状况却是大部分学校还没有充分重视这一点，还没有很好地与家长形成合力。

家长对学校办学有哪些期望？概括地说，有如下几个方面：

（一）希望学校升学率高，自己的孩子能够考上理想的高中或大学

这种愿望，只要有中高考选拔人才的制度存在，就不会改变，并且是家长给孩子选择学校读书的第一标准。“哪所学校的升学率高，且能在某个区域内年年保持领先地位，哪所学校就是人们心目中的名校，家长就让孩子想千方设百计往里挤。”这种现实是不能避而不谈的。

（二）希望学校能为孩子的身心安全提供保障，让孩子能在学校安全、快乐、健康地成长

近几年，校园恶性事故频发，使家长，尤其是基础教育的低年级学生的家长有“谈虎色变”的感觉，于是他们就上学、放学接送，甚至送孩子去武术学校练武防身……

校园安全重于泰山。在我国，青少年儿童的意外伤害大多数发生在学校和上学途中。不当活动事故、挤压践踏事故、交通事故、体育活动事故、劳动或社会实践事故、校园暴力事故、消防事故、学生身体特殊事故、自然灾害事故、卫生事故、设施事故……不仅造成了大量青少年儿童的永久性残疾和早亡，消耗巨大的医疗资源，而且削弱了国民生产力；不仅给孩子及家庭带来痛苦和不幸，而且给社会、政府及学校造成巨大的负担和损失。学校及地方各级教育行政部门要继续加强与公安、卫生、文化等有关部门的联系，密切配合，齐抓共管，及时沟通情况，解决重点问题，在当地政府的统一领导下，共同做好中小学安全管理工作，把中小学及周边环境综合治理、打击违法犯罪活动等各项任务和措施落到实处。学校要会同卫生部门切实做好学校传染病防控与食品卫生安全工作，有效控制校园突发公共卫生事件的发生。

（三）希望幼儿园的学费能够降一降，并且能够有充足的学位供孩子们上学，国家最好能尽快把它纳入义务教育的行列

目前，幼儿园学位紧张、收费太高且没有统一标准的问题非常突出。国家现有的政策法规造成了学前教育市场化趋势日益明显，社会公益性则日渐衰退。公办幼儿园的数量过少，政府对民办幼儿园的扶持力度又远远不够等因素，使我国的幼儿教育已远远落后于社会发展的需要，人们迫切希望国家能从根本上解决学位紧张、学费高昂等问题，为此，把学前教育纳入义务教育的范畴的呼声已越来越高。

（四）希望寄宿制学校能为孩子的成长提供父母所不能及的教育

在社会飞速发展的今天，快节奏的生活状态，使许多家长把科学教育孩子、望子成龙的责任转嫁给了近年来办得如火如荼的寄宿制学校身上。尤其是撤并后教育资源已进行优化整合的农村寄宿制学校，更是受到家长的青睐。

从理论上讲，寄宿制学校的出现，对中小学生综合素质的提高是十分有利的。因为寄宿制学校可以按学生身体发育规律科学安排生活起居，对学生的健康成长大有好处；封闭式学习环境可以隔离社会商业的负面影响，有利于学生养成良好的品德习惯；准军事化统一生活的学习模式，有利于学生养成高度的组织纪律观念；减弱对家庭的过分依赖，有利于培养学生独立生活的自理自立能力；学习训练时间的高度集中与相对充裕，有利于学生基础知识的夯实和自学能力的提高；众多性格各异的同学长时间交往，有利于学生养成宽容忍耐和关爱感恩之情；严格的校园安全保卫，能够排除外界的不良干扰，有利于学生学习情绪的高度稳定；减轻家庭监护人的教管强度和精神负荷，有利于家长的自我发展与家庭和谐……但实际状况能否如愿？这还要看学校能否进行严格而科学的管理。

寄宿制学校的安全环境、后勤服务、饮食卫生、孩子独立参与集体生活的适应性、教育教学质量、家校联系制度等的科学管理；寄宿条件差、铺位与家长需求不同步、经费严重不足、宿舍管理教师编制紧缺等问题的解决，是家长关注的焦点。

家长对学校办学的期望，已不仅仅局限于上述内容，随着社会的发展，教育的不断进步，这种期望已越来越高，越来越多：希望孩子能成为德才兼备、全面发展的人；希望孩子能成为有一技之长，在社会能有立足之地的人；希望国家能提供十二年、十五年，乃至大学的义务教育……

四、关注家长参与教育教学的潜在资源的挖掘

首先要建设好中小学家长委员会。这并非是新鲜事物，但实际起作用的有多少？寥寥无几。为什么？因为家长委员会缺乏制约学校的权力。

《国家中长期教育改革和发展规划纲要》要求："建立中小学家长委员会。引导社区和有关专业人士参与学校管理和监督。"温家宝总理在全国教育工作会议上所作的《强国必强教 强国先强教》的讲话中指出："中小学还要建立家长委员会。"中央精神和现实的状况说明，关注家长参与教育教学的潜在资源的挖掘，赋予家长委员会一定权力，是未来教育发展非常重要的一个环节。

制定切实可行的家长委员会制度，明确其权利和义务，对发挥家长参与教育教学管理具有重要意义。全国各地已探索出许多成功经验，可供借鉴。在此不再一一赘述。

家长和教师的教育目标都是实现孩子的健康成长，实现目标需各司其职、良性互动。教师是学校教育的主体，家长也有参与权，除个人对学校教育有知情权、参与权、监督权外，还可以通过家长委员会这个机构将大家组织起来，行使集体参与教育权，促进学校民主管理，支持教育教学。

有了家长的积极参与和支持，就有了社会各界的参与和支持，学校的工作也就会生机勃勃，甚至会产生意想不到的效果。例如校园安全是人们关注的热点话题，在目前警力不足的情况下，有的学校的家长委员会就倡议成立学生家长护校队，每天学生上学、放学时，家长轮流到学校门口值班、守护。家长、教师、警察联防，有效地遏制了校园安全事故的发生。

重视家长参与教育教学的潜在资源的挖掘，还可以在学校课程资源不足，无法满足学校课程改革和学生发展的需要的时候，从家长身上寻求教育资源。例如可以聘请家长中的专业环保人士，开设环保教育讲座；聘请家长中的银行界人士，开设人民币知识讲座；聘请家长参与开发独特的学校运动会的项目与器材……

未来教育，需要更多地关注家长，社会各界要想方设法提高家长参与教育的认识，达成只有家庭、学校、社会形成"三位一体"的合力，教育才能"兴旺发达"的共识；家庭、学校、社会要想方设法加强沟通、集思广益，动员社会各界力量来办好教育；学校要想方设法告诉家长学生在校的情况，向家长了解学生在家的情况，相互商议和共同教育学生……

如何办好九年一贯制学校?

九年一贯制是一种小学与初中连缀一体的办学模式,该模式的主要特点是学校年限与义务教育年限一致。1986年颁布的《中华人民共和国义务教育法》,第一次以法律的形式,规定了我国实行九年义务教育。为提高义务教育办学质量,各地积极开展“九年一贯”学制的探索。在教育资源薄弱的农村地区,为集中力量办学,稳固生源,合并建立起了一批九年一贯制学校。在北京、上海等经济发达地区,为规范学制,探索与九年义务教育年限相匹配的“九年一贯制”素质教育实验,也逐步启动了九年一贯制办学试点。1990年以后,随着城市化的迅速推进,大量人口涌向城市,优质教育资源供不应求,择校竞争异常激烈,中央开始逐步倡导建立九年一贯制学校。

近十几年来,九年一贯制学校如雨后春笋般发展起来。在农村,由于出生率连年下降,学龄人口锐减,学校办学规模逐年缩小,在撤点并校的浪潮中,合并形成了一批九年一贯制学校。而在城市,尤其是择校热的大城市,为平衡优质教育资源,减缓择校压力,促进教育公平,也新增了一批九年一贯制学校。

九年一贯制办学是在普及九年义务教育的过程中形成的,它既是提高办学效益的办学体制改革,更是实施素质教育的重要手段。九年一贯制办学模式成效显著,但也存在许多具体问题,有待进一步解决。

一、充分发挥九年一贯制的优势

(一)有利整合

1. 人力整合

初中和小学分离时,各机构及人员是两套人马,九年一贯制学校通过师资合理调配,使教师队伍结构得到优化,为教师成长提供了更大的发展空间。

中小学一体化管理,便于形成管理合力。各职能部门统一领导,分线负责,全程管理，相对独立，并有所侧重地负责某一方面或几方面工作，有利于学校管理的整体优化，有利于中小学的有机衔接。

通过整合人力资源，减少人员编制，降低人力资源投入，能够使“人尽其才”的目标更好实现，可以实现小学部与中学部的人力资源共享和优势互补。

2. 财力整合

九年一贯制学校可以将原来中小学有限的经费集中起来统一使用，有利于改善办学条件，提高教师福利待遇，有利于减小同一片区中小学办学条件差距，缓解或解决教师劳动付出与回报不平衡的矛盾。

3. 物力整合

让教育资源发挥最大的效能，无疑是每一个办学者的追求。九年一贯制学校无论是操场、网络教室，还是学校网站、图书馆、资料室等，都可以实现真正意义上的共享。显性看，可以实现操场、图书馆等硬件的共享，也可以实现资料、校本课程等的共享；隐性看，可以实行学校文化、教育理念、管理方略等方面的共享，这种资源共享具有更大的价值和更重要的意义。

4. 目标整合

小学和初中在九年一贯制学校教育教学中普遍存在着“两张皮”现象。小学注重知识、技能、素养诸方面的协调和个性发展；初中受中考指挥棒影响，普遍以应试教育为主，唯分数论，学生的发展相对小学来说不够全面，不够主动，不够协调。这样就使得小学生升入初中后往往很不适应，需要较长时间的调适，而初中生普遍留恋小学生的美好时光，对初中生活怨声载道。

实行九年一贯制，可以根据学生不同年龄段的生理、心理特点，设计系统而具体的阶段性培养目标、要求及内容，由浅入深地实施一以贯之的系列活动，为学生思想意识和行为习惯转变奠定基础。小学教育要使每一个学生都有良好的学习和生活习惯，有浓厚的学习兴趣，有较强的自信心；初中教育要适应中考并超越中考，注重学生素质的全面发展、协调发展，注重培养学生的创新意识和实践能力。

新课程改革是将九年义务教育作为一个整体进行考虑的，课程的设置、教材的编写都是从九年制义务教育整体出发，并形成体系。因此，九年一贯制更有利于新课程结构在义务教育阶段的整体实施，学校可以从九年的时间跨度上，构思课程，安排内容，分步实现每一阶段前后紧密衔接的教育目标，为发展学生个性特长进行层层铺垫。

（二）有利衔接

中小学衔接问题，归根到底是教师问题，是中小学教师在教育思想、教学特点、学生管理等方面的衔接。

1. 内容衔接

中小学教育教学内容的衔接，是指教师根据学生从小学升入初中以后，随着其学习进度和理解水平的逐渐提升，有目的、有步骤地增加教学内容，改进教学方法，激发学生主动学习的欲望，确保他们在进行下一步活动之前掌握所学的知识。例如，当某一阶段的学习结束时，教师应该小结学习要点，从整体上归纳所学的知识，为下一阶段的顺利学习和自然衔接提供必要的条件。而在新的学习阶段开始时，教师的主要任务应该是引导学生回顾和复习已经学过的主要内容，并据此提出新的学习任务和要求。

2. 方法衔接

小学和初中相比，在教学特点上，小学教师较注意教学方法、教学艺术，而中学教师较注意知识的结构或者说知识的系统性；在管理学生上，小学教师管理相对细而严，中学教师管得相对少而松；在教育实践上，小学重视知识、能力、方法的培养，更注重学生习惯的养成，初中重视习惯的巩固，但更注重知识的系统化学习、学习能力和方法的培养。

小学和初中相比，小学生心理偏于依赖，中学生偏于自主；小学生学习方法偏于模仿，中学生偏于独立。因此，小学生升入中学后，在学习方法、习惯等方面有明显的不适应，有些学生会产生厌学情绪，甚至有辍学的念头。

中小学教育教学的主要任务是培养学生良好的学习习惯，帮助学生掌握科学的学习方法，逐步形成自主学习的能力，要明确教育目标，掌握中小学教育方法的各自特点，并运用到教育教学中去。

3. 评价衔接

小学和初中相比，小学注重鼓励性评价，以保护学生学习的积极性，使学生主动乐意参与学习；中学注意学生身心发展，把握学生心理特点，坚持正面诱导，多找学生闪光点，让学生品尝到成功的喜悦。九年一贯制学校的评价衔接就是中学教师在了解每个学生“成长档案”的同时，要经常与小学教师沟通，重点看发展变化中的闪光点，并以此为基点，制定新的教育措施。

4. 习惯养成教育衔接

“教育就是培养习惯”的说法是有一定道理的。小学和初中是人生习惯的打基础的阶段，是学生习惯养成教育的关键期。九年一贯制学校在学生的良好习惯培养方面更具优势：一是可以从九年这样一个较长的时期整体设计学生的习惯养成教育；二是可以把学生的良好习惯经过九年反复强化，固定下来，成为让学生终身受益的良好习惯。

习惯养成教育就是一个抓反复、反复抓的过程。中小学分离的学校，由于不同的学段、不同的学校，对学生的习惯养成要求有所不同，抓的重点也不同，因而到了初中很难把小学阶段初步形成的习惯保持下来，导致前功尽弃。初中的学生来自不同的学校，学校要对学生的习惯养成教育重新设计，会出现重复和遗漏，从而降低教育效果。初中三年时间相对较短，学生进入青春期，许多习惯一旦得不到强化会很快丢失，会错过最佳教育时机。九年一贯制的学校会很好地克服以上弊端，发挥自身优势，使学生养成良好的学习习惯、卫生习惯、行为习惯等，进而受益终生。

（三）有利成长

1. 学生成长

孩子的成长是连贯性的，而九年一贯制学校恰好可以将割裂的小学教育和初中教育整合起来。

九年一贯制办学，有利于学校根据不同学段学生的特点进行整体设计、分段操作，使学生在小学毕业后平稳过渡到中学阶段。同时，学校也可以对一些特殊学生，如学习困难的同学，或者在某些方面有突出特长的同学进行全程跟踪观察和因材施教，这对学生的学习成长有很大帮助。未来义务教育将更加突出学生成长的连贯性和整体性。

2. 教师成长

九年一贯制学校实行教学科研一体化，有利于小学教师和初中教师相互学习，相互促进，共同提高。一般情况下，教师参加工作以后，很少有初中、小学这两个层面上的交流和流动。尽管教育是相通的，教法是相容的，但是很多初中教师没有听过小学老师的课，小学老师也没有机会去听中学老师的课。九年一贯以后，实现了任课上的跨越，初中教师可以到小学兼课，小学教师也可到初中任教，相互听课，互相学习，有利于开阔教师视野。

小学教师了解了初中教学的特点后，就会考虑自己的学生到初中后的学习，需要授予他们哪些知识和技能，从小给予培养；而中学教师了解了小学生在小学阶段所学的知识、方法和习惯以及小学教师教学的特点后，就会修正自己的教学方法，以适应学生。

小学教育是直观的，学生发言积极、无拘无束，课堂气氛活跃，知识的掌握和技能的形成，都是师生互动，这样就形成了生动、活泼的小学教学特色。中学的课程知识结构性强，应用性强，学生对知识点的掌握，有赖于教师的科学引导和学生的主动探究，而后者更关键，这样就形成了主动、开放、踏实、严谨的中学特色。当中小学教师互相听课、互相切磋教学艺术时，彼此就能取长补短，从而共同提高教育教学水平。

3. 学校成长

重新组合起来的九年一贯制学校，如果将两个薄弱的小学和初中学校联合起来，可以获得重生的机会；如果将一强一弱的初中和小学整合起来，可以一帮一，一对红；如果将两所都强的中小学校整合起来，可以更强。新建的九年一贯制学校，只有进行长远设计，夯实基础，才能后劲十足，茁壮成长；切忌急功近利。

（四）有利发展

1. 均衡发展

九年一贯制学校弥补了分散办学的不足，可以集中某个地区的办学优势，合理利用教育资源，有利于义务教育的均衡发展。

九年一贯制学校不仅遏制了小升初“择校热”，而且解决了初中部生源不足的问题，在一定程度上缓解了择校矛盾，减轻了小学升初中的过渡性压力和不适应心理，为家长减轻了后顾之忧。

2. 可持续发展

小学和中学，由于师资不同，传统文化不同，各自的特色也不同。小学的一些特色项目往往到中学就无法延续下去，少数有特长的小学生离开了小学，特长也往往得不到继续发展。

大多数学生在小学阶段，特长是很难形成的，但兴趣和能力倾向较为明显，这时如果对他们再作进一步的培养，兴趣和能力倾向将转化为特长。恰恰在这一关键时期，熟悉他们情况的教师和他们分别了。小学毕业，离开母校，来到一所他们感到既新鲜而又陌生的中学去学习，迎接他们的将是对他们一无所知的中学教师。中学教师了解和掌握孩子们的性格、爱好、能力倾向等，需花费一段较长的时间，而初中只有短短的三年，其中初三又将面临高中入学考试，如此短暂的时间，要做到可持续发展是很难的。

九年一贯制学校则可充分利用九年所具有的周期长、连贯性强的特点，去思考问题，研究对策。因此，实施九年一贯制教育，有利于学校特色的形成、巩固和发展，更有利于孩子们的个性和特长的可持续发展。

二、努力克服九年一贯制劣势

（一）“两层皮”现象

为学生提供九年连续一贯、持续稳定、衔接顺畅的育人环境是九年一贯制学校的核心优势。可是在现行义务教育管理和办学体制下，九年一贯制学校往往是形式大于内容。很多九年一贯制学校仍然实行“6＋3”学制，小学、初中貌合神离，真正实施九年一贯教育的学校并不多见，这与九年一贯制学校的办学初衷相去甚远。

九年一贯制学校各个学段不同的教育目标、教育内容、教学方法、学生特点等决定了想要有效贯通、顺畅衔接不同阶段的教育并非易事。虽然新课改已将“整体设计九年一贯的义务教育课程”作为改革的基本理念，重视学生成长的连贯性、发展的整体性，教育管理部门也鼓励九年一贯制学校设计开发校本课程，但是，大多数九年一贯制学校并没有专门的课本教材。

（二）管理难

由于九年一贯制学校跨度较大，有没有既懂小学，又懂中学的教师，尤其是管理人员，是使九年一贯制学校能否发挥优势的关键所在，这对教师及管理人员的能力是一个极大的考验。

1. 行政管理难

在现有的小学、初中分离的教育行政管理体制下，很难同时兼顾小学、初中各自的特殊性。目前，认可度较高并广泛推行的解决办法是分条块的立体式管理模式，即职能部门管理与学段管理结合，且以部门为主，条块互动。但即便确定了分条块的管理思路，若不仔细分析本校校情，盲目套用“经验”，也很难建立起科学的管理机制。

在中小学合并的学校，原先的两套行政班子联体后，职位分配的矛盾尤为突出。不少九年一贯制学校校长抱怨工作压力大，不堪重负，这很大程度上是因为职责划分不明，使校长无法从琐碎的行政管理上解放出来。

2. 教师管理难

九年一贯制学校鼓励教师跨学段交流，通学段任课。部分小学教师虽能胜任初中教学，但在初中教学取得的成绩及荣誉对资格的认定、职称的评定起不到任何作用。有些教师尽管能胜任两个学段的教育，但也只能按照其入编的学段领取工资。有些九年一贯制学校的发展以牺牲小学的发展为代价，把小学的优秀教师安排教初中，初中教学能力较差的教师降到小学任教。

实行九年一贯制，对教师的教育教学、专业发展和创新能力都提出了更高的要求，可是我国现有师范教育体系尚未有针对跨学段教学能力的培养，这种能力只能通过职后的培训培养起来。因此，九年一贯制学校须将大量精力物力投入到教师专业能力的培养上，促进中小学教师沟通交流，帮助教师形成完整的学科教育体系，掌握适应各年龄阶段学生发展规律的教学方法，更好地因材施教。

3. 学生管理难

九年一贯制学校，面对的是 6～15 岁的学生，年龄跨度大，无论是学生的生理还是心理，都存在很大差异。因此，学生管理的难度要比单一的小学或者初中大。

4. 课程管理难

九年一贯制学校的优势在于相对集中的时空内一体化的课程实施，可以培养出更高质量、更全面发展的学生。但是，不少九年一贯制学校在课程开发上普遍缺少对一至九年级的统筹规划，大部分学校严格执行国家课程，但在中小学衔接方面却极少进行有针对性的研究，也几乎没有启动一至九年级贯通一体的课程开发实践，更缺乏能有效实施一体化课程的师资力量。

（三）小学教育中学化

目前绝大部分九年一贯制学校仍旧使用六三学制的教材，即便有点变化，也只是在原有教材基础之上稍加改编。许多学校虽然进行了五四制的改革实验，但缺少真正意义上的五四制的教材，所以一般做法则是一二年级基本与其他小学同步，到了三年级以后则开始加快教学进度，五年级则基本完成小学课程学习，六年级开始进行初一课程的学习，这样到了初三就有了足够的复习训练时间。

这种改革的实质是应试教育的再强化，完全违背了国家实施九年一贯制学校的初衷，造成了小学教育“中学应试化”的问题，数学、语文学科教学赶进度、求质量，抹杀了小学教育的基本特点，有害于学生的身心发展。

（四）九年一贯，审美疲劳

“审美疲劳”用心理学的原理来解释，是说当刺激反复以同样的方式、强度和频率呈现的时候，反应就开始变弱。通俗地说，就是对于一种事物的反复欣赏所产生的一种厌倦心理。

作为一个人来说，心理上的好奇感是心理认知和感知的原动力，如果一件事务或者行为长期地呈现在眼前，那么就可以说这个事务或者行为已经在心理上失去了好奇感。九年一贯的环境，不变或很少变化的老师和同学怎能让人产生心理上的好奇感，进而产生心理认知和感知的动力？

人的一生有不同的成长阶段，也就应该有相应的不同的教育环境。学生在一所小学里学习生活六年时间，就已经够长了，如果再加上初中三年，学生将有整整九年时间在同一所学校里接受教育，人物和环境都过于单一，不利于培养孩子的适应性。

在同一个不变的环境中，好的学生一贯是好学生，不好的学生一贯是差生。可是，一旦换个环境，无论是好学生还是差学生，都要重新审视在新的环境中的地位，都要重新出发。原来的好学生就可能会更好，原来不好的学生也可能变好。环境影响一个人，甚至可以改变一个人！你是谁并不重要，重要的是你和谁在一起。

（五）缺少顶层设计和管理

目前的九年一贯制学校，大多属于自我管理、自我生长的状态，上级主管部门及学校自身缺乏对九年一贯制发展的长远规划，头疼医头、脚疼医脚的现象还比较严重。

上级教育行政部门和教研部门缺乏对区域内九年一贯制学校的有针对性的政策及教研指导。上级主管部门根本就没有设立专门的九年一贯制学校管理机构。一贯制的初中部，与其他初中学校一样管理看待；一贯制的小学部，和其他小学学校一样管理看待。这样，在平时工作中，就出现一种“分别对外”和“各自对上”的局面，而不是作为一个整体出现。

三、明晰九年一贯制学校的发展策略

（一）顶层设计，对口管理

1. 科学制订九年一贯制学校发展规划

首先，教育行政部门应将九年一贯制学校发展纳入区域教育整体规划，通盘考虑。加强科学决策，在理性调研、考察的基础上，确定九年一贯制学校的生长点。在推行九年一贯制学校的过程中，应该更加重视“质量”而非“数量”，切实提升九年一贯制学校办学质量。在办学模式的选择上，应灵活探索，因地制宜，扬长避短，切忌“一刀切”。九年一贯制办学改革是一项系统工程，必须配合学区制、区内教师交流轮岗等，促进教育均衡的举措。

其次，九年一贯制学校管理要有系统规划和整体构思。学校要加强顶层设计，制定总的目标、计划、实施步骤，然后分学段、年级分步实施。

学校需要对办学特色、办学理念、管理制度、教学风格、学习策略、校园文化建设等，重新进行结构性设计，从一年级到九年级作通盘考虑，充分发挥“一贯”优势，形成“一贯”制学校文化。学校在课程改革过程中可以以时间换空间，抛开眼前短期考试需求，大胆地开展更多着眼于学生未来发展的改革举措。

2. 对九年一贯制学校进行对口管理

九年一贯制学校的办学模式需要有与之相对应的政策、法规、管理办法等为支持，以保障“九年一贯、联体办学”顺利进行。

教育行政部门应针对九年一贯制学校的现实需求及其特殊发展，专门设立九年一贯制学校的管理和业务指导部门，进行有针对性的政策支持及教研指导，例如相关机制、政策、制度的有效推行和适度保证，学校在经费、人员、体制等方面的保障，以及学校对管理结构、管理方式和评价体系等方面改革的支持，搭建一些学校交流平台，建立各种类型的九年一贯制学校的样本实验基地，为九年一贯制学校发展指引方向等。

（二）加强师资队伍建设

1. 领导队伍

在校长队伍建设上，应选拔管理能力强、业务水平高、熟悉中小学教育教学的干部担任九年一贯制学校校长。

尝试推行九年一贯制学校校长任职资格认证制度。在全国范围内，现行的中小学校长任职培训和提高培训要么是针对小学校长，要么是针对中学校长，没有专门针对九年一贯制学校校长的。从现实看，九年一贯制学校校长的任职或提高培训往往参加的是中学的，且从中学过来担任九年一贯制学校校长的比例较大，很明显这就存在任职的现实偏差。

九年一贯制学校的实际情况，要求校长必须同时具备中、小学的教育教学管理专业能力，因此在政策层面，可以考虑推行九年一贯制学校校长任职资格认证及培训。现实的过渡操作是开展完善型、补充式培训，定期组织九年一贯制学校校长专题培训班，促进校长间的互动交流，提高校长的课程领导力和学校治理能力，培养校长"九年一贯、全程视野"的系统观念，逐步增强其对长期教育目标的理解、认同和规划设计的能力。

九年一贯制学校校长的任期要比其他学校的长，假如其他学校校长任期为3年，九年一贯制学校校长的任期就应该考虑为4～9年。

学校中层干部的针对性培训也要加强，从而减少九年一贯制学校管理的盲目性和无序性，提高专业性。

2. 教师队伍

优先安排一定数量的骨干教师流动到九年一贯制学校。推进教师跨学段交流使用和大循环教学，培养能胜任各学段教学的学科教师。要出台一些针对九年一贯制学校名、优教师培养的政策，在培养的机会、评优的指标上给予直接的扶持。

实行贯通一体的教师资格认证。目前基础教育的教师身份有小学教师、初中教师、高中教师。事实上，九年一贯制学校内部的交叉任课在有些学校已经成为常态，并且或将成为发展方向。然而，持有小学教师资格的教师担任初中教学工作，已经成为一个法理性问题，其合法身份无法得到确认，因为现行国家法律没有依据。因此，大胆突破教师身份桎梏，考虑启动九年一贯制教师资格认证，使获得这一资质的教师既可以教小学，又可以教初中。这样，一方面可以解决小学教师担任初中教学的身份尴尬问题，另一方面可以解决很多县区教师定编、定岗带来的身份限制问题，比如小学教师因为持有的是小学教师资格证不能流动到初中任教等。

（三）充分发挥九年“一贯”的优势

九年一贯制学校的核心优势体现在“一贯”上，一至九年级，统一规划，一以贯通，可以确保学生个体成长的连续性，便于促进学生的全面发展，提高义务教育的教育质量。

1. 办学思想要一贯

这里所说的办学思想是个广义概念，主要指校长的教育理念、管理理念、教学理念、发展愿景、学校文化等。作为九年一贯制学校校长，经过认真论证和思考，确定了一个好的办学思想，计划培养学生的某种习惯，就要九年一贯，不朝令夕改，不搞“伪创新、真折腾”，这有利于学生、教师及学校的稳定发展。

九年是个漫长的过程，作为九年一贯制学校的校长不能急功近利，要有长远打算，要坚持打好基础。教育是个系统工程，如果小学办不好，不能给初中提供优质生源，初中也难办好；初中办不好，不能给高中提供好的生源，高中也很难办好。从这个意义上来说，九年一贯制学校就有了自己的优势，把自己的小学生教育好，为自己的初中提供好的生源，把不利因素变为有利因素，这样就能良性循环，越办越好。

2. 课程整合要一贯

课程标准把九年分为几个学段，有九年的总目标，有分段目标。由于只有中考，小学升初中没有考试，中考就成为衡量九年义务教育教学质量的重要指标之一。初中三年大部分学校是用两年半的时间学完课本，最后一个学期主要进行专题复习和模拟中考，所以初中时间短，任务重，压力大。而小学由于时间长，知识相对浅和少，没有升学压力，所以比较轻松。

如果小学和初中分开办学，初中没有办法借力小学。而九年一贯制学校就有了这种优势，它可以把九年的课程进行整合，总的指导思想是争取用五年的时间完成小学的课程内容，从第六年开始学习初中知识，类似现在的“五四学制”，这样就能减轻初中的压力——这是一种简单的做法。更为科学的做法是把九年的课程进行整合。例如语文课，可以让学生在小学阶段多读多背古诗词和文言文。小学生机械记忆力强，争取把初中的文言文和古诗词都背下来，有些暂时不理解没有关系，随着年龄的增长就会理解，一些好的现代文和诗歌也要让学生背诵和默写。这几年有很多小学搞大阅读活动，有的小学生就能阅读一千多万字的课外读物，认识三千多个汉字，已经超出了九年义务教育的课程标准。有些语文知识可以分专题整合，如小学和初中的诗歌整合、散文整合、小说整合等，可以申请作为一项课题深入研究。

再如数学，有些知识会被人为割裂和分段。如学生学习数学中的“方程”，在小学只学到简易方程，知识整合后，可以分专题来讲，小学生可以接着学习一元二次方程和二元一次方程，不要人为割裂。

又如英语，现在国家规定从三年级开设英语课，但城市的小学基本都是从一年级就开设英语课，结果学了两年英语后，到三年级还是使用国编课本，从头学起，导致词汇量增长困难，老师又不能超越进度。类似的课程完全可以整合，在不低于国家课程标准的基础上，从一年级到六年级设计一个完整的英语学习计划，能够大大提高英语学习的效率。

3. 教学模式和方法要一贯

不同小学或不同教师所使用的教学模式和教学方法是有所不同的，升入初中后，教学模式和教学方法也不尽相同，与小学不能一一对应，结果有的小学搞得课堂教学很有成效，到了初中就中断了，学生还要适应初中新的教学模式和教学方法。这种情况就是在九年一贯制学校，由于分为小学和初中两个学段，小学和初中各行其是，没有统一的教学模式和教学方法，小学生升入初中以后也要重新再适应。

如有的小学搞“翻转课堂”，学生在课外要用大量时间进行自学，完成所谓的“预习单”，在课堂上展示表演，本来一课时能够完成的任务拖成了两三课时。可是到了初中，由于有了中考的压力，学科多，任务重，原来的方法不行了，学生面对初中新的做法，又需要有较长时间的适应期。

九年一贯制学校，虽然小学生和初中生在年龄特点、知识基础等方面不尽相同，但在教学理念、教学模式、教学方法等方面可以做到九年一贯。如学生自学问题，从小学一年级起就要注重培养学生的自学能力。此外，“先学后教”“精讲精练”等做法和理念要一以贯之。

4. 习惯培养要一贯

小学和初中分办，学生行为习惯培养的侧重点各自不同。有的小学重视某些行为习惯的养成教育，但到了初中如果不重视，这方面习惯的养成教育就半途而废了；有的小学不重视某些学生行为习惯的养成教育，到了初中还要从头学起。

九年一贯制学校就有了培养良好习惯一以贯之的有利条件。对于培养学生良好习惯的举措不需要小学、初中部分别制订，而是从学校层面制订九年的习惯养成计划，再分配到每个年级，这样一些学习、读书、写字、思维、尊敬师长、孝敬父母、卫生和生活等良好的行为习惯经过持续九年的不断强化，不断深化，也就养成了，一辈子也不容易丢掉。

5. 社团活动和特长培养要一贯

现在各学校在社团活动和学生的特长培养方面差别很大，一是重视程度不同，二是师资力量和硬件条件不同。如有的学校在小学阶段培养学生的书法、乐器，到了初中没有这方面的社团和老师指导，就接续不下去了。九年一贯制学校在社团活动方面可以打破小学和初中的藩篱，有些社团小学生和初中生都可参加，这样以老带新，学生之间可以相互学习。另外，学生的一种爱好特长一贯九年，基本能达到比较熟练的程度和较高的水平。

根据孩子的年龄、爱好程度和特长状况，学校可开发学生喜爱的课程，培养适应其终身发展和社会发展所需要的品格和能力。例如开设国学经典赏识、书法、绘画、作文、开心数学、科技创新、3D打印、民间剪纸、航模、足球、篮球、排球、武术、演讲、朗诵、表演、鼓乐、管乐、声乐、版画、舞蹈、机械奥运等兴趣班及社团。可以把这些兴趣班或社团分为初、中、高三个级别，如果孩子年龄小，可以作为初学者参加兴趣班或者社团的兴趣培养；到了五六年级，如果孩子仍然对兴趣班或社团感兴趣，就可以走出兴趣班，和初级社团同学一起升级到中级社团继续学习，并有希望成为高级社团的队员；如果孩子到了中学，在社团中表现突出，就可以成为高级社团团员，代表学校参加各类大型演出和比赛。

学校要组织编印校本教材，满足学生的兴趣需求。此外，可以通过阅读节、科技节、体育节、艺术节等载体，结合社团活动，为学生搭建个性张扬和发展的舞台，培养综合能力。

6. 管理要一贯

目前，九年一贯制学校的有效管理模式主要有两种，一种是统一协调管理，一种是分部分段管理。前者主要被用于“一体型”的九年一贯制学校，后者更多见于“分离型”的一贯制学校。分部管理的形式也各不相同，或六三制或三三三制，还有二四三制，即一至二年级为一段，三至六年级为一段，七至九年级为一段。分部、分学段管理，在尊重各学段特性的同时，要特别注意各学段之间的衔接，既坚持管理目标的一体化、统一性，又保持分部的相对独立性。

无论采取什么样的管理模式，都要建立既相对分段又连贯一体的九年一贯制管理体制，要打破条块分割、学部限制，制定一至九年级一以贯之的德育体系和教学体系。例如学校设计总的教学部、学生管理部、社团活动部等综合管理机构，对于九年的课程设置、师资力量、资源配置、师生评价等统筹管理，就不会出现小学和中学脱节的现象，就能够在课程整合、社团整合等方面统筹考虑。

设置大学科组，进行垂直管理，也是有益的尝试，即中学小学统一设语文、数学、外语、文综、理综、艺体等学科组，实施一体化管理。这样做的好处，一是语文、数学、外语、艺术、体育等中小学都有的学科，可以从小学到中学进行九年一贯制的课程规划和课程整合；二是方便中小学教师一起听课、评课，教学研讨，相互学习，树立中小学一体的教学观；三是方便中小学之间教师流动。

7. 评价要一贯

评价一贯，就是一到九年级的教育教学的评价标准要一致，教师和学生的评价方法、奖励方法要一致。对学生的评价要以培养学生的核心素养作为基本的评价维度，前后一贯，持之以恒。

教育行政管理部门应加强对九年一贯制学校的专项督导评估，落实教育质量分析制度和问责制度。评估体系要围绕九年一贯制的办学特色，把是否坚持小学就近入学，是否坚持不组织毕业、升学或招生考试直接升入中学阶段，是否实施九年一贯素质教育的培养目标等作为考核重点。帮助九年一贯制学校建立、完善内部考评体系，对学校日常行政管理、教育教学管理、教师队伍管理和教育质量等方面的工作进行监督和监测。要研制科学合理的教师绩效考核方案，统一标准，同时建立学生学业质量监测制度，以激发学校整体工作动力。

九年一贯制学校要利用拓宽的时空，建立一贯制学生成长评价体系，这样有助于发现学生在学习品质、个性特征等方面的优点和存在的不足。通过分享优秀学习品质和个性特征，改进不良学习和生活习惯，提高学生的学习能力，培养学生积极健康的情感，促进他们各方面的持续、健康与协调发展。同时重视学生和家长在学生成长评价体系中的价值，发挥他们在学生成长评价中的作用，强化评价主体的多元化优势。

如何进行学校文化建设?

一、文化及学校文化

（一）文化

1. 定义

文化是相对于政治、经济而言的人类全部精神活动及其活动产品，是人类在社会历史发展过程中所创造的物质财富和精神财富的总和。

传统观念认为，文化是一种社会现象，它是由人类长期创造形成的产物，同时又是一种历史现象，是人类社会与历史的积淀物。确切地说，文化是凝结在物质之中又游离于物质之外的，能够被传承的国家或民族的历史、地理、风土人情、传统习俗、生活方式、文学艺术、行为规范、思维方式和价值观念，它是人类相互之间进行交流的普遍认可的一种能够传承的意识形态，是对客观世界感性上的知识与经验的升华。

2. 特点

文化的特点是有历史，有内容，有故事。

（二）学校文化

1. 定义

学校文化是一种亚文化，是学校中形成的特殊文化，体现的是社会背景下以学校为地理环境圈，由全体师生在学校长期的教育实践过程中积淀和创造出来的，并为成员所认同和遵循的价值观、精神、行为准则及其规章制度、行为方式、物质设施等的整合和结晶。

学校文化以具有学校特色的精神形式、制度形式和物质形态为外部表现，并影响和制约学校成员的活动方式、精神面貌与文化素养，属于精神层面，是一种静态文化。

2. 作用

(1) 导向

在具体的历史环境和条件下，推动教师和学生发展，为学生自我塑造成社会需要的人才导航；为促使教职员工自觉完成国家和社会赋予的教育任务导航；为把具体的奋斗目标、人生追求、信条和行为准则，内化成为广大师生的精神支柱和精神动力指明方向。

(2) 约束

学校文化使信念、价值观在师生的心灵深处形成一种心理定势，构造出一种响应机制，只要外部诱导信号一发生，即可得到积极的响应，形成一种行为规范来制约人们的行为，以此弥补规章制度的不足。

(3) 凝聚

学校文化作为亚文化，使全校师生对学校产生一种心理归属感和认同感，从而形成巨大的向心力和凝聚力。

(4) 激励

好的学校文化氛围，能形成一种你追我赶的激励环境和激励机制，使师生化被动学习为自觉行为，化外部动力为内在动力，激励大家为实现自身价值和学校发展而积极进取、乐于奉献。

3. 核心内容

(1) 精神文化

是学校全体成员共同追求的价值观念及行为规范，是学校基于历史传统和文化底蕴所形成的，具有独特凝聚力和个性特色的学校精神、办学理念和道德规范，其核心是师生共同追求的价值观念。

(2) 物质文化

是指学校的物态环境文化，如学校建筑、设备设施、绿化美化等学校硬件以及表现学校精神文化的雕塑、标语、校刊校报、橱窗、板报等。

(3) 制度文化

是国家政策及法律法规和社会道德在学校日常工作、管理和生活中体现出来的风格，是全体成员认可并共同遵守的行为准则。

(4) 行为文化

是教职工在教育教学和管理实践过程中体现出来的文化行为，是学校人际关系、精神面貌、学校作风（校风、教风、学风）的动态体现，也是学校价值观和学校精神的折射。它包括管理机制的运行、课程实施与建设、资源开发与整合、学术研讨、教育教学活动、校园生活等。

需要注意的是，上述所说的精神文化的核心不是名言警句本身，而是名言警句的生成过程，是人们对待名言警句的态度；物质文化不等于物质，它主要指一个组织中的人对待物质的态度和方式；制度文化不等于制度，它在根本上是人们长期以来形成的对制度的价值判断和对待制度的方式。所有这一切，都应化为学校师生群体的实际行为。

4. 现代强调的内容

(1) 批判精神

一个学校如果没有批判性思考的习惯，那么即使从表面上看有优雅的环境和苦读的学风，也与现代学校文化大相径庭。因为批判精神是科学精神的要素之一，批判的前提是怀疑，怀疑的结果是创新，创新的特征是求实，即不尚空谈、脚踏实地研究解决具体问题。

(2) 学术自由

深厚的学术力量是现代学校的标志之一，这种力量的取得是以学术自由这一文化特征为基础的。中小学教育中的学术不仅指学科知识，还应该包括对课程的理解与认识、教法以及对课堂内外师生关系的处理等内容。学术自由的基础是思想自由，这不仅是对教师而言的，也是对学生而言的。历史的经验告诉我们，那些我们轻视、鄙弃，甚至试图予以矫正，然而为年轻人所喜欢的文化，均有可能成为主流文化弥漫于校园，甚至整个社会中。

(3) 制度建设

制度即规范。规范不仅是作风问题，也不仅是效率问题，规范体现的是意志和习惯，进而是一种文化。目前的学校管理，人治的痕迹比较重，法治观念还不强，方法也不理想。为此，作为一种可传承的文化，学校要特别加强制度建设，包括对制度建设意义的理解和各种制度的制订与完善。制度本质上是精神的，表现在行为过程中，因此，养成行事规范是制度建设的重点。

5. 类型

(1) 显性与隐性文化

这是以呈现形态进行的分类。显性文化包括校园的物质环境，如校园场地布置、校园活动仪式等；隐性文化包括校风、班风、人际关系等。

(2) 教师与学生文化

这是以德育对象进行的分类。教师文化是指教师的价值观念和行为方式；学生文化是指学生的价值观念和行为方式。

6. 特征

(1) 组织性

学校是一个社会组织，组织现象是人类社会的基本现象。每个组织虽然都是更广大的社会文化系统中的一个子系统，受制于更广阔的社会的需求，受制于社会所确立的总的意识形态和价值观，但由于每一个组织的内外环境、构成因素和历史传统等都不尽相同，因而经由自身的运作，会形成其自身独特的文化模式和组织文化。

(2) 创新性

竞争创新、开放开拓成为学校文化的精神特征。传统文化主张中庸之道，精神生活讲求恬淡自然、随遇而安。而现代学校文化鼓励冒尖、进取和永不知足的创造精神，具备这种精神文化的学校和教师才可能持续发展，在激烈的竞争中立于不败之地。

创新是学校的灵魂和生命力之所在，传承已知、探求未知是学校的使命。世界上许多重大的科学发现和科技发明都源于学校这块沃土，如现代第一台回旋加速器、第一批运载火箭、青霉素的合成以及凯恩斯的经济理论等，在中国也有人工合成牛胰岛素、巨型电子计算机、汉字电子排版系统以及新人口论等。从一定意义上说，学校就是为了人类通过知识的传递和创新实现可持续发展而存在的，学校的存在就意味着创新。

学校师生的求知欲、探索精神和敏感性，使学校成为时代的晴雨表，最先感受人类社会以及宇宙空间物质和精神等方面的变化。在立足于本国、本民族当前任务的同时，学校总是面向世界、面向未来。学校所创造的思想、理论以及科技成果和其他文化成果等，对整个社会，包括社会文化的发展具有超前性和先导性。

(3) 独特性

学校文化是由一所所学校的具体文化构成的，这些具体的学校文化既有共性又有个性，就是在同一地域甚至是只有一墙之隔的两所学校，在文化上也存在差异。学校文化正是由一个个富于特色的学校所具有的富于特色的文化汇聚而成的，这是它的独特性的重要表现。

独立性是相对而言的，既指作为精神文化而对于物质文化和制度文化的独立，又指学校的精神文化相对于社会精神文化的独立，其内涵主要是价值取向和行为方式。

(4) 传递性

学校本身就是文化传统的产物，它又以传递文化传统为己任，是经过历史的积淀、选择、凝聚、发展而成的。它负载着深厚的文化，在某些方面是文化精神、要求的集中体现。学校文化的这一特征，突出地表现在它所使用的教材或者说传递的教学内容上。作为教师与学生活动中介的教材，是千百年来文化的积聚，它所呈示的知识经验，是人类文化已有成果的提炼和概括。学校是人类文化的储存地，它除了把文化储存在书本、音像出版物等物质形态上以外，还集中了一大批创造文化、传递文化的教师，他们是文化的活生生的拥有者。学校将文化以各种方式加以集中、积累和系统化，通过教师将这些文化整合传授给学生，将已认同并接纳文化的学生输送给社会，通过他们返还可供再生的文化。

(5) 累积性

校长对学校文化的形成具有重要影响，但学校文化却不是靠校长个人所能创造的。校长的文化意识必须通过师生群体的认同，并表现出群体的气质和品性后才能确立和显示。这一过程不是即时式的，而是累积式的，即有一个从无到有，从小到大，从弱到强的形成、巩固和发展的过程。由于文化形成过程相当脆弱，因此一个具有稳定状态的学校文化的确立必然是长期的、反复的，现存的历史名校中的一些文化内涵不是诞生在校长的话语里，而是形成于其后的传承中。

(6) 相对稳定和发展性

稳定不是绝对不变，只是说它有一些基本稳定的要素，如执行制度的严格、人际关系的和谐、学术上的包容以及思想上的自由等等。发展性是相对稳定性的自然延伸，由于学校文化受制于社会文化，它随着社会文化的发展而发展。

二、校园文化与学校文化

“校园文化”和“学校文化”在实际运用中经常混同，为什么？这是由“学校”和“校园”的密切关系造成的。学校在空间上总是占据着一定的校园，没有校园的学校构不成“学校”和“学校文化”，虽然现在有不需要占据地域的网络学校，但是因为网络交流的虚拟性，从根本上来说是网络文化，而并非我们要说的“学校文化”。校园总是因为学校组织的存在才称得上是校园，一个没有学校组织的校园不能称为校园。因此，学校离不开具有一定空间性的校园(除网络学校)，校园更是不能没有学校组织，二者看似一样，其实不同，有交叉但不等同。

（一）区别

1. 空间区域不同

“校园”一词一般是指空间维度内的区域，或者说是一种场所，而“学校”一般是指培养人、教育人的组织机构，它往往涵盖物质空间、精神空间和管理空间。

校园文化具有半封闭的局限性，而学校文化则具有整体性、引领性、规范性、丰富性、传承性和凝聚性。

2. 特征各异

以社区文化为最终定性的“校园文化”，强调的是明显的区域性，以在这个区域中呈现、发生、发展的物质文化、制度文化和精神文化为特征。而以“组织文化”为定性的“学校文化”则强调学校这个组织的整体性，以学校组织在成长中形成的种种行为文化和精神文化为特征。

3. 适用的范围不同

校园文化是指某一个校园的个体内所形成的独特的有唯一性的文化形式，它适合于在个体的校园内存在，并不适用于所有的学校。

学校文化概括了所有教育行业的所有学校内形成的所有文化，它适用于所有的校园，具有有益的传播性、统一性。

4. 侧重点不同

校园文化更多的指向学校文化的形式载体——建筑、标志、标识、节日、活动等，是看得见摸得着或是可以直观感受得到的物化了的内容。它以各种不同渠道和方式，潜移默化地影响着师生的思想和行为方式。“校园文化”偏重于学生的“活动文化”和“环境文化”。

学校文化侧重学校理念和学校精神，是学校长期以来的历史积淀形成的文化传统，它更多的在于对师生心灵的引领。

学校文化是学校的灵魂，其核心是它的教育思想体系、价值观念体系和行为风尚体系等，或者说是建立在学校哲学思考基础上的学校思想方式和运行体系，这体系是一所学校特有的，又与社会主文化的本质和方向一致。

（二）联系

1. 有相同点

两者内涵有共性部分，它们都是以文化为主体，反映学校面貌、制度规范和学校精神特征方面的内容，都重视学校教育的一些隐性因素，与课程、教材、教师一样对学生起到教育作用。两者都是围绕学校活动来探索其文化建设的发展规律及其作用，都是对学校的发展理念、教育者和受教育者的价值观和行为模式的反映，这其中有些是物质化的，如学校的校园环境，也有非物质化的，如学校的制度等。

2. "校园文化"隶属于"学校文化"

当把"校园文化""学校文化"定位为社区文化时，两者就有了交叉。学校文化包括校园里发生发展的文化，即"校园文化"，也包括与学校发生关系的其他社区文化，视这些社区文化为学校文化的延展文化。"学校文化"以更开放更主动的态度来构建自己的文化，是开放性的。而"校园文化"因为受"校园"的限定则只为校园中的，对待其他社区文化是封闭性的，视其他社区文化为"对立"的文化。因此，从广义的角度和社区文化的定位上来看，"学校文化"的外延要比"校园文化"大，"校园文化"属于"学校文化"的一部分。

学校文化包含的内容更广、更多，更适合传播与复制，是面向所有学校这个大众群体的；校园文化则是小众的，有独特目标的，具有唯一性。如果说学校文化是一片星空，那么校园文化则是这片星空里闪烁的星云。

3. 学校文化是校园文化的丰富和发展

学校文化是校园文化建设系统化的设计、实施、提升和反映，是一种有意识、持续进行、以充分体现学校师生价值观追求为目的的活动，是学校物质文化、精神文化、制度文化、行为文化的总体反映。因此说，学校文化是对校园文化的丰富和发展，也可以说是经过设计、系统化了的校园文化。

学校文化更强调作为一种亚文化与社会的联系，起着价值引导、观念整合、情感激励、规定调节等作用，比校园文化作用更大。

4. 在一定条件下可通用

“学校文化”与“校园文化”有一定区别，但当二者统一界定时，其实是一致的。因此，二者在一定条件下是可以通用的，但是一定要统一语境。

总之，从一般意义上来讲，“学校文化”在广义上是包括“校园文化”的，而在微观的层面上，它又与“校园文化”的性质是完全不能等同的，“学校文化”确切来说是组织文化，是从管理学和社会学的角度出发，“校园文化”则是一种小社区文化，是从文化学的角度出发。需强调的是，二者的区别是从普遍意义上来讲的，当二者统一界定语境时，二者又不是不可以完全等同的，关键是在使用二者时要界定好二者的性质和范围，何种条件下二者通用，何种条件下二者指代不同。

三、校园文化与课堂教学

（一）课堂教学隶属于校园文化

校园文化是个大概念，它包括物质文化、精神文化和制度文化等方面的内容，而课堂教学则主要是精神文化的内容，虽然物质与制度的“文化”也要靠课堂教学来传播。

课堂教学精神文化所包括的传统、校训、校风、学风、人际关系、集体舆论、人生观和价值观等方面内容，集中体现在爱国主义精神、集体主义精神、拼搏进取精神、团结协作精神、科学求实精神、无私奉献精神等方面，而这些“精神”的获得，对于学生而言主要是通过“课堂教学”来完成的，教师的这种“精神”也需要课堂教学来体现。师对生而言，要“以生为本”。

包含课堂教学在内的校园文化体系，是适应素质教育的一种行之有效的教育模式。课堂教学、班级文化、寝室文化、食堂文化、墙壁文化等各种校园文化的有机结合，为学校落实素质教育、培养人才、大展教育宏图提供了广阔的发展空间，有了这个空间，学校也就能够成为多出人才、快出人才的教育摇篮。

（二）地位平等，互不替代

校园文化与课堂教学虽然是上下级关系，地位却平等，各有各的工作，互不替代。课堂教学体系以课本为固定载体，其功能在于完成教学任务和实现教学目标；校园文化体系在于强化育人环境，载体灵活多变，其功能在于推进素质教育的落实。

课堂教学是一种共性的教育活动，而校园文化活动则是一种发展兴趣爱好，发挥特长，为学生施展才华、发展个性提供特殊教育的活动舞台。通过这些活动来挖掘学生个体的潜在能力，进而发现人才，培养人才，也可使学生在活动中充分认识自我，克服心理障碍，增强自信心。

与课堂教学的直接教育不同，校园文化的教育作用是间接的、潜在的，无论是校园的物质文化、环境文化，还是设施文化对学生的影响都是潜在的，既不是生硬灌输，也不是通过纪律来实施的，而是在潜移默化中感染人的感情，陶冶人的情操，净化人的心灵，这种潜在性在某种意义上说，就是一种暗示，用含蓄、间接的方法对学生的心理状态和行为产生影响，在这种情况下，学生是在较为自在、愉快、不自觉的状态下接受教育的。

和课堂教学的“有形教学”相比，校园文化及其营造的教育氛围更像人们所说的“无形课堂”。无论是素质教育，还是专业培养，“有形课堂”与“无形课堂”同等重要。在校园文化活动这一“无形课堂”上，校园文化的“主体”自觉接受了先进的文化理念，智慧自然会得到启迪，学习也自然会得到促进。

（三）相互促进，共同提高

无论是把学生培养成全面发展的人，还是塑造健全的人格，都不是凭单一的教育手段能够完成的，必须通过多种途径，调动各种力量，运用各种手段进行全方位的教育才能达到目标。在校园里，课堂教学无疑是教育中最重要的组成部分，但学生健全人格的培养涉及方方面面，在诸多因素中，校园文化的影响有着不可低估的重要作用。同课堂教学相比，校园文化具有更广阔的空间和更丰富的内容，尤其是它的教育功能是课堂教学无法替代的。因此，校园文化建设与课堂教学改革具有同等重要的地位，两者相辅相成，互为补充，以实现共同的教育目标。

校园文化建设可以沟通课内课外、衔接学科间的关系，补充书本知识的欠缺，有利于巩固学生的课堂知识，最大限度地弥补课堂教学的不足，推动课堂教学的进一步发展。

以校园文化浸润来提升学生素质，一方面需要加强课堂教学改革，另一方面需要加强校园文化建设。文化浸润应该是把课堂教学改革和校园文化建设两个方面结合起来，并且校园文化建设更应引起重视。因为目前的实际状况是关注课堂教学改革的人多，关注校园文化建设的少，重课堂教学改革，轻校园文化建设的现象比较普遍。

（四）课堂教学改革是校园文化建设的灵魂

课堂教学不改革，不创新，质量不提高，校园文化建设就无从谈起，校训、校风、假山池沼、壁画雕塑、名言警句、考勤制度、会议制度、奖惩制度等一切物质的、制度的东西就成了空中楼阁。

推进校园文化建设的主阵地是课堂教学。要改变教师的教学方式、学生的学习方式，大力开展教学研究，努力提高教学效益。要按照新课标的要求，开全课程，开足课时；大力开展校本教研，提高教师专业水平。

知识与能力、过程与方法、情感态度与价值观的“三维目标”不仅涉及课堂教学的改革，事实上还隐含着课堂教学的改革和校园文化建设工作的整合。这种整合后的“大文化”是要依托课堂来沉淀于学生头脑之中的，为此，在教育教学中既要注重为学生的终身学习能力奠定基础，又要着眼于学生综合素质的提高，要把教育、教学工作视为一个有机的整体，高瞻远瞩，努力探索，大胆实践。

要使课堂教学真正成为校园文化建设的灵魂，成为实施素质教育的主阵地，需做到如下几点。

1. 全面审视课堂教学的功能

要真正改变以往“学科中心论”观念。认真研究课堂的功能；研究如何在课堂教学过程中养成学生的良好学习习惯，提高学生学习能力和辩证思维的水平；研究如何培养学生的学习兴趣、爱好和探索精神。

2. 营造民主的课堂教学氛围

必须努力营造民主和谐的课堂教学氛围，教师和学生平等地进行对话和交流，研究如何在这样的课堂教学氛围中引导学生领会合作、互助、倾听、尊重等做人的道理，激发他们的求异思维和批判意识，培养学生自信、开朗、乐观、阳光的性格，从而完善学生的人格。

3. 改变传统的课堂教学方式方法

变教师的“一言堂”为启发式、讨论式或研究式的课堂教学模式，研究如何激活学生的思维，使课堂真正成为展现学生生命活力的场所。

（五）开展丰富多彩的校园文化活动

校园文化活动是校园文化建设的主要内容，开展丰富多彩的校园文化活动，是校园文化建设和课堂教学改革共同探讨的课题。校园文化活动体系从项目及内容上看，一般包括文化长廊、文学沙龙、校园广播、文艺演出、书画展评、知识讲座、读书报告、科技制作、体育比赛、演讲朗诵比赛、作文竞赛和知识竞赛等。

"玩"是孩子们的天性。学生的兴趣爱好广泛，在紧张的学习之余，渴望丰富的精神生活。假如学校的学习生活单调、枯燥，教学只追求升学率，其他一切都不顾，那么，各种错误的、庸俗低级的东西就会乘虚而入。为此，学校要通过各种途径来进行素质教育，不要仅局限在课堂以外，还要善于在课堂教学中开展活动。不管是何种形式和途径的教育活动，都要坚持以爱国主义教育为重点，以科技、文娱、体育和社会实践活动为基础，结合学校的传统与实际，建设以社会主义文化和优秀民族文化为主体的健康生动的校园文化，让健康、高雅、生动的文化活动占领校园文化阵地。

四、学校文化建设存在的问题

学校文化建设是现代学校的核心任务，"文化立校"成为校长们的共识，然而在学校文化建设中，还存在着一些误解和误区，应该引起注意。

（一）形式化

当前，学校文化建设中一个较为普遍的现象是口号盛行，形式化严重。注重"形象文化"和"面子文化"，企图借此"政绩"获得发展的资本，背离了文化应有的教育价值与意义。什么办学思想、办学理念、办学宗旨、办学方略、办学目标、管理理念、校训校风、教风学风、学校口号等拟定一大堆，表面上轰轰烈烈，实则空洞无物，有文化建设之名而无文化建设之实。理念和实践脱节、知行不一的"两张皮"现象严重。

1. 庸俗化

学校文化建设的"形式"造成内容的"庸俗"。形式化偏离文化的内在价值，将文化简化为外在形式，必然会导致各种庸俗文化对校园文化的侵蚀。这样的文化建设使校园里出现低俗落后、不适合学生年龄特点、不利于学生成长的内容。不文明的网络用语、不健康的恶搞方式以及不正确的价值观念等都会对学生产生很大的负面影响。

2. 碎片化

学校文化建设的"形式化"导致学校未能以整体的视角，从学校发展的历史传统、现实情境、未来愿景出发进行文化建设。从纵向上看,历史前后表现不一,文化断代发展;从横向上看,没有统一规划,各种校园亚文化互相独立,教育的理念、教学的理念与管理的理念彼此割裂,甚至相互矛盾,等等。例如,许多学校赶文化时髦,国学流行,学校就一窝蜂地搞国学;诵读流行,学校就一窝蜂地搞"诵读"。高潮过后,空留叹息,获得的最多是文化的形式碎片,没有形成系统整合的立体文化。

3. 同一化

在文化建设的方法上,学校文化建设的"形式化"引发许多文化趋同现象。一所学校的文化应当是全体师生在学校历史发展过程中通过教育实践创造出来的,每个学校的文化都不可能也不应该相同。但是,当前很多学校在文化建设中呈现出"同一化"现象。这主要是因为一些学校领导坚持文化建设的形式化,崇拜教育权威,追捧教育明星,坚持"拿来主义",打着"文化创新"的名号,通过考察、交流、学习、参观、调研等,不顾本校的实际,缺乏自身的理解,完全将其他学校文化建设的方法生搬硬套,他们"抄袭"与"剽窃"的只能是文化的外在形式,无法获得文化的真正内涵。

（二）片面化

1. 片面理解

有些学校只追求校舍的宾馆化、设备的现代化、环境的园林化,不惜巨资,盲目攀高;有些学校把学生的思想品质教育归为学校文化建设;有些学校把教育的美好理想当成办学理念;有些学校把学校文化等同于学生课下活动的开展;有些学校把教育的共性主张当成个性追求;有些学校办学理念热衷于引经据典,纸上谈兵,等等。

2. 片面活动

校园文化活动是校园精神文化建设的主要内容,虽然不少学校的文化活动看起来丰富多彩,但大多以应付上级有关活动为目的,没有体现校园文化的多层面、多内容的特点,没能真正地拓宽学生知识面,使学生的综合素质得到提高。造成这种情况的原因主要是文化建设并未引起重视,片面认为校园活动浪费时间和精力,教师负担重,对学校文化建设无暇顾及;新课程改革虽然整合了一部分课程,但学校课程门类繁多的现状仍然没有太大的改观,这样,多元化的校园文化就变成了一元化的教学文化,即应试文化。

3. 片面设计

当前绝大多数学校的文化建设缺少整体的规划，或者说缺少系统的设计和严密的组织实施办法。学校文化是师生和管理者共同传承和创造的，涉及学校教育教学管理的方方面面，是一项系统工程，具有很强的完整性，要全方位、立体化地建设，而不是单一、片面、局部地认识和建设。在注重全面性的同时，要从实际需要出发，针对学校面临的现实基础和实际问题，突出学校文化建设的重点任务和关键环节，要整体规划，分阶段实施。

理念体系应该是相互联系、相互补充、相互制约的有机整体，但现实中，有些学校理念表述各自为政、散乱拼凑的情况还是很常见的，比如办学理念、办学目标、育人目标、校风、领导作风、学校课程单个看还不错，但整体分析，就像一盘零散的珍珠，缺少红线贯穿引领，似乎都是在自说自话，各弹各调。

也有些学校的校园环境设计不系统，也存在“散”的问题，例如有的学校景观小品很多，但缺少主次，不成系统等。

4. 片面思维

校长的观念、能力与态度影响学校文化建设的进度、品位与深度。受“应试教育”的影响，多数校长把精力用在了应试技巧的研究上，学校文化意义的重大却被长期忽略。部分校长追求的是科层化管理机制，缺乏创新意识和改革的勇气，过于重视以政策制度和命令为特征的外部力量来管理学校，不懂得从内部、从人的思维与行为出发塑造学校文化，用文化来管理学校。

校长的频繁交替，致使不少校长追求眼前利益，影响了校长本身的文化建设自觉意识，学校文化建设缺乏连续性与继承性，互相否定，“换校长就是换文化”的现象比较严重，甚至有个别学校文化建设处于阶段性停滞状态。

对于原有文化的继承不足，对于现有文化的发展缺少思考。很多校长喜欢在废墟中重建，使学校在自己的手中得到重生，对以往历史不屑一顾。不注重追溯和挖掘学校文化的根脉，不注重继承优秀的传统文化，不去挖掘本校积淀的文化历史和元素，不去寻找学校文化的基因，就等于舍弃了一笔宝贵的、独特的财富，失去了学校文化建设的根基。不懂得不断地扬弃和创新，不断融合多元文化，吸取精华，就难以形成并延续学校文化中富有个性的、先进的内容。学校文化建设不是封闭的、静态的，而是开发的、动态的，不是单一的，而是多元的。

五、如何进行学校文化建设

（一）科学规划

1. 学会自我诊断

(1) 切入点

从比较入手，无论是外出考察，还是与兄弟学校交流，或听到教师对其他学校某方面工作的反映，或看到其他学校的资料，有比较才有鉴别；从解决工作困难入手，将面对困难的态度和行为自觉地与导致其态度和行为的内在因素联系起来进行分析，找到问题的症结才能对症下药；从总结成功经验入手，在总结经验中自觉地研究个体的行为，对组织文化进行自我诊断；从制度变化入手，对本校不同时期出台的制度进行认真比较，挖掘其异同，并根据制度产生的背景分析出学校在管理、教学等方面的优势和不足；从不同阶段涌现出来的"典型人物"入手，研究他们的行为、个性和风格，挖掘他们成长的环境和背景，为建设当前文化作参照……

总之，要从司空见惯的行为入手，只有对行为、现象进行具体分析，才能把握本质，对本校的教育教学行为与相关制度进行分析和改进。

(2) 基本方法

集资料法、座谈法、访谈法、观察法等于一体的综合调查法。

(3) 步骤

设计自我诊断方案，包括题目、目的、内容、对象、操作、方法、获取资料要求、时间及过程、完成诊断报告的时间等；实施自我诊断方案；整理和分析资料；撰写学校文化建设自我诊断报告。

2. 规划切实可行

学校文化建设的规划，不仅是一个文本，而且是一个过程。需要全面回顾学校原有工作，并进行系统诊断，才能明确学校的办学方向和发展目标，制订相应的发展规划。学校文化建设规划应体现学校领导先进的办学思想和理念，表达师生家长共同的愿望和憧憬，描绘学校自主发展的美好蓝图；要对学校发展机遇、优劣势、发展历史、相关利益群体等进行全面细致的分析；要从国家及地区政治、经济、文化、教育政策发展的走向来把握学校的未来发展趋势；要对学校所处的地理、社会环境与其他学校进行对比，有一个清晰的认识，并能发现并把握学校发展的契机；要重视调查研究，独立思考特色学校的创办；要具有可能性、重点性和伸缩性……

3. 建设理念要创新

规划的立足点、投入价值、功能科学分区等都要有新思考。在模式转化的过程中，要产生出两个“社会化”：一是部分校园职能的社会化，二是校园内的后勤服务体系的社会化。与之相应，校园建设规划的理念也要发生变化：不再搞“校中校”的规划与设计，而是要从校园总体发展的角度来考虑生活区、后勤区的规划与设计；要从学校与所在城市两者的发展高度，从结构优化与功能分区的角度来考虑建设规划。

从科学发展的角度出发，在继承传统建筑风格和校园原有风格的同时，着重体现出学校的发展目标和办学特色、教育教学目标、学科建设规划和学校事业发展规划等诸多元素与环节。校园及其建筑的品质，不仅要体现出特定的地域性、历史性、文化性、艺术性等氛围，而且还要体现出人才培养的优化环境。在校园规划与建设中，还应具有对内、对外的开放意识，突出公众参与理念、特色理念以及人文关怀理念，突出办学特色和办学理念。要重视教学空间和非教学空间、内部空间和外部空间的联系，重视校园、校舍自身与社会不可分割的联系等。

（二）把握原则

1. 形式与内涵的统一

有生命力的学校文化建设，既要避免宽泛的无目标指向的形式主义活动，又要避免单调、枯燥的口号式说教，力求形式与内涵和谐统一。

文化是非常抽象的概念，文化的内涵往往以精神、思想、理念、价值观、世界观等抽象的概念形式存在。学校文化内涵的抽象性要求校园文化具备一系列文化内涵之外的表达形式，如标语、口号、活动、行为、人员关系、课程设置、楼宇建筑、规章制度等等，以便学校文化更好地在学校内外传播和传承。

“形式”是人们共同约定的用来指称一定对象的标志物。学校文化建设中的内涵建设和形式建设是紧密联系、相辅相成的，两者必须同步创新，偏废任何一方都会形成不健康的校园文化发展状态。过分注重抽象的学校文化内涵建设，往往脱离实际，这种“学校文化”通常以单薄、单一的文本形式存在，不易被学校成员所接纳，也无法发挥其应有的作用；过分注重学校文化形式建设是学校文化实践者易犯的错误，空洞、繁多的“符号”缺乏文化内涵，此类学校文化往往成为学校的形象工程，不具备长久的生命活力。

学校文化内涵与形式同步就是要求将丰厚的校园文化内涵通过精彩、多样的“符号”表达出来，它不仅仅体现在“文字”上，还应体现在教育教学、校内校外的各项活动中。任何文化都具有一定的物质表达形式，校园文化也不例外，同步的内涵建设和形式创新是学校文化健康发展的重要基础。

2. 创新与传承的统一

学校作为社会文化传承创新的主体，其自身也面临着学校文化创新的重大课题和使命。学校文化创新，是传承中华儿女共同精神基因基础上的创新，其内容、形式、载体等都可以且应当在优秀传统文化沃土中寻找思想资源。创新要注意突出“培育学校精神”的重点，突破“创建学校特色文化”的难点，充分发挥校长在学校文化建设中的核心作用和学校师生在学校文化建设中的主体作用。

一所学校，不管历史的长短，一路走过的历程都是一笔财富，都是一种不可再生的教育资源。北京大学第五任校长蔡元培先生制定的“兼容并包，思想自由”的办学理念，历28任校长而不改变，一直沿用至今，成就了北大独特的育人取向文化，也铸就了北大长期以来的社会地位和教育品牌。南开中学创始人张伯苓先生治校严谨，校规严格，从而形成南开精神。南开中学走出了周恩来、温家宝两位共和国总理，我们可以从他们的仪表风范和精神气度看出南开制度文化、精神文化的熏陶和铸就之力。

办学，就是传承与创新文化的过程。要深入研究自己学校的历史，认真总结学校的传统、精神、学风，大力发掘学校的文化内涵，培育自己的个性和特色。既要尊重历史事实，做一名忠实的学校文化的“薪火传递者”，又要不断渗进现代教育理念，吸收当代文化的养分，不断创新，为学校构建理想的教育愿景。

3. 个性与规范的统一

学校文化没有标准统一的模式，是多种因素综合考虑而确定的独特的亚文化。学校文化应在遵守社会道德规范、法律法规，服从国家需要的前提下，进行丰富的、深刻的、富有个性化的建设。

为了防止学校文化建设走向空洞的说教，学校文化建设应从关注校园生活开始。良好的校园生活应该是让师生身心舒展、思想活跃的生活，是充实而有成就感的生活，是随时可获得各种关爱和帮助的生活。就学校文化建设来说，好的生活就是好的教育、好的学校文化。

4. 全局与重点的统一

学校文化建设的本质是通过学校各方面调整或革新来提炼、构建出为学校成员所一致接受和认同的价值观、思想道德和行为准则等。同时，学校作为运行的实体组织，无时无刻不面临着内部环境和外部环境的变化。

学校文化建设牵涉范围的广泛性及学校内外部环境的复杂性，要求学校文化建设要作为整体性工程来落实，着眼全局才能够有效地协调内外部关系和合理分配资源。然而，对于发展中的学校来说，学校不可能拥有所有教育需要的优质资源来兼顾学校文化建设的每一个部分。立足全局，挖掘学校文化建设重点发展方向，就成了学校文化建设实践者的现实选择。

目前多数学校的文化建设都是围绕学校自身特色和优势展开的。学校文化建设是一项持久和整体的工程，不仅需要立足全局，协调各方资源，还应重点实施，以点带面。

5. 内生与借鉴的统一

内生是指学校文化的产生与培养都基于学校自身特色而展开，参与学校文化建设的文化主体、文化作品和文化活动等主要集中于学校范围内，即学校文化建设的着力点在于学校内部。在目前学界，学校文化内生属于主流观点，因为学校文化是一个学校独特性的集中体现，学校的个性是学校文化的核心，很多学者都认同对学校“土生土长”的特色的培养是构建适合本校，并能有效促进学校发展的学校文化的重要手段。

反观学校文化建设实践，能将内生性观点实践的学校往往是功底深厚的老牌优势学校，绝大部分学校的文化建设仍停留在“借鉴”优势学校的阶段。这种“借鉴”在很大程度上是薄弱学校对强势学校成功的学校文化建设的照搬照抄。而理想中的借鉴是指学校文化建设不局限于学校内部资源的开发、整合、利用，在保持学校原生特色的基础上，吸收、融合其他学校的成功经验以及专业学者的意见。

学校文化建设的内生性更多地体现在内容建设方面，而借鉴的适用性更多地体现在方法、策略层面；内生性保持了学校文化的本质性特色，借鉴则提高了学校文化建设的可行性和有效性；内生性是学校文化建设的长久动力之源，借鉴则是学校文化建设的加速器。

6. 与时俱进与遵循学生发展规律的统一

校园文化具有发展性、动态性等特点，所以要与时俱进，对学校的文化传统进行重新发现、认定和弘扬。

校风、教风、学风的建设，要弘扬主旋律，传承优秀的民族精神，校训、校歌、校徽、校标和雕塑的设计要体现学校特点，遵循未成年人身心发展的规律，注重以学生为主体，因为校园文化活动是学生思想道德实践的重要载体。要最大限度地发动学生参与校园文化建设，在参与中体验，在活动中接受教育；要坚持弘扬时代主旋律，体现发展主题，培育时代精神。

（三）有效途径

1. 夯实物质文化的基础

(1) 建立学校特色标识

学校理念方面，如办学宗旨、校风、校训、教风、学风等；基础要素方面，如学校标志图、学校标准色、学校象征造型图等；应用项目方面，如名片、信封、信纸、便笺、公文袋、记事本、学生练习册、奖励证书、聘书、胸卡、学生卡、来宾卡、办公表格、介绍信笺、图书馆书籍借阅卡、就餐卡等；环境标识方面，如各部门标识牌、来宾室指示符号牌、道路指示牌、停车场指示符号牌、禁烟指示符号牌、餐厅指示符号牌、男女洗手间指示符号牌、外楼墙面设计、楼层指示符号牌、楼层区平面图、阅报栏、校园文化雕塑设计等；包装方面，如不干胶封口笺、小包装、礼品包装、手提袋、广告系列、学校介绍、网页设计制作、路牌等；展示方面，如展板版式、展架模式、标准展位造型、展示说明架等；旗帜方面，如校旗、条幅、锦旗、流动红旗等；交通方面，如面包车、校车、轿车等；服装方面，如学生校服、教职员工作装、运动服、文化衫等；公共事务方面，如节日贺卡、校庆贺卡、师生生日贺卡、年历、小礼品、请柬、纸杯等。

(2) 物质文化要“精神化”

物质文化要给人以精神的力量，即无论是学校建筑、设备设施、绿化美化，还是雕塑、标语、校刊校报、橱窗、板报等，都要表现学校精神的主题。要善于挖掘物质中的精神产品，例如对编撰和整理校史，建立学校校史陈列室，使其成为学校发展历程的见证，成为向全校师生和社会开放的教育基地等。

(3) 环境文化要“会说话”

“让每一面墙壁会说话”是苏霍姆林斯基的一句名言，意思是让校园的每一个空间，都具有潜移默化的育人功能，即“环境育人”。学生在美丽的校园环境中欣赏、体悟美，会得到更多的愉悦，强化和升华道德情感。美化的环境文化通过客观现实对学生心理产生影响，实现环境育人的目的。

学校优雅、健康、奋发向上的环境建设与学校各种器物设置有直接关系，并且它比较直观而固定，因此，学校的环境设计应是思想性、情感性、艺术性的统一体。设计者既要整体统筹安排又要注重局部的精雕细刻，让每一处环境都起到潜移默化的熏陶作用，以发挥物质形态校园文化的教育功能。

2. 抓好制度文化的关键

(1) 拟定完善规章制度

要完善各项管理制度，不能出现“真空”地带。在制度文化建设上，要以人为本，符合国家法律法规和有关政策的要求，要有改革创新意识，制度的建立或修改要遵循民主管理原则，广泛听取广大师生和教职工的意见，把制度建立在广大师生和教职工认可、满意的基础之上，保证制度的合理性、科学性和可操作性。

制度拟定要力求突出目标追求、价值取向、素质要求、态度作风等精神文化方面的条款，给制度以灵魂；要强调人的理想信念、奋斗方向、做人标准，形成严宽相济、软硬相容的合金式的规章制度，从而使规章制度既能起约束作用，又能发挥激励规范作用，使师生在执行制度、遵守纪律的同时又能张扬个性，实现自我价值；要坚决反对和抵制落后腐朽的文化和思想对校园的侵蚀……

(2) 认真实施规章制度

要创造规章制度和法律法规学习的氛围和条件，引导教职工和广大学生学法、懂法、守法、用法，增强法制意识，不断提高全校师生的法律素质，严格做到依法办学、信守承诺。

在制度实施过程中，要切实加强民主管理与监督，建设好工会和教代会，凡属于学校改革与发展的重大问题和关系师生员工切身利益的重要政策和举措都要征求广大教职工的意见；坚持校务公开，规范公开程序，提高公开质量；坚持尊重知识、尊重人才、尊重劳动的原则，加强上下沟通，广开言路，建立起善纳良言的高效工作机制。

3. 明确行为文化的载体

(1) 以活动为载体

行为文化以各种文化活动为载体，将学校制度文化、观念文化渗透在学校管理活动之中，把学校的价值观念和道德规范自觉地转化为师生内心的信念和行动的准则，从而达到知行合一的目的，为师生形成健康向上的精神风貌服务，使学校办学目标得到具体的实现。

学校团队行为文化是以学校教育教学行为中具有稳定性、习惯性、传承性的文化活动为载体呈现的，也是学校形象的一种呈现。

(2) 重视仪式文化开发

无论是面向教师，还是面向学生，学校都有很多仪式，如升旗仪式、开学典礼、毕业典礼、入队仪式、入团宣誓、师徒结对仪式、教师节表彰大会、元旦文艺汇演、节日纪念活动等。这些具有不同功能的仪式，构成复杂的仪式文化。学校的文化管理要重视这些仪式文化的开发，如对新入职的教师可以搞宣誓仪式，退休教师可以搞演讲仪式等，从而起到净化师生心灵，鼓舞师生士气，提升师生精神境界的作用。

4. 把握观念文化的方向

观念文化是指学校本质的、集中反映具有个性的精神风貌的隐性文化，它属于学校文化的软件，包括品牌价值、奋斗目标、管理理念、价值观念、办学思想、教育理念、礼仪习俗、人际关系、生活信念、历时性文化精神、共时性文化精神等校园内所有精神形态的东西，是学校文化的最高层次。

观念文化的主要表现形式是校风，它是师生素质整体观念的外在表现，校风包括教师的教风、学生的学风和工作人员的工作作风。良好的校风可催人奋发进取，有助于广大师生树立正确的理想观、道德观、人生观、价值观，培养师生的集体荣誉感、工作责任感，激发师生的工作和学习热情。

文化管理的本质是以人为本，通过管理活动和管理行为，以完善人的品格，磨炼人的意志，提高人的智力，增强人的体质，使人获得超越生存需要的更为全面自由的发展。文化管理强调人的能动作用、团队精神和情感管理。文化的作用在于使人们产生强烈的归属感、自豪感，从而形成一种凝聚体，即团队精神。文化管理就是强化这种团队精神，使人们有“家”的归属感和主人翁的责任感。为此，作为管理者，必须深入基层，与员工充分地交流与沟通，力求在校园内形成一个良好的小环境，即达到心理相容、感情交融、人际和谐的境界，以满足师生员工的精神需求，使其精神振奋，奋发向上。

如何防治校园欺凌和暴力?

一、家庭、学校和社会要通力合作

（一）教育目标要一致

防治校园欺凌和暴力,2016年国家出台的《关于防治中小学生欺凌和暴力的指导意见》(以下简称为《指导意见》)为我们指明了方向。就是要"全面贯彻党的教育方针,落实立德树人根本任务,切实防治学生欺凌和暴力事件的发生";就是要"落实主体责任,健全制度措施,实施教育惩戒,形成工作合力";就是要"积极有效预防学生欺凌和暴力:切实加强中小学生思想道德教育、法治教育和心理健康教育;认真开展预防欺凌和暴力专题教育;严格学校日常安全管理;强化学校周边综合治理";就是要"依法依规处置学生欺凌和暴力事件:保护遭受欺凌和暴力学生身心安全;强化教育惩戒威慑作用;实施科学有效的追踪辅导";就是要"切实形成防治学生欺凌和暴力的工作合力:加强部门统筹协调;依法落实家长监护责任;加强平安文明校园建设;全社会共同保护未成年学生健康成长"。

（二）教育内容要大体一致

1. 教育孩子严格要求自己

要举止文明,不要口出脏话,随意骂人;要自尊自爱,不要自以为是,盛气凌人;要尊重他人,不要出口伤人或戏弄同学;要团结互助,不要欺弱怕强;要礼貌待人,不要打架斗殴;要强身健体,不要喝酒、吸烟;要友谊为重,不要早恋;要参加有益活动,不要看不健康的影视图书;要遵守秩序,不要围观、起哄;要加强法纪学习,不要个人意气行事,我行我素。

远离学校周围一些游手好闲、奇装异服的人;在上学、放学时和同学结伴而行;尽量走人多的大路,避开僻静的小巷;放学后一定要及时回家,不要到游戏室和网吧去,因为在这些场所里玩耍最容易被坏人当作欺凌和暴力的对象。

2. 教育孩子树立自我防卫意识

多给孩子灌输安全防卫知识，增强防范意识。当有些同学集体要求去陌生偏僻的地方时最好不要去。遇到危险的时候不要害怕，可以试着跟他们讲道理；如果不行，要注意观察周围的环境，善于向周围的人求助，而不是一个人单打独斗。

即使真的遇到欺凌和暴力，也不要因此忍气吞声，一定要及时告诉家长和老师，避免下次遭遇暴力，维护自身的合法权益。

如条件允许，不妨教孩子一些防身技巧和手段，或者让孩子参加一些特殊训练班，如散打或跆拳道等，在强身健体的同时，还可以提高孩子的防卫技能。

3. 教育孩子不要逆来顺受

有许多学生遇到校园欺凌和暴力不敢告诉家长或老师，更不敢报警，甚至警方在破案过程中找到他们时，也不敢出面作证。实际上，正是受害者这种软弱的态度，助长了施暴者的淫威。

令人担忧的是，逆来顺受的学生长期忍气吞声，除使财物遭受损失外，还对他们的身心健康造成了极大的伤害，这种伤害对他们来说是终身的。由于长期处在恐惧状态，他们的心理问题一般比较突出，情绪不稳，心情压抑，学习积极性锐减。

4. 教育孩子使用适当的方法

面对欺凌和暴力，抗议、不理会、找人帮忙才是最好的选择！要大声地提醒对方，他们的所作所为是违法违纪的行为，会受到法律严厉的制裁，会为此付出应有的代价。应尽量保持镇静，不要惊慌，有勇有谋地保护自己。在能确保自身安全的前提下可以大声呼喊求救。一定要记住施暴者的人数和体貌特征，以便事后及时报告老师、家长或报警。

在遇到勒索、敲诈和殴打时不要害怕，要敢于抗争。在第一次遇到这种情况时的表现十分重要，因为不良少年大多和受害者同龄，他们所实行的第一次欺凌和暴力往往都是一种试探。因此，有效防范校园暴力的第一要诀就是“不怕”，“不怕”是力量的源泉。当自己和对方的力量悬殊时，要在心理、人格上树立起平等的概念，要认识到自己有保护自己的能力，通过理智和有策略的谈话或借助环境来使自己摆脱困境；遇到自己和对方力量相距不是太远时，可以考虑使用警示性的语言来击退对方的企图，但要避免使用恐吓性的言语，以免反而激发对方的逆反心理。

5. 教育孩子不要以暴制暴

“他找人打我，我也找人打他，看谁能打过谁!”“君子报仇，十年不晚，迟早我会让他在我手里栽跟头!”这种以暴制暴的心理，在不少受过校园暴力伤害的学生中都不同程度地存在着，尤其是那些长期忍气吞声的学生。

面对校园暴力，受害的学生用以暴制暴的方式解决问题，自然是愚蠢的，因为它不但不能让暴力远离自己，反而会使自己完全滑进暴力的泥潭中无法自拔。这种恶性循环的链条越长，校园暴力的发展越迅猛，其影响也就越恶劣。

以暴制暴的“黑道原则”，在某些学校占领了一部分学生的思想、道德阵地。在这个原则的指导下，一些学生开始“拜把子”，如果再受人欺负，他们就不再向老师或家长寻求帮助，而是通过拜了“把子”的兄弟或姐妹自行解决。同时，一些学生在受到高年级同学的欺负后，也往往会依赖“拜把子”后形成的团伙力量，变本加厉地在低年级同学身上寻找“补偿”，勒索他们的财物，向他们收“保护费”等。

6. 教育孩子要搞好人际关系

搞好人际关系，是强化自我保护意识，防范校园欺凌和暴力的有效途径。很多校园暴力事件，是因为交友不慎引发的。一定要告诫孩子交朋友时要慎重，不盲目受一些诱惑的侵蚀；选择合适的朋友，和同学保持良好的关系，外出时，和同学或朋友一起，尽量不要一个人单独行动。一个有广泛、良好人际关系的学生，就不容易成为勒索、敲诈和殴打的对象。

（三）解决的方法要大体一致

1. 班主任协调解决

一是班主任自行解决，适于小打小闹又没有造成伤害的“小事件”。一般程序是发现欺凌和暴力现象→调查原因→裁决是非→批评教育（道歉、检讨等）→握手言和。

二是班主任与双方家长协调解决，适于造成了如皮外伤的“小伤害”的欺凌和暴力事件。一般程序是发现欺凌和暴力现象→调查原因→裁决是非→找双方家长座谈，听取班主任的调查情况汇报和受害方家长的诉求→讨论协调，达成一致意见→批评教育（道歉、检讨、上报学校处分等）→握手言和。

2. 家长自行协商解决

适于双方家长都比较开明，或者是双方家长都很熟悉且关系又比较好的情形。一般程序是接到班主任或学校关于孩子间产生欺凌和暴力现象的报告，且原因和是非已经调查清楚→双方家长自行讨论协调，达成一致意见→协商结果报告给班主任或学校→批评教育（道歉、检讨、学校处分等）→握手言和。

3. 学校协调解决

适于班主任解决不了，双方家长又不能达成一致意见的或者是不同班级学生参与其中，造成恶劣影响，有严重伤害的欺凌和暴力事件。一般程序是接到欺凌和暴力现象的报告→调查原因→裁决是非→找班主任及涉事方家长座谈，听取学校调查情况汇报和受害方家长的诉求→讨论协调，达成一致意见→批评教育（道歉、检讨、宣布学校处分等）→握手言和。

4. 派出所协调解决

适于学校不能解决，比较严重或造成极恶劣影响，并且有校外人员参与的欺凌和暴力事件。一般程序是接到欺凌和暴力现象的报告→调查原因→裁决是非→找学校及涉事方家长座谈，听取派出所调查情况汇报和受害方家长的诉求→讨论协调，达成一致意见→批评教育（道歉、检讨、宣布学校处分，触犯刑法的要负刑法责任等）→握手言和。

5. 法律协调解决

适于一方或几方家长对派出所或学校解决方案不满，尤其是在赔偿上不能达成一致意见的，比较严重的欺凌和暴力事件。一般程序是接到欺凌和暴力现象的起诉报告→调查原因→判断是非→找学校及涉事方家长座谈，听取派出所调查情况汇报和受害方家长的诉求→讨论协调，达成一致意见→不能达成一致意见的，由法院宣判。

二、家庭、学校和社会要明确各自的责任并落实到位

（一）家庭

1. 家庭和睦

孩子具有天生的模仿能力，特别是青少年时期。这个时期的孩子思想具有可塑性，如果家庭总是争吵，甚至出现家庭暴力，那么孩子耳濡目染，也会养成这样的习惯，他会认为打架是很正常的事情，出了问题只有用打架才能解决。所以父母之间的体谅、相爱、互敬、互信是避免孩子走上施暴之路的第一步。

2. 掌握孩子的安全状况

经常与班主任老师沟通与交流，及时了解孩子上学期间的安全情况。有必要腾出点时间，去观察一下学校放学期间学生在校园门口的表现，或者通过校门，观察一下课间学生们都在做什么，有没有打架现象，有没有高年级欺负低年级孩子的现象等。有时校园暴力并不是天天有，时时见，可以找机会与孩子同学聊聊天，通过聊天去了解孩子学校是否有校园欺凌和暴力现象。

3. 及时发现孩子反常表现

如果孩子遇到欺凌和暴力事件，作为家长，最重要的是在第一时间发现孩子是否受到了伤害。平时要多关心孩子的心理状态和行为表现，下面这些迹象预示孩子有可能正遭遇校园欺凌和暴力。

(1) 身体伤痕

如果孩子身体表面无故出现各种人为伤痕，诸如瘀伤、抓伤及其他伤痕，那很可能是孩子受到暴力侵害。要注意，如果孩子经常穿着长袖衣服，即便是温热天气也如此，可能正是想遮掩伤痕。

(2) 自尊心受挫

如果孩子经常回到家都带着伤心、沮丧的情绪甚至是哭泣，那么很可能在学校受到了言语诽谤等精神方面的伤害。遭遇欺凌和暴力的孩子，可能会变得很依赖家长，并且变得孤僻、怕生，显得很没有自信。

(3) 物品经常丢失或破损

孩子的文具、鞋子、衣服等个人物品经常丢失或破损，这种情形很可能是有人敲诈勒索他们，要注意过问是谁损坏或拿走了他们的物品，为什么等问题。

(4) 自我伤害倾向

受到校园欺凌和暴力的孩子，很可能会出现自我伤害或自虐的倾向。孩子任何形式的自我伤害，甚至是自杀行为，家长都要予以高度重视，及时带孩子到心理咨询处寻求有关专家的帮助。

(5) 不愿上学

如果孩子非常不愿意上学，甚至出现逃学、装病请假等现象，那就要注意了。这可能是孩子在学校被人排挤、欺负，不愿意回到让其感到不适的地方的表现。

(6) 如厕习惯改变

家长注意到孩子非得等到回家才上厕所的现象时,要及时过问为什么。这种情形很可能是在他们单独出行时在比较偏僻的地方遭遇过欺凌和暴力。

(7) 睡眠出现问题

失眠、噩梦、尿床等问题也是孩子遭受欺凌和暴力的表现之一,如果睡眠问题还伴随着以上提到的其他现象,那么孩子受到欺凌和暴力的可能性会更大一些。

4. 孩子受到欺凌和暴力后家长的错误做法

(1) 不问青红皂白,直接插手去警告对方或实施惩罚

这样做事态很容易扩大,不利于解决问题,如果孩子本身也有错,容易使他们是非不分。父母出面保护,久而久之,孩子习惯于由父母解决与同伴的冲突,会产生依赖性。

(2) 气自己的孩子没用,鼓励孩子以牙还牙

这样做,孩子可能会演变成小暴徒,渐渐变成施暴者。年纪比较小的孩子,尤其是儿童的打闹跟成人之间的打斗是有本质区别的,他们之间的打闹更多的带有游戏的成分,是一种玩耍。在玩耍的过程中,孩子们慢慢学会与周围小朋友之间该如何交往,对他们来说,没有吃亏与不吃亏的概念,所谓吃亏其实是家长的想法。孩子们刚刚打过了,眼泪一抹,又可以在一起亲密无间地玩耍。只要能保证孩子的安全,没有必要把孩子们之间的打斗看得过于严重。如果让孩子打回去,这其实是在传递给他们一个错误的社会交往方式,孩子一旦形成习惯,以后会变成一个攻击性强的儿童。家长要让孩子多思考,想办法化解和小朋友之间的矛盾,而不是用拳头解决问题。

5. 孩子受到欺凌和暴力后家长的正确做法

(1) 控制情绪,搞清原因,积极与有关人员沟通

在孩子遭遇校园欺凌和暴力时,每一位家长都会伤心、难过和愤怒,但一定要尽快冷静下来,首先要调查清楚是怎么一回事。家长要收集人证、物证等关键证据,必要时请求老师、警察等介入,并配合老师、孩子通过合理、有效的手段解决问题。孩子如果第一次遇到校园欺凌和暴力,必须要彻底解决,绝不能拖泥带水,埋下隐患。

(2) 教育孩子要勇敢面对

很多调皮的孩子在刚开始欺负别人时,可能只是无意行为。但是,当发现被欺负者不像其他孩子一样会强烈反抗,就会从这种欺负行为中得到满足,从而得寸进尺,发展为有意欺负。因此,要让孩子意识到,一味地忍让非但不能解决问题,反而会助

长欺负者的气焰，给自己带来更多的伤害。

(3) 不要盲目指责打人孩子及其父母

不要盲目指责任何人，要重证据，摆事实，讲道理。要在当天收集相关证据，人证和物证是关键证据。当家长把证据都收集齐备后，再去找当事孩子了解情况。如果当事孩子不承认，家长就需要请班主任介入其中，在事实和证据面前，让班主任出面协调此事。一般来说，如果能拿到相关证据，涉事孩子和家长是不敢推脱责任的。同时要有宽容的心态，通过自信而从容的话语，本着教育打人孩子为目的，让其孩子及家长认识到问题的严重性，这有利于问题的有效解决。

(4) 切忌只观一面

如果孩子年龄较小，和小伙伴发生争吵甚至出手打人都是正常的，家长无需过分担心，更不要将孩子之间的矛盾上升为家长之间或家长与对方孩子之间的“战争”。家长以大人的身份对于其他的孩子本身就是一种威慑，不要再以恫吓或者斥责的方式对待对方小朋友，只要告诉他们这样做是不对的就可以了。家长要及时制止对方孩子的打人行为，要求他们归还抢来的东西，跟他们讲道理，告诉他们“小手是用来拥抱的，不是用来打人的”。如果不奏效，可以告诉老师或他们的家长。

（二）学校

1. 加强思想道德、法治和心理健康教育

《指导意见》指出，各地要紧密联系中小学生思想实际，积极培育和践行社会主义核心价值观。落实《中小学生守则》(2015 年修订)，引导全体中小学生从小知礼仪、明是非、守规矩，做到珍爱生命、尊重他人、团结友善、不恃强凌弱，弘扬公序良俗，传承中华美德。落实《中小学法制教育指导纲要》《青少年法治教育大纲》，开展“法治进校园”全国巡讲活动，让学生知晓基本的法律边界和行为底线，消除未成年人违法犯罪不需要承担任何责任的错误认识，养成遵规守法的良好行为习惯。落实《中小学心理健康教育指导纲要》(2012 年修订)，培养学生健全人格和积极心理品质，对有心理困扰或心理问题的学生开展科学有效的心理辅导，提高其心理健康水平。切实加强家庭教育，家长要注重家风建设，加强对孩子的管教，注重孩子思想品德教育和良好行为习惯培养，从源头上预防学生欺凌和暴力行为发生。

2. 认真开展预防欺凌和暴力的专题教育

《指导意见》指出，各地要在专项整治的基础上，结合典型案例，集中开展预防学生欺凌和暴力专题教育。要强化学生校规校纪教育，通过课堂教学、专题讲座、班团队会、主题活动、编发手册、参观实践等多种形式，提高学生对欺凌和暴力行为严重危害性的认识，增强自我保护意识和能力，自觉遵守校规校纪，做到不实施欺凌和暴力行为。研制学校防治学生欺凌和暴力的指导手册，全面加强教职工特别是班主任专题培训，提高教职工有效防治学生欺凌和暴力的责任意识和能力水平。要通过家访、家长会、家长学校等途径，帮助家长了解防治学生欺凌和暴力知识，增强监护责任意识，提高防治能力。要加强中小学生违法犯罪预防综合基地和人才建设，为开展防治学生欺凌和暴力专题教育提供支持和帮助。

3. 严格学校日常安全管理

《指导意见》指出，中小学校要制订防治学生欺凌和暴力工作制度，将其纳入学校安全工作统筹考虑，健全应急处置预案，建立早期预警、事中处理及事后干预等机制。要加强师生联系，密切家校沟通，及时掌握学生思想情绪和同学关系状况，特别要关注学生有无学习成绩突然下滑、精神恍惚、情绪反常、无故旷课等异常表现及产生的原因，对可能的欺凌和暴力行为做到早发现、早预防、早控制。严格落实值班、巡查制度，禁止学生携带管制刀具等危险物品进入学校，针对重点学生、重点区域、重点时段开展防治工作。对发现的欺凌和暴力事件线索和苗头要认真核实，准确研判，对早期发现的轻微欺凌事件，实施必要的教育、惩戒。

4. 保护遭受欺凌和暴力的学生的身心安全

《指导意见》指出，各地要建立中小学生欺凌和暴力事件及时报告制度，一旦发现学生遭受欺凌和暴力，学校和家长要及时相互通知，对严重的欺凌和暴力事件，要向上级教育主管部门报告，并迅速联络公安机关介入处置。报告时，相关人员有义务保护未成年人合法权益，学校、家长、公安机关及媒体应保护遭受欺凌和暴力的学生以及知情学生的身心安全，严格保护学生隐私，防止泄露有关学生个人及其家庭的信息。特别要防止网络传播等因素导致事态蔓延，造成恶劣社会影响，使受害学生再次受到伤害。

5. 实施科学有效的追踪辅导

《指导意见》指出，欺凌和暴力事件妥善处置后，学校要持续对当事学生追踪观察和辅导教育。对实施欺凌和暴力的学生，要充分了解其行为动机和深层原因，有针对性地进行教育引导和帮扶，给予其改过机会，避免歧视性对待。对遭受欺凌和暴力的学生及其家人提供帮助，及时开展相应的心理辅导和家庭支持，帮助他们尽快走出心理阴影，树立自信，恢复正常学习生活。对确实难以回归本校本班学习的当事学生，教育部门和学校要妥善做好班级调整和转学工作。要认真做好学生欺凌和暴力典型事件通报工作，既要充分发挥警示教育作用，又要注意不过分渲染事件细节。

6. 加强平安文明校园建设

《指导意见》指出，中小学校要把防治学生欺凌和暴力作为加强平安文明校园建设的重要内容。学校党组织要充分发挥政治核心作用，加强组织协调和教育引导。校长是学校防治学生欺凌和暴力的第一责任人，分管法治教育副校长和班主任是直接责任人，要充分调动全体教职工的积极性，明确相关岗位职责，将学校防治学生欺凌和暴力的各项工作落实到每个管理环节、每位教职工。要努力创造温馨和谐、积极向上的校园环境，重视校园绿化、美化和人文环境建设。加强优良校风、教风、学风建设，开展内容健康、格调高雅、丰富多彩的校园活动，形成团结向上、互助友爱、文明和谐的校园氛围，激励学生爱学校、爱老师、爱同学，提高校园整体文明程度。要健全各项管理制度、校规校纪，落实《义务教育学校管理标准》，提高学校治理水平，推进依法依规治校，建设没有欺凌和暴力的平安文明校园。

（三）社会

1. 借鉴国外防治校园欺凌和暴力的有效经验

(1) 美国

美国近年来向部分州的学校派驻警察，除维护学校秩序外，还负责督学工作，校园警察的出现有效地震慑了校园欺凌和暴力。

在许多地方，要进入校园，必须先按门铃登记。在学校活动的时候必须佩戴标明身份的标志。在孩子放学时，学校附近会安排交通协管，帮助维护秩序，防止意外事故发生。此外，学校还尽力构建强大的社区安全网络。走近这些学校，就可以看到有些校门口安装了类似于机场使用的金属探测器，如果学生携带了武器进入校园，就会被搜查出来。

美国教育部门还设立了专款，帮助学校进行紧急疏散演练，训练孩子如何应对歹徒入侵校园等紧急情况。每年开学时，会培训教师如何处理欺凌事件，派发给他们指导材料。对学生也会有预防性的教育，告知他们学校的有关规章。

(2) 日本

在日本，政府对小孩有一套完整的保护措施，而且是长效机制。日本每个学校都有警卫队，各个校园都安装有摄像头，覆盖到校园的各个角落，每个教室都配备有催泪喷雾、钢叉、透明盾牌，有人进入校园远远就能看到。

日本政府在孩子的书包上很下功夫，每个书包上都安装有GPS定位的电磁接收器。如遇到不测，只要按动按钮，家长、学校及安保部门均能同时接收到。

日本的孩子很小就学习灾难自救知识。小学设置有安全课，内容包括交通安全、防范技术、地震防灾等6个单元，用一年时间学完，每周一课。到了中学，安全课则上升到了实战演习，一个学期至少会训练两次。

文部科学省重视对教师进行有关校园欺凌的培训，增加合格学校辅导员和护理员的数量，以帮助学生处理各种问题；同时，允许学校对那些给同学带来身体或心理伤害的学生停课，并为此制订了更加明晰的指导原则和程序。

从幼儿园开始，日本就有辖区警察定期到学校巡查、开讲座，并通报近期治安动态，以加强对犯罪的威慑，增加孩子、家长和老师的安全感。校园门口配有校方的警备员、保安，在学生上下学时在校门口、交通路口维护孩子们的安全。

日本防卫机制比较健全，特别是立法比较完善。将学校安全列为重中之重，日本关于未成年人的法律法规有很多种，除了有《教育基本法》《儿童福利法》《日本少年法》等内容宽泛的法律，甚至有规定学生们如何吃饭的《学校营养午餐法》。

(3) 加拿大

任何一所学校都有《危险防范计划》和《防暴逃逸计划》，孩子会受到全民保护。校车比警车“厉害”，除非是在执行特别紧急的公务，警车一律要为校车让道。在上学和放学的高峰期，所有的交通运输车辆在遇到校车上下孩子时，一律要在10米外等待，直到校车关闭车门驶离。学生入校以前，和家长一起接受《危险防范计划》训练。

加拿大政府为各所学校提供24小时安保服务。在比较寒冷的地区，校园中的建筑通常是有地下通道相连的，这种设施不仅能防寒，还能保障学生在上下课时更安全。一旦有幼儿园、学校和来自孩子的报警，警方一律按照特级警情处理。

2. 强化学校周边综合治理

《指导意见》指出，推进校园及周边地区公共安全视频监控系统全覆盖，加大视频图像集成应用力度，实现对青少年违法犯罪活动的预测预警、实时监控、轨迹追踪及动态管控。把学校周边作为社会治安重点地区排查整治工作的重点，加强组织部署和检查考核。要对中小学生欺凌和暴力问题突出的地区和单位，根据《中共中央办公厅 国务院办公厅关于印发〈健全落实社会治安综合治理领导责任制规定〉的通知》要求，通过通报、约谈、挂牌督办、实施一票否决权制等方式进行责任督导和追究。

公安机关要在治安情况复杂、问题较多的学校周边设置警务室或治安岗亭，密切与学校的沟通协作，积极配合学校排查发现学生欺凌和暴力隐患苗头，并及时预防处置。要加强学生上下学重要时段、学生途经重点路段的巡逻防控和治安盘查，对发现的苗头性、倾向性欺凌和暴力问题，要采取相应防范措施并通知学校和家长，及时干预，震慑犯罪。

3. 强化教育惩戒威慑作用

《指导意见》指出，对实施欺凌和暴力的中小学生必须依法依规采取适当的矫治措施予以教育惩戒，既做到真情关爱、真诚帮助，力促学生内心感化、行为转化，又充分发挥教育惩戒措施的威慑作用。情节较重的，公安机关应参与警示教育。对屡教不改、多次实施欺凌和暴力的学生，应登记在案并将其表现记入学生综合素质评价，必要时转入专门学校就读。

对构成违法犯罪学生，根据《刑法》《治安管理处罚法》《预防未成年人犯罪法》等法律法规予以处置，区别不同情况，责令家长或监护人严加管教，必要时可由政府收容教养，或者给予相应的行政、刑事处罚，特别是对犯罪性质和情节恶劣、手段残忍、后果严重的，必须坚决依法惩处。对校外成年人教唆、胁迫、诱骗、利用在校中小学生实施违法犯罪行为的，必须依法从重惩处，有效遏制学生欺凌和暴力等事件发生。各级公安、检察、审判机关要依法办理学生欺凌和暴力犯罪案件，做好相关侦查、审查逮捕、审查起诉、诉讼监督、审判和犯罪预防工作。

4. 为防治校园欺凌和暴力立法

法制不健全，青少年校园暴力犯罪成本低是校园欺凌和暴力频发的首要原因。我国的相关法律规定，14 岁以下未成年人不承担刑事责任，14～16 岁是一个过渡，承担部分责任。鉴于现在的孩子普遍早熟，很多人认为应把承担刑罚的责任年龄降低，制定诸如《反校园暴力法》《少年法》等法律文件，通过对目前已有的各种法律的调整、完善，达到对未成年人保护的目的；或者修订《未成年人保护法》《刑法》等相关法律，对校园安全的内容予以明确具体化，把遏制校园暴力纳入校园安全范畴；对校园侵害情节恶劣者依法判处严刑，对于轻微的违法犯罪行为，法律也要做出更细化的规定，便于各地司法机关在惩治该类行为时有统一标准。

5. 多方合作，综合给力

《指导意见》指出，教育、综治、人民法院、人民检察院、公安、民政、司法、共青团、妇联等部门组织，应成立防治学生欺凌和暴力工作领导小组，明确任务分工，强化工作职责，完善防治办法，加强考核检查，健全工作机制，形成政府统一领导、相关部门齐抓共管、学校家庭社会三位一体的工作合力。

要建立学校、家庭、社区（村）、公安、司法、媒体等各方面沟通协作机制，畅通信息共享渠道，进一步加强对学生保护工作的正面宣传引导，防止媒体过度渲染报道事件细节，避免学生欺凌和暴力通过网络新媒体扩散演变为网络欺凌，消除暴力文化通过不良出版物、影视节目、网络游戏等侵蚀、影响学生的心理和行为，防止引发连锁性事件。要依托各地12355青少年服务台，开设自护教育热线，组织专业社会工作者、公益律师、志愿者开展有针对性的自护教育、心理辅导和法律咨询。坚持标本兼治、常态长效，净化社会环境，强化学校周边综合治理，切实为保护未成年人平安健康成长提供良好社会环境。

中小学如何培养特殊人才?

什么是特殊人才？就是具有其他人不具有的特长或具有超出一般水准的人。

中国为什么缺少拔尖人才，很少有世界级大师出现？为什么泱泱大国只有几个人能拿诺贝尔奖？为什么中国足球发展不起来？主要原因就是我们目前的中小学教育模式扼杀了人才，“千里马常有，而伯乐不常有”，即使发现了特殊的苗子，也没按照他的特殊之处去培养。

一、早发现

孩子的优缺点是什么，性格特点是怎样的，对哪些东西感兴趣，有哪些特殊潜质可以开发等一系列问题，父母在从小精心培养教育的同时，就要注意细致观察。待到上幼儿园，就要形成一个初步的判断，将上述问题一一填写在由幼儿园制作的“孩子成长档案”中，幼儿园就要以此为基本依据，对其特殊“关照”。

特殊人才的培养是一个周期长、收效慢的工程。幼儿园、小学、初中、高中，每到新生入学前夕，班主任及科任教师都要认真查阅新生档案，做到提前熟悉学生的情况，尤其是在某些方面取得了一定的成绩，或在某些方面具有一定特长的学生。要做到人未到，情况先知道，开学之后的教育教学活动要根据第一手材料来验证并不断丰富改进“孩子成长档案”中的兴趣、爱好、特长等内容，以达到因材施教的目的。

对学生潜能和能力倾向要进行早期诊断与评价，有条件的学校要建立电子跟踪档案，及时发现学生潜能、能力倾向及其变化趋势，及时制定个别化的指导与培训方案，确保学生潜能早发现、早开发，能力倾向早发现、早跟踪、早引导，以保障学生潜能和能力沿健康方向最大限度地发展。

学生在中小学阶段所显现的特殊潜质一般可概括为音体美特长，学科成绩拔尖，管理、写作、朗诵、演讲、表演、辩论、舞蹈、手工制作、科技发明等某个项目具有比较特殊的才能等。

具有特殊潜质的学生的一般特征为：想象力丰富，作文能独立选材，题材新颖、风趣；对环境的感受能力强，能觉察别人忽略的事实；能闻一知十，举一反三，触类旁通；能提出卓越的见解，并能以新奇的方式处理事情；心智活跃，思路畅通，解答问题敏捷；办事热心，坚持不懈，不怕挫折；独立性强，有主见，不轻信别人；有自信心，有理想；兴趣广泛而专一；有强烈的好奇心和探究心理……

另外，具有如下特征的学生，在教育教学中也要特别予以关注和培养：

1. 才智出众

在概念掌握、概括分析或综合新的观念时更得心应手。在很小的时候，可能就会关注与价值、伦理或公正相关的问题。有出色的记忆力，喜欢问很多问题。在学前阶段，他们的典型特征是：词汇发展超前，注意力集中时间较长。

2. 具有特殊的学业能力

在某些特定的学术领域，如语言或数学推理上有非凡的才能，他们中的很多学生热爱独立阅读。

3. 具有创造性思维

他们可能更爱冒险、更独立、更有好奇心、更主动、更灵活、更敏感、直觉更强、更有洞察力，他们可能对无聊的内容更容易失去耐心，他们也可能很有幽默感，有更多的原创性的想法。

4. 具有领导能力

有较成熟的社会技能，懂得移情，有激励他人的能力，有联合他人或组织他人共同致力于某一任务的能力，懂得交流的技巧。

5. 具有表演艺术才能

在音乐、舞蹈、模仿、讲故事、绘画方面有特殊的技能。他们还可能具有成熟的非语言交流的技巧，身体协调能力强，对自身在与他物或他人的关系中的位置有特别的感悟力。

6. 有些患有语言障碍、听觉障碍、视觉障碍、肢体障碍或学习障碍的学生，可能在某一个领域的学习上存在显著的困难，然而在其他领域却可能显示出特殊的学习才能

上述所说的这些特征是比较容易观察到的，但也有极个别的学生的行为表现并不是良好的，却有着非凡的潜质。他们有时表现为多动、焦虑、过度敏感、易激动、孤独；有时又表现出反叛和固执。由于这些行为常被误解，所以他们会感到被区别对待、孤独或被孤立，这些情绪可能会进一步导致其无法集中精神，甚至造成生理上的疾病。为此，天才的某些表现也可能伴随着学习障碍、注意障碍、多动障碍的相关特征，有时候很难区分出这些学生的天赋，教师要“明察秋毫”，不误人子弟。

二、早培养

（一）理念更新

要培养特殊人才，学生的培养方式就要转变。培养方式要转变，首先就要转变学生的学习方式，而学生学习方式的转变，必须要转变教师的教学方式，而教师的教学方式的转变又要求其必须具有先进的教育教学理念。

目前的普通教育是齐头并进的“大锅饭”，而我们所提倡的特殊人才教育是有利于发现并开发学生潜能的因材施教，多样化课程的个别化教学。

特殊人才教育需要有特殊的制度为特殊的人才服务。对“异类”人才要有包容性。特殊人才的创造性与个性有着密切的联系。创新是以个性为基础和表现形式的，没有自身独特、鲜明、丰富多彩的个性，就谈不上创新；创新能力的培养依赖于个性的充分发展和展现。

每个学生天生的爱好和特殊的才能都应在教育教学中得到尊重，传统的“课堂中心”模式在很大程度上压抑了学生的主动性、积极性和创造性，严重扼杀了学生的个性。这种教育培养出的学生千人一面，循规蹈矩，唯唯诺诺，创造能力无从谈起。培养创新型人才的关键是营造和谐的环境。基础教育阶段要树立以学生为本的教育观，特别要倡导尊重个性、鼓励冒尖、因势利导和因材施教。

要把课堂还给学生，让课堂焕发出生命的活力；重视课堂上师生的有效互动和教学过程中的动态生成；增强教学设计意识，重视教学情境的创设工作；要学会充分合理地使用现代化教学手段；要指导学生善于开拓和利用自主学习的时间和空间，敢于质疑问难，积极参与知识的探究活动和社会实践活动，尝试将“书本世界”与“现实生活世界”紧密联系起来。从表面上看，时间的优化似乎是降低了教学强度，但实质是对教师的教学能力和学生的学习能力的更高要求，“授之以鱼，不如授之以渔”，即为

这种教学方式的真正目的。

中小学培养特殊人才要更新考试评价制度。中高考不改革,中国的基础教育很难有根本性的改变。现在的中高考,用一张试卷、一个标准、一个模式来要求和鉴别所有学生。试卷主要考查学生的知识复制、迁移、运用能力,为此,学校教师也把主要精力用来培养学生的这方面能力上,结果就是青少年的创造才能得不到很好的发展和培养。另外,人的精力是有限的,人有所长也有所短,很多创新型人才并不是全才。在这种考试制度下,也确实选拔出了大批有才能的青年,但同时也扼杀了一批有突出特长、有创造能力的人才。因此,必须建立更加开放、灵活和科学的评价体系,以培养和选拔具有特殊才能的学生。

(二)特殊教师

培养特殊人才需要有与此相对应的"特殊"的比较专业的教师。这类教师要善于吸取最新教育教学成果,并能够在实践中及时发现行之有效的教育教学方法。这种教师能用启发式的教学方法和现代化的教学手段激发学生的学习兴趣,引导学生积极参与教学活动,并善于将自己的学习、科研方法加以总结传授给学生;能在正确评价学生,善于诱发学生的创新灵感和激发学生的创新意识的同时又善于指出其不足,从而提高学生的创新能力;能独具慧眼识别创新型学生,尊重他们个性的发展,并有意识地加以培养。

特殊人才培养所需的教师的基本素质可概括为:① 具有崇高的爱岗敬业精神和真挚的教育情感;② 有适应时代要求的新的教育观念,能自觉地树立终身、多样、创新的宏观教育观念;③ 有较高的心理成熟度,具有强烈的责任感,自我期望值高;④ 有强烈的创新意识和独立的批判精神,不满足于现成的经验和结论,敢于突破框架,另辟蹊径,标新立异,敢于发表可能会引起争论的观点,敢于坚持自己的独特见解并形成自己与众不同的工作风格和特色;⑤ 有发现学生创造潜力的能力,能从学生的言行中发现创新的萌芽,善于引导,扬其长而补其短,不嘲笑、讽刺、压制学生,不动辄指责学生;⑥ 有开发学生创新能力的能力,善于诱发学生的创造动机。

(三)特殊培养

有了具有特殊潜质的学生,也有了具有培养特殊潜质学生的教师,还需要有针对特殊学生的专门培养机制。例如设置专门的学校或班级,专业的课程,使用专门的管理和教育教学方式方法等。可是令人遗憾的是,目前,我国的中小学教育还没有照顾或者说是考虑到这一批具有特殊潜质的学生。虽然初中教材也有一些综合性学习的内容，但基本还是缺乏系统性和可操作性的“有名无实”；虽然高中教材也设置了一些能够发挥学生特长的选修课、研究性环节，但总体上还没有专门为这一类学生设计的特殊教育模式。

目前我国正在努力实现教育的均衡化发展的战略目标，但这不意味着我们就不可以搞特殊人才的特殊培养。对特殊的学生进行特殊的培养是世界各国的惯例。例如，在英国，超常人才培养是普及性的。“城市精英”和“精英组”分别针对城市和乡村地区超常生进行“超常”的培养。将国家培养高层次人才的计划引入 1000 多所中学、500 多所小学和 100 多所大学预科学校。

再如，在印度，全国有 500 多个区，除了泰米尔纳德邦外，其他邦每个区都有一所“天才儿童学校”，目前共有 512 所，主要面向印度农村的超常儿童。距离首都新德里 50 公里的一所“天才儿童学校”，从六年级到十二年级共设有 7 个年级，每个年级设有 2 个班，每班不超过 40 名学生。这些学生都是从哈里亚纳邦的农村挑选出来的天才儿童。此举之目的是使农村天才儿童能像城市儿童一样获得高质量的教育，并充分挖掘他们的潜力，以实现社会公平。

假如我们目前还做不到像这些国家一样重视，但在中小学实施差异教学、差异作业、差异考试方法或许可以先行一步。即改变统一标准、统一形式、统一目标、统一教材的教学，学生可以根据自己的情况选择学习难度和作业难度。实施差异考试，允许学生选择不同难度的试卷，并允许学生多次参加考试。强化考试的导向监督功能，使每名学生都能看到自己的进步、问题和努力的方向。

特殊人才的培养，是一项从幼儿教育到社会职业教育的系统工程。时间可从长学制到短训班不等，常规模式可包括早慧班、特长班及对普通生的潜能开发班等。目前大学里的“少年班”就是个有益的尝试，但还要推而广之，一竿子插到中小学，乃至幼儿园。

特殊教育需要开放的教育环境，要有可供学生修养和发展特殊潜能所需要的各种条件，要有展示特殊才能的舞台，有可供选择的教育内容。因此，丰富特殊人才发展的空间条件必须改革单一的课程结构，构建必修课、选修课、活动课三大板块相结合的组合课程体系，为学生提供可以选择的教育内容；合理组织学生开展各种丰富多彩的特殊教育活动，在活动中发展和提高学生的特长；搭建展示才能的舞台，让学生通过展示才能获得成功感和成就感。这些都是特殊生培养的基础和条件保障。

有人说:“我国的小学教育是‘听话教育’,中学教育是‘应试教育’,大学教育是‘知识教育’,而唯独没有能力培养、素质教育,更谈不上发展个性的教育。”我认为不无道理。这种教育方式的结果是,学生的应试能力很强,在国际奥林匹克学科竞赛中,我国选手屡创佳绩。然而也不可否认,正是这种教育培养出的一代又一代学生在国际高科技竞争中,却没有多少立足之地。相比之下,美国的教育重视培养学生广阔的知识面、创造力、适应性、独立性和实践能力,其结果是,在全世界600多位诺贝尔奖获得者中,美国就占40%左右。著名科学家杨振宁曾说:“中国的学生知识太多,能力太小。与美国学生相比,中国的学生顺从权威,美国的学生挑战权威。”

(四)大中小学有机衔接

从幼儿园起,到小学、初中、高中,乃至大学都要设计一个统一的“学生成长档案”。设计根据不同特质、不同基础和水平的培养计划和课程设计,并在每一阶段的培养过后都要通过测试。合格者颁发不同项目的等级证书。

进行多种培养模式的改革试验,为高校输送各类优秀学生,例如在高中试办大学预科班、高中美术特长班、理科试验班、体育班和美术特长班等。多种培养模式优势互补,互相促进,有利于各类优秀学生以及理科、体育、艺术等特长生的大量涌现。再如中学取消文理分班,大学彻底取消按单科设置学校,使人文教育与科学教育相结合,相融合。

此外,大中小学的一些课程也应注意衔接。例如,政治课、外语课重复的内容很多,应该有所侧重并明确分工。当前,与理科基础相比较起来,学生的文科基础弱一些,因此,大中小学改革就要注意理科更基础一些,文科更强化一些,外语水平更高一些。

大力提倡中小学校建立各种“社团”组织,以丰富校园生活,培养特殊人才。例如科技协会、读书协会、书画协会、天文学会、记者团、文学社等学生团体,民族乐团、舞蹈团、合唱团等文艺社团,足球、篮球、乒乓球、游泳、登山、田径等体育团体……为学生发展个性、挖掘潜力、展现特长提供广阔的舞台。

普及义务教育和培养高层次人才的教育应该齐头并进,以实现“抓两头带中间”的目的。在规范特殊人才教育的同时,应从制度和政策等方面给予特殊支持,力争使我国特殊人才教育为国家的发展作出更大贡献。

特殊人才的培养教育要提倡普及，即全社会支持和参与，并且要从小抓起，从中小学抓起，不能急功近利、拔苗助长。例如，为发展足球事业，要校校有足球场，省、市、县（区）、乡（镇）政府及学校要年年有球赛，层层选拔优秀球员，层层组建青年、少年球队，层层开办青少年体校进行专业训练。

大中小学有机衔接，需要注意的问题是，对学生的特殊潜质培养应当尊重学生的意愿、选择。即使在小学与初中、初中与高中衔接培养的过程中，也应该允许学生特长的变更、迁移。因为青少年儿童正处于个性发展阶段，他们的身心发育远未定型，认识水平正在发展，社会实践刚刚起步，随着对“特殊潜质”的认识和理解逐步加深，对“特长”还存在着再选择和再定向的问题。过早地让学生确定某些特长发展专向，或者不允许学生特长志向的中途转移，都有可能埋没人才。

另外，基础教育，尤其是义务教育，应把重点放在打好基础上，让学生的生理素质、心理素质、思想和科学文化素质得到充分和谐的发展，而不应该把重点放在培养少数“优生”上。即使对特长明显的学生实行优生优培，也不能破坏他们个性发展的和谐性，更不能让学生用超量的精力和时间去追“名”逐“利”，从而影响其全面打好基础。假如这个阶段因此而没有打好基础，那么，他们的潜能就不可能得到持续的开发，今天的特长“小明星”，到了应当铸造人生辉煌的年龄，却有可能陨落，无数事实已经证明了这一点。

中小学培养特殊人才的问题已引起社会的普遍关注，国家陆续颁布了《国家中长期教育改革和发展规划纲要》和《国家中长期人才发展规划纲要》，体现了国家对于创新人才的渴求，实施创新教育、培养创新型人才势在必行。

素质教育,如何实干不空喊?

素质教育搞了近30年,虽然在局部地区取得了一定成绩,但总体上说是雷声大,雨点稀;喊得多,做得少;思想超前,行动滞后。何以然?这里有“大气候”的原因,诸如中高考选拔人才的机制、教育结构及评价机制的单一和落后等问题;也有“小气候”的原因,诸如教育工作者的素质有待提高等问题;还有一个更重要的原因就是理论构建想的多,实际操作研究的少,理论和实践追求“高、大、全”的多,从“低、小、碎”入手进行方法和途径的实践探索的少。

这最后的一个原因说其“更重要”的理由有二:其一是,尽管已经具备了实施素质教育的“大小气候”,但如果不解决最后这个问题也无法或不能正确实施;其二是,尽管不具备实施素质教育的“大小气候”,但如果解决了最后这个问题也同样可以见成效。

从“低、小、碎”入手来探索实施的方法和途径,是素质教育走出困境的看似羊肠小道却能收到“农村包围城市”效果的简单易行的方法。所谓“低”,就是降低目标,降低期望值;所谓“小”,就是小步子,一步一个脚印;所谓“碎”,就是化整为零,从“零打碎敲”开始。概括地说,就是素质教育的“素质”养成要从起点抓起,从习惯抓起,从琐碎的事抓起。“素质”养成是个循序渐进的过程,不能急功近利,贪大求洋。

我国目前的基础教育“双基”落得实,是世界公认的,其实这也就是基础素质抓得好,只不过是知识抓得多了一些,活动抓得少了一些;书本知识抓得多了一些,书本外的知识抓得少了一些;考试抓得多了一些,考试外的抓得少了一些;全面的、千篇一律的抓得多了一些,个性的、特长的抓得少了一些……这些也许就是“动手能力差,不具创造力,不出拔尖人才”的主要原因吧!那该怎么办?缺哪补哪,进行缺欠素质教育吧!

弥补缺欠素质,进行全面性的素质教育是目前教育的当务之急。所谓的全面性有两方面的含义:一是培养和提高所有学生的素质,要为每一个学生的素质发展创造必要的条件，对每一个学生负责；二是使所有素质都获得培养与提高，不能只片面抓某一种素质的培养。

基于以上的观点及理由，根据素质教育所包含的道德素质、智力素质、身体素质、审美素质、劳动技能素质等内容，以在“做事”中培养提高素质，从“低、小、碎”入手来探索实施素质教育的方法和途径为原则，倡导在基础教育阶段广泛开展“做事”活动，让学生无论是在课内还是在课外，充分“动”起来！

如何使学生充分“动”起来？首先是根据素质教育所包含的内容形成一个工作内容体系，然后再根据工作内容明确总体或每项工作的目标，最后是确定如何考核评价等问题，例如：

一、道德素质及劳动技能素质教育

进行道德素质教育，要从培养学生做事抓起，学生懂得了如何做事，实际就是懂得了如何做人，会做事，能做事，愿做事，不仅涉及道德问题，还涉及劳动技能素质的问题。设计培养道德素质的做事方案要从小事入手，要有布置，有检查，有指导，有调整，有评价，并且要持之以恒。

（一）工作项目举例

每天为父母做一件事，每学期为班级、为学校、为社会做几件事。

（二）工作参考内容

卫生及环保系列项目，如在家里拖地、洗碗、洗衣服、打扫房间，在学校、社会做环保小卫士等；自理自立系列项目，如提倡自己的事情自己做，别人的事情我帮做等；学雷锋做好事，助人为乐系列项目，如做义工、寻找帮扶对子等；学管理，树立主人翁意识，培养社会责任感系列项目，如参与交通管理、做文明礼貌监督员、做班级和学校事务协管员等；心理健康系列，如记周记记录心路历程、做心理健康咨询员等。

（三）工作总体目标

学会做事，学会做人。

（四）评价参考标准

和其他作业一样，要有一个做事记录本，把每天做事的起因、经过、结果、总结反思及时记录下来。在家庭做事，要有家长的评语、等级评定或具体分数；在学校或社会做事，要有证明人以及评价。每学期都要根据平时的情况，综合评出等级或分数，每学期都要举办一次做事比武大赛或成果展示等。

二、智力素质教育

在巩固现有基础教育的智力素质培养成果的同时，根据培养无论做什么工作都需要具备的“基础素质”的缺什么补什么的原则，从幼儿园抓起，各学科都要通力合作。到初中或高中毕业需要见成效的“基础”项目虽然还有许多，但笔者认为，比较紧迫的大体有如下几项。

（一）把“写一手好字”作为各学科的重点来抓

很多人到初高中乃至大学毕业，连个汉字都写不好，这实在是个不得不重视的问题。教育部多次强调，中小学要“提高师生使用和书写规范汉字能力”，各学科要通力合作，不仅仅依靠语文课和书法课，要从幼儿园抓起，切实抓好这件事，从规范写字姿势、笔顺开始，虽然不能要求人人写字美观大方，但起码要字迹清晰、结构匀称，小学着重抓好楷书的训练，初高中着重抓好行书的训练。要采取人人过关，颁发书法等级证书的制度，并将其作为升入高中乃至大学的重要参考依据。

（二）多读书，将课外阅读纳入到课内来抓

“考什么就学什么，光顾考试不读书”是目前应试教育的最大弊病。语文教学不能拘泥于陈旧的“吃透教材，讲透教材，学生学透教材”的“三透”处理方式，要大力压缩讲读课文的时间，将节省下来的时间用在布置、检查、指导、考查学生“多读书”上。基础教育的每个年级都要明确必读和选读书目，每名学生每天身边必须携带一本名著，统一阅读进度，统一计划与管理，统一考查时间与范围，课堂上要通过各种形式来检查督促阅读完成状况，并注重方法指导，以提高课外阅读效率。要抓好成果交流，以激发阅读兴趣，如课前三分钟读书交流，召开读书新闻发布会，召开读书报告会，举办各种读书竞赛活动等；要抓好检测评价，明确检测评价原则、评价内容，采用多元化检测评价模式，如分层查阅法、日常观察法、笔试法，要实施阅读考查晋级法，每学期考查晋级一次，并发放由学校统一制作的“阅读等级证书”，要将课外阅读作为期中、期末，乃至中高考的重要内容。

（三）把“作一篇成型文章”作为语文课压倒一切的任务来抓

如果一个学生在初高中乃至大学毕业后，连一篇成型的文章都拿不出来，不习惯也不善于拿起自己的笔来表情达意，这实在是说不过去的事。语文课天天上，课文天天讲读，学生学到了什么，落实到写作中去了吗？没有。那就要少讲读一些，多让学生自读，指导模仿借鉴写作，将写作作为语文课压倒一切的任务来抓。

先要会写实用文体，如请假条、发短信、收条、借条、申请书、保证书、决心书、说明书等；先要从记叙说明一人一事一物抓起，然后再向描写、抒情和议论过渡；先要从记忆、学习、借鉴同班同学、同级同学的优秀习作开始，然后再向记忆、学习、借鉴高年级同学、名家的优秀作品过渡；先要从一天一个小片段开始，然后再向两三天一短文、三五天一长文过渡。期中、期末，乃至中高考语文只考课外阅读、文言文阅读、写作三大块就足矣，其他那些无聊的问题就统统砍去吧！

（四）把培养学生动手操作能力、创新精神和创造能力作为各学科核心理念来贯彻执行

创新精神、创造能力是人的素质中最重要、最富有活力、最富有社会价值的一部分。人人都有创造的才能，只是这种潜能只有在相互尊重和宽松开放的环境中才能被引发。要培养学生的创造能力，就要树立“凡是学生能自己做的事情，教师就不要包办代替；学生不会做的事情，教师要引导学生做”的思想。课堂上，就要贯彻精讲精练的教学原则；就要创设情境，让学生在动手中发展创新思维；就要多组织实验探究，锻炼学生不畏困难险阻，勇于攀登科学高峰的精神品质；就要不仅在课堂上学，还要走出课堂去学……

（五）把学生走出课堂去学习当作是课堂教学一样来抓

可以让学生走出课堂，去拥抱自然，拥抱社会，去体验社会生活，去了解社会的变化，开阔视野，锻炼敏捷的思维，使书本知识在实践活动中得以充分的应用，进而培养学生的探究意识、创新意识和团队精神。这是实施素质教育的重要环节。让学生走出课堂，要有计划，有步骤，有目的，有总结升华，最好是让学生带着问题去实践，以实现学习的延伸、认识的升华。

每学期的每个学科，都要安排一定的时间带学生到课外去活动；每学期都要要求学生写一两篇参观记、访问记。关于社会实践的问题，有许多地方都进行了有益的尝试，可供我们借鉴，如北京整合社会各个资源的力量，面向学生免费开放、优惠开放各

种场所，这样，有些课程就可以走出课堂；上海有8张地图，包括文化资源类地图、经济类地图、人文类地图等，这些地图都是适合中小学的社会实践资源，有了这些资源，学校就可以根据教学的具体情况有选择地组织学生去参观，这样还可以综合解决学校担心的安全问题和经费不足问题……

各地可以根据自身的不同情况来有效利用自然和社会资源，让学生走出课堂，在社会实践中学习。

三、身体素质教育

身体是工作的本钱，要大力开展阳光体育运动，保证学生每天锻炼一小时。为抓好身体素质教育，各学校在保证开足、上好体育课，做好每天的广播操、眼保健操的同时，还可以设计每天长跑30分钟以上，由班主任带队，全体教师都参与，持之以恒，一如既往，一定会大见成效。

除扎扎实实抓好上述这些事以外，还要注意通过教学的统一管理来强化素质教育，如讲课不要超过15分钟，堂堂要有学生的讲与练，堂堂要有梯次习题配备，控制各科作业量，加强“做事”性家庭、社会活动作业的统一管理与检测等。再如，通过科技发明、演讲、作文、歌咏、绘画等竞赛活动来进行素质教育，从人人参与活动中培养素质，从竞赛中发现人才，进而培养“特殊素质”、特殊人才；通过音、体、美等学科的普及教育来发现学科性拔尖人才，进而培养“特殊素质”、特殊人才，等等。

心动不如行动，即使你天天学习、宣传、研究如何转变思想，发展学生的个性，使学生全面发展等等，也不如你扎扎实实地每天、每月、每个学期、每个学年去改变一种或几种观念，去做一件或几件事情。假如你持之以恒地去做了一件或几件有利于提高“素质”的事，就说明你在接受素质教育的理念，在走着素质教育的路子，在实施着素质教育；假如你学习、宣传、研究了许多素质教育的思想、观点以及方法途径，但眼高手低，不懂得如何去做，如何使别人去做，那只能叫作“瘸子打围坐山喊”。

怎样扎实有效开好考试成绩分析会?

考试,是一种严格的知识水平鉴定方法。考试的方法有笔试、口试、面试和操作考试等,根据不同的测试目标和测试内容而选择不同的方式。在目前的教育体制下,学校考试成绩通常是指学生的笔试分数。

期中期末、中考高考结束后,班级、年级、学校乃至县(区)市都要组织考试成绩分析会。怎样分析成绩才能扎实有效?这是个关系到会议能否省时高效,关系到能否促进笔试分数提高的大问题。

一、明确影响成绩的主要原因

(一)影响学生学习成绩的主要原因

1. 没有形成良好学习习惯

没有形成构成学习行为环节和秩序的良好习惯。学习行为环节如预习、听课、作业、复习、考试、改错、检查等,任何环节没做好,都会影响学习效果;学习秩序如做作业先要复习回顾,后要检查订正等,秩序混乱或不科学,学习就会费时低效。学生需要通过环节和秩序的完美结合来提高学业成绩。需要引起重视的是,良好的学习习惯和生活习惯的养成与家庭教育有很大关系。

2. 非智力因素的影响

指人的需要、兴趣、情感、意志、信心、自尊心等心理因素的影响。非智力因素在学习过程中具有动力、定向、维持、强化等一系列重要作用,它决定着学习者的积极性的程度和水平。缺乏这种基本元素,任何良好的教学方法都难以收到预期效果。

除上述两点外,还有学者把影响学习成绩的原因归结为:目标、兴趣、自信、毅力、学习习惯、记忆力、学习技巧、考试技巧这八大因素。

（二）影响班级成绩的主要原因

1. 班风不正，学风不浓

良好的班风、学风是取得好成绩的保障。影响良好的班风、学风形成的原因是多方面的，如缺乏集体荣誉感和班集体的凝聚力，没有良好的纪律做保证等。

2. 缺乏榜样的力量

榜样的力量是巨大的。一个集体，没有领头人，没有精神领袖，就容易迷失方向。

3. 没有抓好对问题学生的管理

问题学生管不好，班级就会时时出现问题，班风、学风就会受到影响。

4. 没有协调好学科和科任教师的关系

一般情况下，班主任所教科目的成绩要好于其他科目，如果班主任教两个或两个以上的班，所任班主任的这个班的成绩要好于其他班级。为防止偏科现象，班主任要有全局意识，协调抓好学生个人以及班级整体薄弱科目的转化工作。只有班主任和科任教师齐心协力，成绩才会整体提高。

5. 没有充分调动家长的积极性

学生在家能否独立认真完成作业，是影响学习成绩的主要原因。学校教育只有在家庭教育的积极配合之下才能扎实而有效，如果家长对学校教育不积极寻求配合的方式和方法，甚至是袖手旁观，很难取得理想的教育效果。

（三）影响学校成绩的主要原因

影响学校教学质量的人为因素主要有学生自身、科任教师工作、班级管理、学校教学管理等几方面。

1. 生源质量差

目前国家及各省市虽然对“择校热”问题出台了许多限制措施，但明里暗里选择升学率高的学校的问题还没有从根本上予以解决。普通学校以及农村学校的好学生流失现象非常严重，这就造成了中高考成绩永远也比不上名校的问题。

2. 师资素质差

好学生往名校、升学率高的学校流，好老师也往名校、升学率高的学校、城市学校里流，加之目前选拔、聘用教师机制的某些问题，普通学校以及农村学校师资素质偏低。

3. 管理手段落后

找不到素质教育与应试教育的良好结合点，顾此失彼现象比较严重。找不到提高考试成绩的科学而有效的办法，只是在拼时间，拼题量，拼体力，拼命。

二、掌握科学分析考试成绩的方式方法

考试结束后，对教育教学质量进行客观分析并对今后教育教学工作提出指导或建议性意见，这就是通常意义上的教学质量分析或质量评价。其作用是剖析教师教学和学生学习现状，指导学校教学工作，是强化学校教学管理的重要手段。

及时进行教学质量分析，是对教学工作进行全面、深刻、系统反思，总结经验，查找不足，进而制订出新的具体措施、下一步工作方案的过程，是不断接收、吸纳新的教学思想，不断调整教学改革方向的过程。可以说，它是不断提高教学质量，保证学校教学工作稳定、可持续发展的“驱动器”。

（一）教学质量分析的流程和形式

1. 数字的统计、比较和分析

两率一分、最高分、最低分、分数段，成绩及名次等级，横向比、纵向比等信息首先要用表格的方式进行数字上的统计、比较，然后再进行文字上的分析。

教学质量分析是一个自下而上的过程。一般来说，首先是教师个人对所教学科的统计和分析，然后是年级组长对整个年级、备课组长对整个学科成绩的统计和分析，最后是主管教学校长、主任对全校成绩的统计和分析。

2. 形成质量分析报告

(1) 报告结构

第一，考试及阅卷情况。这是对监考、批卷、数据统计等情况进行的总结，既是为以后考试做好规范，又是为下一步分析奠定基础。

第二，试卷情况。如试卷设计思想、考查内容、分数权重、难度、效度和信度等情况。

第三，数据情况。如准确程度、统计的内容及形式、对数据的解读等，用以明确教学质量的总体发展水平。

第四，经验、教训及问题。教学质量分析报告重在分析与反思，具体要从学生、教师、年级、学校等方面进行分析。

第五，改进措施及意见。要关注整体和个体；要针对通过统计分析而得出的结论

性问题，明确改进的措施和意见；要有可行性。

(2) 报告的特点

第一，针对性。教学质量分析报告是针对试题或考试效果所作的实事求是的分析，解决教师所关心的考得怎么样，今后怎么才能考好的问题，是对考试的理性认识。

第二，时效性。教学质量分析的目的是针对试卷中出现的问题，改进今后的教学工作，为进一步提高质量奠定基础，时间性很强。因此，分析要迅速，报告要及时，如果时过境迁，就失去了指导意义。

第三，指导性。质量分析报告要分析试题特点、教学效果，抓准典型试题、典型问题。分析典型时，要与教育发展形势、任务、要求以及学校存在的倾向性问题结合起来，使分析报告具有普遍意义和指导作用。一篇好的分析报告，能引发反思，促使老师改进、调整教学思路和学习策略。分析试题要站在素质教育的高度，以新课标为依据，这样才能站得高，看得远，指导作用强。

第四，全面性。质量分析报告，如果仅仅就考试学科进行分析，很明显就违背了“学生全面发展”的目标，其结果只能是导致师生只注重笔试成绩，忽视音体美等综合素质的提升。因此，要将考试结果与平日教学工作相联系，注意整个报告项目的全面性和具体性。

第五，实效性。报告不宜过长，每次有所侧重地分析解决几个方面的问题，切忌面面俱到，“以其昏昏，使人昭昭”。要以数据说话，并紧密联系学校教学工作的实际问题。

3. 召开教学质量分析会

(1) 教师教学质量分析会

教学质量分析会一般包括班级会、学科会、年级会、全校会等等。为避免文山会海的陈规陋习，提倡少开会、精开会的新风气，建议全校会每学期召开一次，期中期末一起说，年级组每学期开一至两次。

(2) 学生座谈会和学生家长会

教师反馈考试结果要本着扬长避短，有则改之，无则加勉的原则，与学生或家长一起研究制定提高学生的学习积极性和学习效率的方法途径。反馈考试结果必须遵循参与性原则，即鼓励学生积极参与到考试成绩反馈过程中；正激励原则，多赞扬肯定学生的优点和长处，尽量少批评；发展性原则，挖掘学生潜力，帮助他们积极进取，取得理想成绩；适度保密性原则，在考试结果反馈中尊重和保护学生的隐私。

（3）提倡网上开会

大力提倡在网上开会，把分析报告挂在网上，让大家参与发言讨论，写出心得体会、经验和教训、改进措施等。这种形式的开会，有时要比常规性线下开会省时而高效。

（二）教学质量分析的内容

1. 学生分析

学生自己写试卷分析，是提高自主学习、自我反思与评价能力的行为。

（1）答题情况分析

学生通过试卷分析，可以知道前段时间的学习效果，发现自己在知识掌握、灵活运用乃至心理方面的各种问题。

答题情况一般适于使用列表分类统计。内容包括题号、错题、分值，原因包括知识没有融会贯通、公式概念记错、审题不细、考虑不周、粗心计算、考试时间不足、书写不规范、没有思路、心态不佳等。对无法用表格说明或需要进一步说明的，还要另外写出错题分析。此外，考试中有不少的客观选择题，即使有些题对了也有猜对的概率因素，因此对得分的题也要综合起来分析。

（2）个人学习状况分析

第一，学习态度。包括努力程度、学习主动性、学科兴趣、学习毅力、人际关系等。

第二，学习习惯和方法。指学生是否能够自主学习，是否养成了良好的学习习惯。

第三，情绪和心理及身体状态。如考试是否紧张、考试心态调整、考试情绪稳定性等。

第四，其他客观原因。如资料缺乏、基础较差、考试策略的失误、考前调整准备、答题时间分配等。

（3）自我提高措施

把不好的学习态度和学习习惯列表贴在课桌醒目处，以经常提醒自己；制定赶超目标来鼓励自己；找到失分原因和能够提高的分数值，以增强学习的信心。

2. 教师分析

（1）考试导向分析

第一，考试难度。题目难度计算公式：$Pi = Xi/xi(max)$。式中，Pi＝某题目难度；

Xi＝被试总体在该题目的平均得分；xi(max)＝该题目满分。试卷难度是题目难度的加权平均。分数高低与考试难度有关，故不能简单根据分数判断学习成绩上升还是下降，或判断学生用功还是懈怠。

第二，试卷信度与效度。信度是考试反映学生学习水平的可靠度。信度的评定方法一般有重测计算法和多人评定计算法。在对考试结果进行分析时，可参考以前的考试结果，通过计算同上次考试结果的相关系数来分析，相关系数越大，信度越高。

考试效度是指考试本身的有效性，即考试结果是否反映了任课教师所期望考核的内容。效度检验，一是采取本人评价法，请学生判断考试成绩是否符合他的实际情况，以同意的人数与总人数的百分比来评价效度，百分比越高，效度越好；二是采取他人评价法，请该生比较熟悉的同学、朋友或者家长判断是否符合该生的实际状况，以同意的人数与总人数的百分比来评价效度；三是组织评价法，请班主任老师和任课老师根据日常教学过程中的考察结果，判断考试成绩的结果是否符合学生的实际状况，以同意的人数的百分比来评价效度。

分析试卷难度、信度与效度，程序比较繁琐，有些内容又具有主观的差异性，且一般不会直接影响名次，所以学校的期中期末考试，一般不进行试卷难度、信度与效度的分析。

(2) 对学生群体分析

第一，学生群体成绩统计。包括所有学生在各个科目考试中的平均成绩、最高和最低成绩、所有学生总体成绩的排序以及所有学生某一科目考试成绩的排序等。

第二，不同群体成绩的统计分析。学生性别、家庭背景、城区分布、是否班级干部等不同类别的群体反映出来的成绩状况。如发现班干部成绩总体分布有所下降，则应该采取措施，为班干部开展工作提供支持和帮助。

(3) 对学生个体分析

第一，个人成绩描述分析。一个方面是成绩的横向比较，即一门课程成绩与另外一门课程的成绩进行比较，以对该学生的偏科情况进行分析；另一方面是对学生的某门课程成绩与班级全体同学在该门课程的平均分进行比较分析，以明确该生在某门课程上的成绩水平等。

第二，个人成绩稳定性情况分析。学生在多次考试中成绩稳定，能较好地反映该生的努力程度和知识掌握水平。有的学生由于学习压力、家庭问题、人际关系冲突、师生关系紧张等原因,使得学习成绩有所变化。通过多次成绩变化情况分析,可以找到变化的真实原因,进而明确针对学生学习过程中干扰问题的对策。

第三,个人成绩与努力程度的匹配分析。一般来说,一个智力正常、学习用功努力的学生在考试中应该能获得一个不错的分数。但是,一个平时不用功的学生,多次考试成绩却相当不错,在排除试卷本身原因的前提下,可能是该生智力水平较为优秀,针对这样的学生应鼓励其在学习范围和程度上进一步扩展,而对于一个学习非常用功、考试成绩却一般的学生,则要进行学习方法和应考技能的辅导。

(4) 存在问题分析

第一,分析教学问题。从平均分看教学水平和教学管理;从差异系数看所教班级学生的分化情况;从最高分看优生;从分数段看本班各个层面上学生的发展情况;从每个学生历次的分数次第变化来看学生各个阶段动态发展变化情况等。

第二,分析学习问题。从卷面情况看学生答题问题,分析问题不能局限于一次考试中发现的问题,也不能仅根据卷面情况就做出判断,应联系学生近期学习、生活表现情况,充分挖掘分析,才能比较准确地找到学生学习和教师教学中存在的问题。

(5) 教学改进措施

只有问题查找清楚,才能够制定切实可行的改进措施。缺乏经验的年轻教师面对一些技术性问题、教学方法等疑惑,最好向有经验的老师或向有关书籍学习请教,然后再制订改进措施。

3. 班主任分析

(1) 统计

按照花名册统计各科成绩、总分、名次(班级名次、年级名次)、名次变化,各科平均分、及格率、优秀率及上述三项指标的年级排名和与最高值的差别等。

(2) 对学生个人成绩的分析

第一,成绩变化的主要原因。看本班总分在年级前100或200名的学生的排名变化情况,了解本班优秀学生的比例,做好重点培养对象的选择工作。

第二,关注特殊或特色学生的成绩。例如目标生、学困生、学优生、特色学生、学生干部等的考试成绩。以鼓励性评价为主,针对异常情况(大幅度前进与后退)进行成因分析;表扬本班单科成绩最高的学生,以更好地树立本班各学科学习榜样,充分发扬先锋模范作用,整体带动学科成绩再创新高。

(3) 对学科成绩的分析

要与学科教师沟通后进行。将本次考试成绩与上次考试成绩进行对比,找出进步突出和退步较多的学生,综合分析原因,力争下次考试避免同样问题发生。同时积极做好退步较多学生的思想工作。

(4) 班主任工作改进设想

主要考虑班级管理、班主任工作协作两个方面。综合分析成绩,发现并总结问题,力争克服困难并解决问题,稳扎稳打,不断提升班级整体成绩水平。

4. 学校分析

学校的教学质量分析是站在全局和纵向发展的角度进行的,内容包括成绩统计、成绩分析、存在问题、教学建议(或教学决策)四部分。

(1) 成绩统计

包括全校各科最高分、平均分、标准差、差异系数、各分数段人数,各班各科最高分、平均分、标准差、差异系数、各分数段人数,各班与全校总体情况的比较等。

(2) 成绩分析

第一,横向分析。首先是全校各学科。自命题考试时,全校各学科只能模糊比较。联考或统考时可以进行详细比较,因为联考时有外校或所有参考学校的考试情况做参照。

其次是各班级。比较某班总分、各分数段的比例,可以看出该班各层次学生情况。比较某班总分人平均和全校人平均、某班差异系数和全校差异系数,可以看出该班的总体情况及分化情况。各班情况也可以直接对比,但要注意进行比较的各班基础应该同等。

再次是各班学科。通过比较可以看出班级学科的各层次学生情况。比较某班学科平均分、差异系数与全校该学科的平均分、差异系数的差别,可以看出该班学科的总体情况和分化情况。

最后是量化比较。不少学校实行量化管理,则可以根据上面的比较,定义最优者为满分,然后按比例折合给出量化得分。

第二,纵向分析。首先是全校纵向比较。这是一种模糊的比较,因为每次考试的试题难度不是固定不变的,因此拿这次考试的学科优秀率、及格率和上次比较就会有较大的误差。

再次是各班、各班学科纵向比较。这更容易进行，也比较准确。从某班本次各分数段人数占全校的比例和上次考试所占比例的比较，可以清楚地看到该班的变化情况；从本次某班学科平均分、差异系数与全校某学科的差值同上次考试的比较，就可以看出该班学科的变化情况。

(3) 存在问题

问题分析一定要结合成绩来说明，原因一定要结合教学实际来查找，要有理有据，令大家信服。

学校进行教学质量分析，必须要对教学工作有深刻的了解和认识。校长必须经常深入教学第一线，勤到教室课堂，勤到办公室备课组，积极参加教师的教学活动并及时做好观察记录；必须经常调查了解教导主任、备课组长、班主任、科任教师、学生对教育教学的意见和建议；必须经常抽查计划、总结、教案、学案、课件、作业、考卷，研究课题、读书与写作等项目的操作状况……

第一，学生问题。要着重从基础知识、基本技能、兴趣态度、学习习惯、品德修养、审美情趣等方面来思考。分析时，可以着重从知识和能力、过程和方法、情感态度和价值观等方面考虑。

第二，科任教师问题。教师是学生的第一责任人。有一流的教师，才有一流的学生。学生的学习成绩怎样，总能从教师身上找到根源与佐证。分析教师问题时，着重从学科知识、工作态度、教研能力、工作能力(备考、上课、作业布置与批改、指导预习与复习、课外辅导、测试等)、教学方法与教学艺术、师生关系等方面去考虑。

第三，班主任问题。要着重从影响班级成绩的主要原因——班主任的责任心、工作能力、工作方法、管理水平、班风建设等方面来思考。

第四，学校管理问题。着重从学校日常教学常规管理、教科研工作、教师队伍培养建设、教学质量考核方法等方面去考虑。学校领导是学校教学规章制度的制订者，是学校教学工作实施的研究者、指导者和管理者，只要学校领导研究到位，指导到位，管理到位，服务到位，教师就能落实到位。

分析时注意表扬好的现象，为学校教育教学工作树标杆，同时批评差的现象，促进转变；优势与问题要并存，既要让老师充满信心，又要清醒地认识到问题；不能简单地罗列各学科问题，必须整合提炼；分析要具体，切忌空洞，所谓具体，就是要分析到年级组、班级、任课教师，甚至分析到学生；不仅要对考试的整体情况作出分析评价，还要对学生进行个体化分析评价。

(4) 教学改进建议及措施

建议及措施一定要结合各项分析，既要关注全校或各年级的整体，又要关注教师或学生的个体。优势要说够，问题要说透。明确提高学科、班级、年级、学校成绩的具体办法，还要提出有利于提高教学质量的备课、上课、教法和实验等措施，确定集体备课、师带徒、上研究课、及时检测、有效布置作业等制度或学校教学考核办法等。

教案要怎样革新?

一、僵死的教案撰写现状

(一) 20世纪80年代

我于1981年参加工作,那时候写教案统统用的是原苏联凯洛夫《教育学》中的那一套,包括教学目标、教学准备、教学过程及内容四大板块,其中,教学过程及内容的五个环节是教案的主体部分,在确定了教学目的和重难点之后,就不管三七二十一,一律套用以下环节:

1. 组织教学

目的在于促使学生对上课作好心理和学习用具方面的准备,集中注意力,积极自觉地进入学习情境。因为缺乏具体可操作的内容,所以一般写完环节过后再写上"略"就可以了。长此以往,教师都不知组织教学是什么了。

2. 检查复习

目的在于复习已学过的内容,检查学习质量,弥补缺陷,为接受新知识作好准备。利用三五分钟时间,检查复习上节课的基本内容,如语文上的生字词、文学常识,数学上的概念、定理、公式等。

3. 讲授新知识

目的在于使学生在已有知识的基础上掌握新知识。这部分是重点,所用时间也最多,是预设课堂"填鸭式"的版本。从导言到教材内容,再到小结要点,每上一节新课都是如此。

4. 巩固新知识

目的在于检查学生对新知识的掌握情况,并及时解决存在的问题,使他们基本巩固和消化所学新知识,为继续学习和进行独立作业作准备。这一环节一般包括课堂学习内容训练和拓展训练。

5. 布置课外作业

目的在于培养学生应用知识分析问题、解决问题的能力和自学能力。但因为预设的教学时间与实际教学时间之间常常步调不一致，所以作业布置往往“文不对题”。

（二）目前

再看现在的教案，和三十年前的基本差不多，虽然说法上有些不同，但事实上还是那些东西。真正有所变化的是：

1. 有其名而无其实的“组织教学”的环节不再写了

2. 教案中又加了一个教后记

近几年，教学反思作为教案的不可或缺的一部分的观念已经被许多专家和某些教育行政部门所认可，因此，教学反思就成为了许多学校规定的教案组成部分。

可再看一看我们一线教学的老师们撰写教学反思的实际状况：

首先，由于教师工作繁忙，每节下课后都能认认真真地对这一节课进行反思并写下经验和教训的并不多。况且这“经验和教训”也不一定节节都有，这一节和上一节、再上一节大致相同的情况也屡见不鲜。

其次，从对教学反思的定位而言，将之作为教案的一部分也是不尽合理的。教案是“教学方案”，在应用文中，“方案”属于“计划”的范畴，具有预见性、超前性。而“教学反思”则是教师对课堂教学中出现的问题及师生交流结果的反思，不属于预见的、超前的范畴，应处于与教案平等的地位，可是现在却成了教案的最后一个环节。

在这个问题上，笔者的观点是：

(1) 教后记不一定堂堂都要有。我们提倡和鼓励多写、经常写教后记，尤其是对年轻的教师来说更应如此，但这绝不意味着要堂堂写、天天写，更不能强行把它变成教案的一个部分。

(2) 教后记不一定是固定的模式，教学中的总结、随笔、散文、论文等都应视作其中的一种类型。

(3) 教后记也不一定受时间的限制，昨天或几年前就已经研究了的，并有了一定结论的东西且形成文章，今天就没必要再去研究。

3. 电子文本的教案登上了舞台——利弊各半

利的方面，是解放了成竹在胸的中老年教师，省时省力又可博采众长；弊的方面，则是为懒惰的不求甚解者大开方便之门。

（三）小结

三十几年如一日的教案究竟给我们的教育教学带来了什么？

1. 课堂上的满堂灌、照本宣科的情况较为普遍

过去的教案，主要从教师自身完成教学任务以及怎样授课的角度来考虑，重在解决“教什么”“怎么教”的问题，主要是教师在授课时使用的，对有关知识性的东西写得过细，甚至思考题的答案也一字不漏。老师边讲，学生边记，这就使教学设计越到位，反而越限制了教师本人和学生的思维发展空间，教师不敢越雷池一步，学生也只好被教师牵着鼻子走，没有丝毫的学习主动性。

2. 强调预设而忽视了生成，强调了“教”而忽视了“学”

多少年来“吃透教材，精心设计教案，以达到教学效果的最优化”一直是教师们不懈追求的目标，也是衡量课堂教学成功与否的重要标志。这种过分地“精雕细琢”，拘泥于静态教案的预设忽视了动态学案的生成，使课堂教学普遍存在着“本本主义”。教者习惯于从既定的教案出发，用一连串的问题牵着学生走，使学生只能跟着教师亦步亦趋，被动地接受一个个教学结论。这样的课堂教学虽然也结构严谨，层次分明，但较少关注学生的发展，关注学生在课堂上的生命状态，让“死”的教案支配和限制了“活”的学生，遏制了他们在课堂上思想和生命的活动，使课堂变得机械、刻板与程式化。

素质教育是以人为本的教育，以人为本的教育体现在课堂上，就必然要求以学生为中心，要把课堂还给学生，让学生成为课堂的主人。为此，要淡化传统意义上的课堂教学设计，最大限度地创造学生自主、独立活动的机会，让每个学生的天资、兴趣、爱好和专长都得到充分的发挥和发展。

二、改变之道

僵死的教案撰写现状是和课改精神背道而驰的。如何改变？这是个老问题、大问题和难问题。但不管怎样，发展才是硬道理。笔者认为，如下几个方面的观点可列入改革发展的思考范畴。

（一）简约教学设计过程，摒弃形式主义的文字

一些学校和有关部门，以教案的详略、教学设计篇幅的长短、字迹是否工整等作为评价教案的标准，因而使教师用在教学设计、教案编写上的工夫实在太多：从教材分析到教学重难点、教学目标；从学法提示、训练题型到课堂板书、教学评价、教学反思等，都一一誊写在案。这种不顾实际的做法显然存在很大的被动性、盲目性，既耗时、费劲，又不利于教师对教学的研究，更不利于学生在原有基础上的发展。随着教改和新教材实验的深入，教育观念、教学方法也在不断发展、变化，具有个性化、创造性的课堂教学用同一种样式来开展的局面也必定是要淘汰的。

（二）进行精心的粗线条教学设计，扩大学生课堂实践的空间

教学设计中教师占有的时间愈多，留给学生的时间就愈少。教师的角色由主导者变为引导者，首先要看的就是教学设计中师生对时间的占有量。

粗线条的设计，意在编写教案时，应更多考虑课堂实际，留有灵活的课堂操作和活动的空间，强调教学思路上的整体把握，不必过多地追求教学过程中的某个细节；应重视学生的思维过程和语言表达的顺序，淡化严谨的逻辑思维模式；应顺应学生思维规律，尊重学生对问题的不同看法。知识性的东西应随文而出，随机训练，克服教学设计上的程序化。在新教材的实验中，要重新认识备教一致、环环紧扣、步步到位的传统观念，把教学设计作为教师运用教学新理念、进行教学创新的契机。

创新能力的培养不仅是教师在教学设计时要考虑的，重要的是教师要驾驭课堂，利用学生的思维，随机捕捉创新灵感，建构学生创新的话题。因为知识的创新因素一部分是由教师在备课、发掘教材中的“创新点”引发的，这是显现的；而大部分隐形的则是在课堂上学生的学习活动中产生的。

自主、合作、探究式学习方式中的“自主”体现在教学设计中就是减少教师教的环节和程序，以教师的“引”为动力，把读、思、议、演、练、创的权力交给学生，使学生在自主、宽松的氛围中获取知识，得到身心发展。

（三）变教案为学案

教案要变以前的主要体现教师的教的“教案”为主要体现学生的学的“学案”，把着眼点放在学生的学上，教师只是起到一个导演的作用，即有针对性地对学生进行有效的引导。要“以学定教”，学生学什么，怎样学，达到什么目标，教师在备课时要做到心中有数。

学案是辅导学生自主学习的方案，旨在提供课前预习、学习过程的消释疑惑和课后巩固提高的全程跟踪辅导，通过精心设计的启发式发问、延伸拓展、序列化的测试、系统化的知识结构等来帮助学生较深刻地理解所学课程，培养其创新意识、实践能力和综合能力，全面提高其素质。

在设计这种教与学的方案时，首先，要根据总体教学目标，变单一思路的教与学的设想为多维思路的切实详细的教与学的设想，多维教与学思路预设得好，老师在操作过程中就能随机应变、得心应手；其次，取消固定的教与学程序和预先设计的问题，让课堂教与学的中心环节完全视学生主体的需要而灵活安排，使教师思维摆脱过去那种僵化模式的束缚，发挥自己的个性；再次，要赋予其他教与学因素更大的灵活性，这就要求老师要有广博的知识，全方位、多角度钻研教材，提高自己。

（四）因人而异，不同要求

综观目前中小学教师编写和使用教案的状况，大致可概括为如下几种类型：

(1) 教案编写符合理论规范和部门要求。写得认认真真，详详细细，有的甚至把教科书也标得密密麻麻。

(2) 教案编写基本符合理论规范和部门要求。写得提纲挈领，步骤分明，重点的内容也在教科书上有所标注。

(3) 教学目标、重难点、教学过程、方法和板书等一揽子内容尽在脑中，“一本教科书”是其课堂教学的全部家当。

编写和使用教案状况的百花齐放，严重影响了教学质量的提高，实在是令人担忧，因而急需有一种统一的标准和衡量的尺度，笔者对此的思考如下：

(1) 参加工作1～3年，正值教育事业的打基础阶段，任重而道远。要刻苦学习，勇于实践：一备新课标。对课程的基本理念、课程总目标及所教的学段的阶段目标、教学建议等要做到对答如流。二备听、说、读、写等基本素质和能力。制订远近期计划并明确目标，进行自我完善。三备知识。对教材所涉及的知识要了如指掌，要能做到知其然又知其所以然。四备中、高考题型。写出归结性文字。五备临战经验。随堂听有丰富经验老师的课，并认真做好听课笔记。六备教材。编写详细的教案和学案。七为讲课环节。

(2) 参加工作4～9年，是事业的巩固发展阶段，也是知识能力等素质的巩固发展阶段。这期间要注重：一是对新课标的理解和运用。二是知识的规律和对方法的探索。三是深入钻研教材，并能将教材所涉及的知识比较清晰地纳入本学科的知识大系统中来，使所教知识形成网络。四是编写比较详细的教案和学案。

(3) 参加工作10～19年，是事业的黄金时期，肩负着教育教学工作的承上启下的重任。一方面要将老教师的经验传承下来；一方面又要做青年人的榜样。一方面要将自己在教育教学中的经验教训不断总结出来，以培养自己教育教学的科研能力；一方面又要一边科研，一边实践，理论联系实际，以逐渐将自己的事业推向一个新的高峰。这期间，既可以使用手写的简要教学方案，也可以使用电子教案和学案。

(4) 参加工作20年以上的中老年教师，可以用课件、讲课提纲等来替代传统意义上的教案和学案，或用老教案及从网上下载经过修改的电子教案或学案。但他们在教育教学工作中必须有突出业绩，能起到传、帮、带的作用，要能胜任做青年教师的师傅。否则，还要查缺补漏，像青年教师一样从头学起。

关于教案的有和无，一般情况下是要有的，但特殊的人物也要有特殊的对待，我认为上课没有教案的老师的条件应是：

(1) 教育教学业绩突出。

(2) 教育科学研究成果显著。

(3) 20年以上教龄且从事同一学科教学工作。

(4) 有学期或单元比较详细的教学计划。

教学模式是否可以强制推行?

最近一个阶段,全国各地的许多教师通过微博、博客等各种途径向我抱怨,说他们学校的领导或教育主管部门强制推行××学校的教学模式,他们觉得很无奈,很烦恼。抱怨的人群中,有青年教师,也有中老年教师;有普通教师,也有优秀教师,甚至是特级教师。

教育教学确实需要“鼓足干劲,力争上游,多快好省”,但不顾自己的客观因素的盲目照搬照抄别人的所谓“教学模式”,其结果也只能是“劳民伤财”,也同样会“饿死”有特色、有底蕴的学校,更会“饿死”有思想、有个性的优秀教师。

什么是教学模式?虽然目前说法不同,但归纳概括一下可以发现,它们所阐释的共同属性是“有清晰的理论框架,指示学生应该学习的方向,是特定的教学程序和结构”,共同的要素是“理论基础;教学目标和内容;教学过程,主要指教学工作的操作程序,尤其是课堂教学的基本步骤结构;教学的基本操作策略;教学评价策略”,缺少要素中的任何一个或几个,原则上都是不能称其为“教学模式”的。目前有许多地方所说、所做、所学的“教学模式”,其实都不是真正意义上的教学模式,而只是教学过程中形式的操作步骤,若把此种情形的“教学模式”强制予以推行,岂不是画虎不成反类犬?

真正的教学模式,还应具有指向性、操作性、完整性、稳定性、灵活性等特点和中介性、方法论等功能。

比较我国目前盛行的教学模式可以发现,无论在形式还是内容上,都是在“学、导、练”三个字上做文章。通常都放大课堂上小组合作与展示的作用,都用学案来“导学”,都主张当堂训练或检测反馈,都关注学生的学习状态,都注意控制作业量,或者是实施“零作业”策略,等等。

比较古今中外的著名的教学模式可以发现,它们的总体发展趋势是由单一型向多样化教学模式发展,由归纳型向演绎型教学模式发展,由以“教”为主向重“学”为主的教学模式发展，由手段陈旧向日益现代化的教学模式发展，等等。

由此看来，想拥有一个教学模式还真不是一件容易的事。从目前教师队伍的现状来看，让每所学校或每位教师都来发明创造属于自己的教学模式，这还不现实。那么，当别人有了成功的经验、固定的教学模式之后，我们实施“拿来主义”的策略当然也未尝不可。但是必须要取其精华，去其糟粕，必须因地制宜地加以改造，不仅是要把形式学到手，更重要的是把精神实质学到手。

教育教学是一个高度复杂的系统，是非线性的，教学情境是千变万化的，以至于每个教育过程只能被认为是一个特定的过程。教育过程的所有组成部分都是相互依赖的，若丢三落四地学习应用其中的一种或几种因素，也只能导致表面的或是短暂的结果。因此，教学模式的推广不能是机械的模仿或运用，假如要引进别人的实验研究成果，必须要有对新环境的适应阶段，每运用一次都是要重新完成一个过程，相当于重新做一次实验，而不是对原有实验的重复。

教育实验不同于自然科学实验，不能期望在教育实验中，无论谁都可以操作，而且无论谁操作，只要按同样方法都会取得同样的结果。教育实验的目的不是也不可能是提出一种能完成某种目标，放之四海而皆准的教学模式。

不同的文本有不同的教法，不同的教师有不同的个性，不同的学校有不同的教育对象。每个人都是与众不同的，每节课都是独一无二的，每个班级都是风格迥异的，同样，每一所学校都有不同的办学理念。无论哪一种教学模式，都是为了解决本人、本校或本地教育教学中所存在的主要问题，都带有鲜明的个性化色彩。

许多学校及教师原本是很有个性的，一旦被“模式”框住，就同大家一起成了“标准化”的学校或教师了。精神上了枷锁，思维变得固化、呆板，个性被磨灭，才华和潜能自然也就显示不出来，甚至会影响学生创造性思维的发展。

不能强制推行某种教学模式，不是说就不需要模式。未来教育，教学模式不仅不会消失，反而会更加多元、多样，更加丰富多彩，更加个体化。但是，无论教学模式发展到何种地步，都只能是操作及技术层面上的东西。在实际教学过程中，它还处于教学艺术的初级阶段，还有比它更稳定、更高级、更本质、更重要的教育教学思想、教学原则、教学策略、教学目标等。

教学思想是在教学活动中起统帅作用的因素，有什么样的教学思想就有什么样的教学模式，没有思想，只学模式，是僵化的机械性活动。但是，教学模式的作用也是不可低估的，因为它可以规范思想，促进人们思想的转变。对于普通教师而言，教学思想的创新只有通过“模式”才能展现给大家，只有通过卓有成效的“模式”才能使大家认同他的观念。对于管理者而言，转变自己容易，可是转变别人的思想就是一个非常漫长、艰辛的过程，所以有思想、懂实践的领导者就设计了一个个“模式”来引导、规范、强化人们思想的转变。有了“模式”，再加上强有力的行政指令，你变也得变，不变也得变。但这种行政化的改革所造成的结果就是：一旦换了一把手，就等于没了思想，没了灵魂，没了设计师的指导，改革就会由强变弱、由浓变淡、由快变慢直至走向远方，消失在人们的视线之中，变成曾经的记忆。

对于一所学校整体而言，假如是教师的整体素质不高，学校的整体教学水平较低，这种情况下以“模式”来注入活力，来唤醒大家的学习、探索的热情是比较适宜的，但不能强行推进，要因人而异，只有当教师自己无“法”之时，才能要求他们去学习运用“它法”。假如是教师的整体素质参差不齐，要鼓励素质高的教师自拓新法，形成风格来带动其他教师，更要采取得力措施来敦促、保证素质较低的或年轻的教师从一招一式的“模式”学起。

模式不能万能，但思想确是万能的。带着思想去上课，比带着模式去上课更有底气和张力。带着包含有先进的教学思想、现代的教学理念、渊博的科学知识、科学的教学方法等要件的“思想”去上课，可以左右逢源、游刃有余，提高课堂教学效益。

教无定法。优秀的教师能用几十种模式上同一节课，不好的教师只会用一种模式上所有的课；优秀的教师善于不断地变换教学方法和模式，以吸引学生的注意力，激发学生的学习兴趣，不好的教师只用一种模式上课，时间一长，就会使学生产生厌倦情绪，造成课堂效率的低下。但是，“无定法”的前提是“有法”，当熟练地掌握了各种“法”的精神实质之后，才有可能抛开一个个“个体的法”，融会贯通，进而形成一种并非是具体方法的万能的“思想方法”，这时的课堂教学，是无法胜有法的“因材施法”。

小而言之，一所学校、一个区域不顾客观条件，强制推行某种教学模式的“一刀切”做法是荒唐的；大而言之，中国教育的改革，仅仅靠几个模式是不能成大气候的。改革的关键是要改变人们的思想，提高人们的素质。这一点只有尝试了“模式”的人，才有更深刻的体会。有许多教育大家一生研究教育教学，但最终得出的结论是：教者的素质比模式更重要，有了素质，教学就可以删繁就简，省时而高效！

如何进行教师办公室文化建设?

教师办公室文化是学校文化建设的重要组成部分,是学校常规管理与校园文化的展示窗口。建设优质、温馨的教师办公室文化,以文化引领学校发展,是学校管理的最高境界。

教师办公室文化不仅体现教师群体的素质与文化品位,也直接影响教师工作的心境与效率。

一、学校重视

(一)统一提供物质条件

办公室必备物品,如办公桌椅、仪表镜、挂钟、标语、报纸杂志、饮水设备等。有条件的学校还应配备如打印机、电话、书架、物品柜、花草、办公隔离间、每人一台电脑等。

(二)统一建设目标及项目

1. 建设目标

凸显文化氛围和教育教学的理想追求,建设美观、整洁、统一规范的适合教师学习和工作的办公室文化家园。

2. 建设项目及形式

教师办公室文化涉及的面比较广,物质的、精神的,学术的、生活的,心理的、情感的……这些内容可概括为看得见摸得着的自然环境、办公室人际关系环境、教育科研环境、有利于教育教学及身心健康的活动等项目。这些项目,可以通过植物、挂画、书法、照片等方式将办公室成员的共同愿景和办公氛围体现出来。

(三)统一建设要求

1. 环境清雅安全

(1)环境整洁安全。各种物品摆放张贴要有统一的固定位置,并且要整齐、有序、美观。办公室内无卫生“死角”,“无用物品”妥善处理。注意安全,如电线不裸露、不乱拉乱接等。

(2)格调高雅。布置要具有诗情画意,有适当的装饰点缀,但不能过多,不能凌乱,不能花哨。墙壁上可贴些素雅朴素或者清新的字画,书桌窗台上摆放些盆花绿草,办公室的信息栏、窗帘橱柜也都可以做些修饰。另外,可在门头悬匾,墙上题联,桌面嵌诗等。

2. 氛围和谐

良好的人际氛围是每个办公室成员情感上的依托,是直接影响教育教学效果的重要因素。由于教师的年龄、个性、教学经历的不同,容易在某些问题上产生分歧。作为办公室的核心成员——老教师,科组长、级长等骨干教师,一定要以自己崇高的人格魅力团结集体,凝聚人心,树立团结友爱的良好风气。

3. 办公室人数适当

以“社会主义核心价值观”为导向,结合教师职业特点的办公室文化,需要同一个办公室教师围绕一个具体主题或特定目标来建构关系。办公室教师数量过多,会出现多主题和多目标的现象,不利于突出重点。如果一个办公室仅仅安排同一班级或同一学科备课组的教师,其主题、目标就会清晰而集中。

例如以班级为单位安排的办公室,其目标是围绕特定的班级展开,会形成以班主任为核心的班级教师团队,大家为同一主题而努力,为同一目标而奋斗,从而能够很快形成合力和归属感。

4. 学术风气浓厚

教师办公室文化建设当以追求教育教学科研文化环境之学术氛围建设为最高目标,要使办公室成为“教研室”,使其成为教师人生的理想,精神的归宿。

办公室是教师专业化成长的摇篮,每一位教师的专业成长都离不开办公室文化的熏陶。新入职教师的备课、上课、作业批改、个别辅导、教学反思、学生管理、家校沟通等常规工作都是从同办公室的其他老师那里学到的,不会就看,不懂就问,凡事模仿,时时事事请教,这种学术氛围熏陶是每位教师成长必须经历的。有经验教师的成长也有赖于同办公室教师的影响,如对名优教师的学习、与经验教师的争鸣和思想碰撞、受新手教师创新思维火花的启发等,都深刻地影响着他们的成长。同样,即便是名优教师,团队的滋养也是绵延不绝的,如与青年教师之间的教学相长,一起进行课题研究，在相互听课中的彼此发现和促进，自己的教育经验在其他教师课堂上的实践验证等，都是非常重要的营养。

（三）统一框架下的个性呈现

1. 座右铭

办公室有统一悬挂的标语，这个标语就是大家共同奋斗的目标。老师在总体目标的基础上，再选择一条适合自己的名言警句等作为自己的座右铭。标语及座右铭的选择要注意内涵和发展，办公室标语如“千教万教，教人求真”“时时心系学生，事事以人为本”等，个人的座右铭如“功夫在案头，风采在课堂”“好笋出好竹，好师出好徒”等。无论是办公室标语，还是个人的座右铭，要全校统一制作，悬挂位置也要力求统一。

2. 规章制度

规章制度要内化为教师的自觉行为，才能发挥作用。办公室制度建设要力求规范，在学校统一框架下由办公室成员集体研究制定，要有一点“新”意和“人情味”，并且要切实可行，实实在在，便于操作，能够兑现。

二、教师重视

（一）自觉维护

1. 齐心协力，共同奋斗

学校总体目标和各办公室目标一旦确定，全体成员就要为之奋斗。每一学年度结束后要比照目标寻找差距，写出总结材料，并评出材料的等级。对优秀作品要印发给每位教师学习讨论并给予适当奖励。不搞形式，不走过场。

2. 维护环境

根据学校的总体要求自觉维护环境的整洁，根据自己的性格爱好和“格调高雅”的要求，来装饰自己的空间。

3. 维护和谐氛围

每位教师都要学会关心爱护别人，懂得从别人的角度思考问题。要注意不同场合讲话的分寸，不讲不利于团结的话。不做不利于团结的事，如打小报告；背后议论他人，揭别人的短处；谈论或暴露别人的隐私；挑拨离间，等等。

说话要学习有一点幽默感，因为幽默是生活的调味品，是人际关系的润滑剂和成熟的表现，能给人们带来轻松的笑声和欢乐，消减矛盾和冲突，缩短人与人之间的距离，还能改善人际关系或摆脱困境，有利于个人的身心健康、社会的轻松和谐。

4. 把学术讨论变成自觉行动

要把谦虚谨慎、好学善问内化为自觉行动，少些无聊的家长里短，坚决杜绝上网聊天、炒股、打游戏、看网络电影及电视剧等不务正业的行为。

（二）人人建设

1. 注意小节

办公室是教师之家，除了做好自己，如物品摆放要整齐，自觉遵守各项规章制度等工作之外，还要当好一家之主，如见到钟表停了就主动去调整，地面脏了就主动去打扫等等。

在办公室与学生或家长谈话时要注意与其平等对话，声音要小，以免打扰别人工作，接待或沟通时做到有礼有节、真诚相待。

每位教师都要注意节约用水、用电、用纸，注重环保。此外要注意仪表，衣着得体，不浓妆艳抹，不穿奇装异服。

2. 添创生活情趣

办公室的每一位成员都要有意识地营造快乐氛围。学校要组织一些有趣的办公室活动，既能增加快乐，增进友谊，同时也能调节教师的紧张情绪。

在教师办公室人员配备时，也不妨将一些能够制造快乐的教师分散开来，将男女教师、老中青教师搭配开来，老幼结合，男女结合，庄谐结合，这样往往能保证办公室充满活力，充满欢乐，大家工作起来效率也会提高。

教师办公室文化建设，一个被许多学校和教师长期忽视的问题，在教育蓬勃发展的今天，也应该得到重视了。这既是学校精细化管理的具体体现，也是教师的综合素质与文化品位的具体体现。